藏书家

第22辑

主编 昝亮

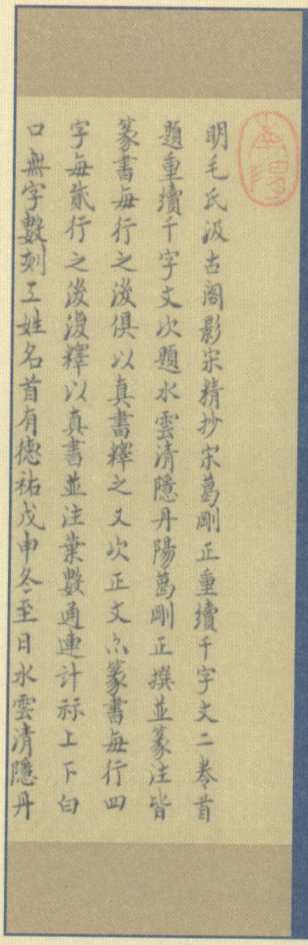
明毛氏汲古閣影宋精抄宋葛剛正重續千字文二卷首
題重續千字文次題水雲清隱丹陽葛剛正撰並篆注皆
篆書每行之後俱以真書釋之文次正文亦篆書每行四
字每篆行之後復釋以真書並注葉數通連計祘上下白
口無字數刻工姓名首有德祐戊申冬至日水雲清隱丹

齊魯書社

中国印谱版框之美

刘浩敏

版框，中国古籍版式的组成部分，见之于印谱者，形式丰富多样。印谱版框，不仅具规范叶面的基本功能，也富装饰性，体现文人的审美思想，与印谱内涵互相呼应。本文揭示印谱版框的多样性，除传统样式外，据其形式和内涵分三大类：文人雅趣、民间风俗、博古文字，并将举例加以阐明，凸显印谱在中国古籍中的独特性。

自唐代始，雕版印刷技术的应用渐广，古籍刊刻日趋增多。据现存最古的唐刻本《金刚经》，版框已见使用。之后，版框由简而繁，发展出不同的样式。其中，版框于印谱者，可谓在古籍版式之中最具特色，却鲜为人所论及。

版框，亦称“边栏”，一般指版面四周的框线，上方称“上栏”，下方为“下栏”，两旁则为“左右栏”。框线的设计，既可是单线或双线、粗线或幼线，甚至粗幼两线并用，至于格式上，可分为“半框”和“全框”，然大多简单，变化甚少。

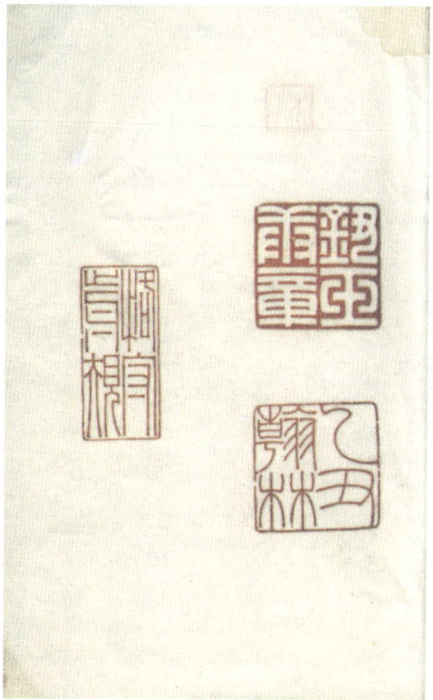

无版框印谱

相对而言，印谱版框则丰富繁多，究其原因，与文人艺术家涉足印学不无关系。随着篆刻艺术发展日渐活跃，印谱汇辑成风，其版框也由传统单栏、双栏等较纯粹的样式，掺入文人意趣，甚或民间风俗色彩，衍生出各式各样的面目，不仅为版面增添形式美，视觉上有平衡、稳定效果，便于读者的视点集中，方便阅读，且具有区分印谱版本的功用。从中，后来者更可窥见制谱者的个人品位、审美观，以至其所向往的精神与人格。

与一般古籍版本考订大致相同，印谱版本主要以四种方法为鉴定依据：一为册数，二为版框（样式与颜色），三为序跋，四为内容；若遇残本或重装，册数较难比对，而序跋、内容二项在比较版本异同上时间较长，故以版框作为辨别，则较直接，对于印谱版本的鉴定尤其重要。

以《听松别馆印谱》及《汉铜印丛》二谱为例。《听松别馆印谱》总有三种版本，其中以初钤本与定稿本两者作对比，初钤本为两册，版框以环节纹为饰，蓝刷，书口下方附一钱币纹饰；定稿本同是两册本、蓝刷，所录印章与初钤本亦大致相同，但版框已换成变体双龙纹式，显然不同。《汉铜印丛》有多种版本，分别是十二册本、八册本，八册本又分无序跋本和有序跋本。十二册本为最早钤印本，与后来八册刊行本也有差异。初钤本，蓝刷，版框为花草纹饰，而八册初稿本、定稿本，则改以松、竹、梅为纹饰。明显可见，相同印谱而版框不同者，均源自于不同版别，成书年代亦不一样。

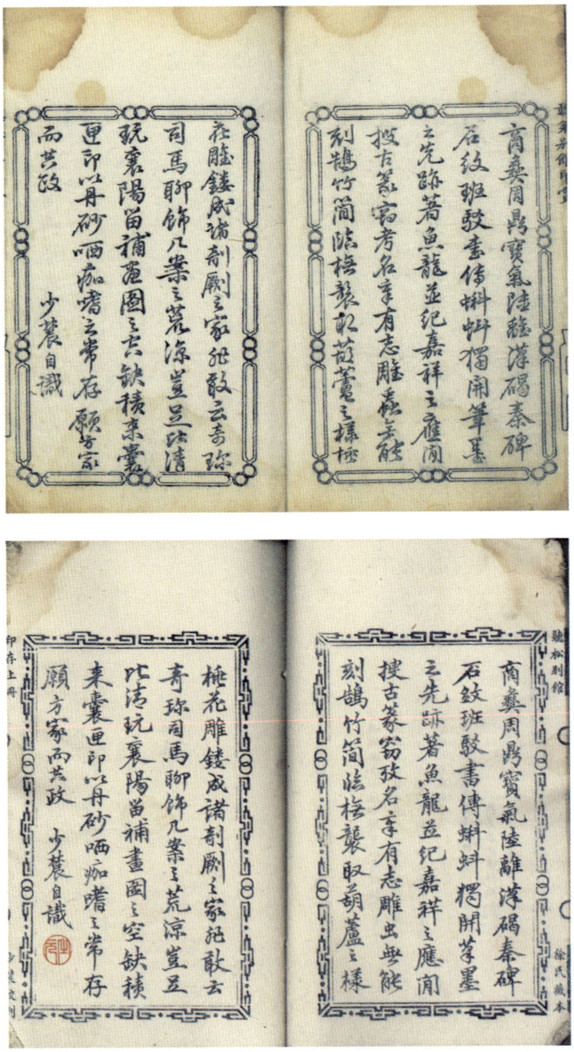

《听松别馆印谱》（上为初钤本，下为定稿本）

除版框纹样外，颜色也可作鉴定印谱之用，如《求是斋印存》，初钤本为蓝刷，刊行本则为墨刷，以区分两种不同版本。在古籍版本学上，不同颜色可用以辨别试打本、初印本或刊行本；红印本、蓝印本是最初印的本子，主要用作校正，刊行本则以黑印本为多。印谱学却不尽然，版框用色并没有既定标准，最初印的本子未必是红、蓝刷，而刊行本

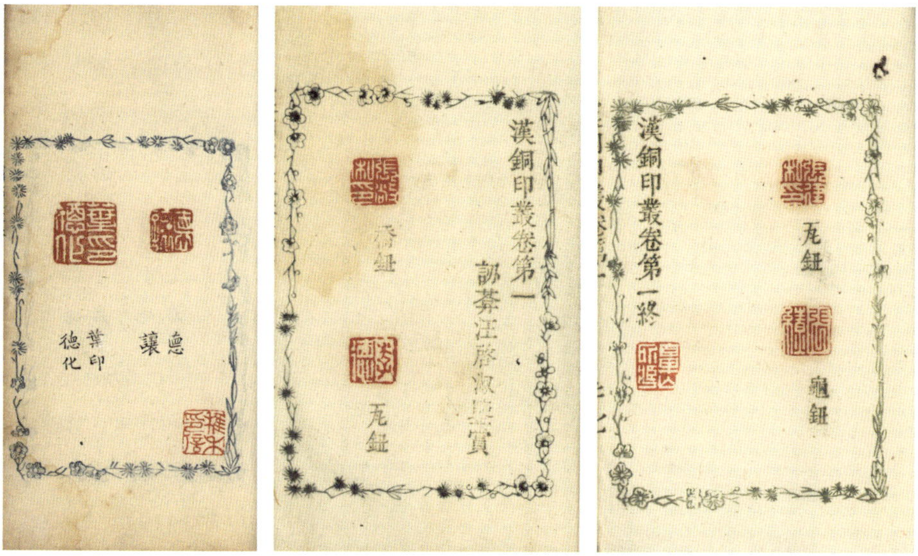

《汉铜印丛》（左为十二册初钤本，中为八册初稿本，右为八册定稿本）

除黑色墨刷外，也见红、蓝、绿、黄、橙、灰、棕等，较视乎制谱人的喜好而定，以营造出不一样的视觉感观。

从上述《汉铜印丛》可见，初钤本与刊行本分别以不同颜色作为区分；十二册初钤本为蓝色刷本，而八册刊行本，无论是初稿本或定稿本，均为绿刷，有别于传统版本印刷的惯例和做法。另外，印谱版框虽以墨刷为多，偶见以不同颜色刷成，红刷如《只斋藏印》《汉印临存》；蓝刷《西泠四家印谱附存四家本》《春酒堂印存》；绿刷《观自得斋秦汉印谱》《十六金符斋印存瓦当纹本》；黄刷《忍寒印存》《春秋馆刻印》等，相对于其他古籍而言，印谱版框用色较活泼多样。

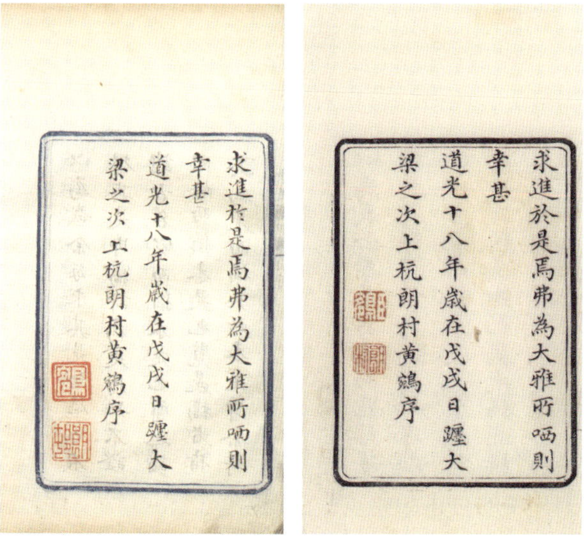

《求是斋印存》（左为初钤本，右为刊行本）

明、清以来，篆刻研习之风日盛，印章由实用转化为艺术，与文人介入有密切关系。印谱，作为一种印章传承的重要载体，其版面设计也深受影响，用以衬托或突出内容主体，尤其于版框，往往

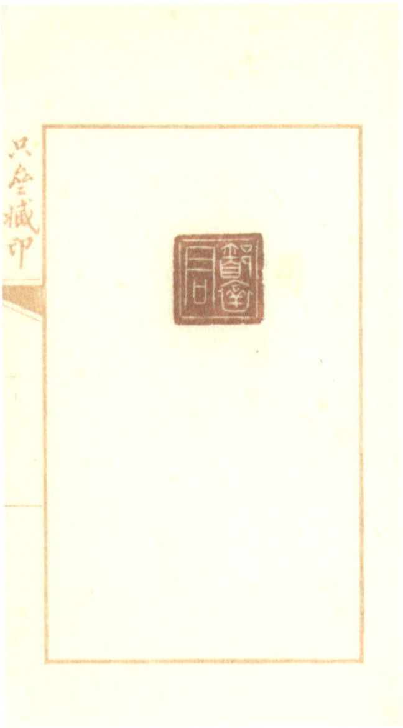

《只斋藏印》

《春酒堂印存》

别具心裁，融入了美学元素，与所收印章的艺术性互相配合，观赏价值极高。

事实上，文人介入印章艺术，早于唐、宋时期。自书画收藏及鉴赏盛行，不少书画家、收藏家及鉴赏家等，均在书籍、书画作品上钤盖印章，作为凭信、点缀之用，也作为鉴定或标明拥有权。虽然，印章于当时的使用偏向实用性，但书、画、印已形成了密不可分的关系。

宋代印章，无论在形式还是内容上，也有了新发展；如葫芦、八角、爵、鼎等印章形式的出现，斋馆印、词句印、字号印也逐渐流行。宋人米芾（1051—1107）对于印章的使用，也始见艺术赏评之趣味。他分别用不同鉴赏印以品评书画，如最上品钤“神品”，绝品用“米芾之印”，次品为“米姓清玩之印”等。以印章区分书画等级，无疑深化了印章作为欣赏的使用。他还提出对鉴藏印的看法：“印文须细，圈须与文等。”可算是注意到印章形式的第一人。可见，米芾用印的观念，已介于实用与欣赏之间。

另一方面，宋人开始把印章汇集成谱，最早一部印谱是北宋杨克一《集古印格》，成书约于北宋大观元年（1107），后有姜夔辑《集古印谱》、赵孟頫辑《印史》、杨遵辑《集古印谱》等十数部问世，继而风气渐开。最初，印谱属金石图录性质，用作记录古印图式，以研究古代社会官制、印章制度及文字演变等，作为考证之用，却为后来篆刻发展提供了重要的条件。

及至元代，吾丘衍（1272—1311）、赵孟頫（1254—1322）分别著《三十五举》《印史》提出印学理论，把印章视作独立的艺术形式，而非书画的附属品，赋予印章更高的欣赏价值。后有王冕（1287—1359）、文彭（1498—1573）用花乳石、青田石治印，解决了印章制作的问题，文人开始自篆自刻，标志着篆刻艺术的真正起始点。简而言之，印学得以发展，可说是文人介入并逐渐走向成熟的结果。

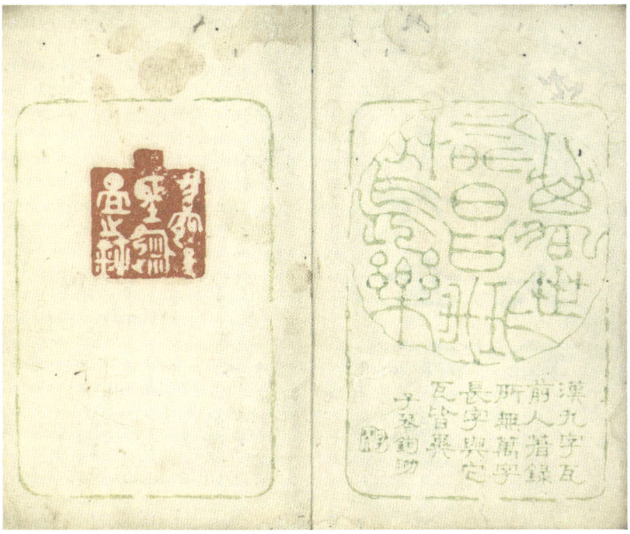

《十六金符斋印存瓦当纹本》

《春秋馆刻印》

自印谱辑录风气日兴，其版式设计亦趋多样化，依照制谱者的喜好，或考虑到印谱的内容，格外注重美观，以提高阅读及欣赏价值。因而，与一般古籍相较，印谱版框更显丰富多样。

除一般古籍所见传统单栏、双栏及稍加变化的版框外，印谱版框若以其形式和内涵为基础，大致可分三大类：文人雅趣，民间风俗，博古文字。

第一，文人雅趣。中国传统的文人思想，萌芽于唐，兴盛于宋、元，主要表现于绘画，其次于书法、篆刻、诗词歌赋中。文人常借描绘自然景物抒写内心感受，随兴所至，表达笔情墨趣，甚至自身的清高文雅。在画面中，他们崇尚不求形似、游心物外的境界，题材常见有四君子、岁寒三友等。四君子即梅、兰、竹、菊四物，分别代表着傲、幽、坚、淡四种不同人格，所描写的不单纯是自然物象而是君子之化身；岁寒三友则指松、竹、梅，也有品德高尚、长寿的寓意。

由于梅、兰、菊、竹、松是文人所向往的人格象征，不少制印谱者也应用在版框设计中，以单一图案或组合为装饰，借喻文人君子的特质。这些版框可见各种不同的组合，例子如上述《汉铜印丛》八册刊行本，以松、竹、梅组成花栏；又如《味香室金石谱》，以内外框之间作画面，描绘松、竹、梅，花叶树干各具姿态，框中有画，意境深远。

这类版框，最多见以梅或竹为主题，且表现手法变化多样，如纹样设计、图框造型、版面构图等，均各具巧思。以梅花为题材，如《吟莲馆印存》，内框蓝刷，以回纹、如意图案为装饰，蓝框以外，则以绿刷梅花图为背景，梅

《吟莲馆印存》

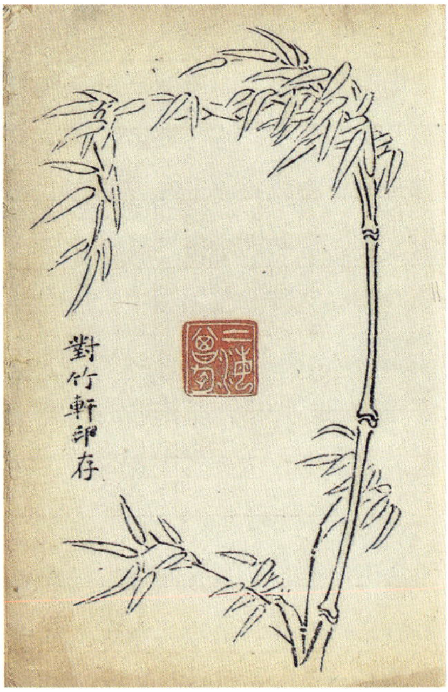

《对竹轩印存》

花枝穿插交错，生动自然；又如《映雪山房印存》，巧取梅花的姿态变化构成边栏，苍古而清秀。竹者，如《名家印集》，绿刷，重复竹节纹样以组成竹节栏，甚具特色；又如《对竹轩印存》，以前景的主枝作为版框的主要构成部分，对角配以零散竹叶，恰成画境，空白处署谱名“对竹轩印存”五字，不仅保持版框的完整与平衡，字与画亦相呼应，可堪细味。

第二，民间风俗。中国民间风俗追求吉利、渴望祥和，且会崇拜一些超自然力量，信奉鬼神、瑞兽等，因而，早于商、周，神兽纹样、吉祥图案及一些几何图形已经出现，并应用于古代青铜器、陶器、古玺等。古人将这些元素融入日常物品或工艺品之中，除作装饰之用，大多具驱邪、招福等寓意，以表达自己的美好愿望；尤其吉祥图案，有别于一般装饰图案，具有寓意吉祥的内涵而广泛被使用。这些装饰纹样、图案的应用，大大丰富了视觉效果，也合乎文人对于装饰的需求和审美，可以说是和谐统一的美学追求。[1]

在印谱版框中，回纹、卷草纹、龙纹、蝙蝠、祥云、暗八仙、双环纹等，皆处处可寻。最常见为回环状纹饰，如《纫芳簃印存》《秦汉丁氏印绪》。回纹是一种几何装饰纹样，由古代陶器和青铜器上的雷纹衍化而来，形如“回”字，故称。由于其结构是不断延续的，民间借此寓意“富贵不断头”“吉利永长”等。卷草纹饰也十分常见，如《试篆印存》《锦囊印林》。卷草纹是中国传统图案之一，多以忍冬、荷花、牡丹等花草为蓝本，以构成“S”形曲线的连续图案。《锦囊印林》版框墨刷，饰以卷草纹，带有流动的韵律感，美观且甚富抒情意味。《试篆印存》为蓝刷，版框以卷草纹为基调，配合花叶，层次丰富，具鲜明的装饰效果。另外，龙是中国古代神话中的神兽，具神圣祥瑞的象征，不少文人都喜以龙纹作为版面的点缀，如《粪翁印谱》《酣古集印谱》《文华斋印谱》，三者版式设计迥然不同，各具特色。

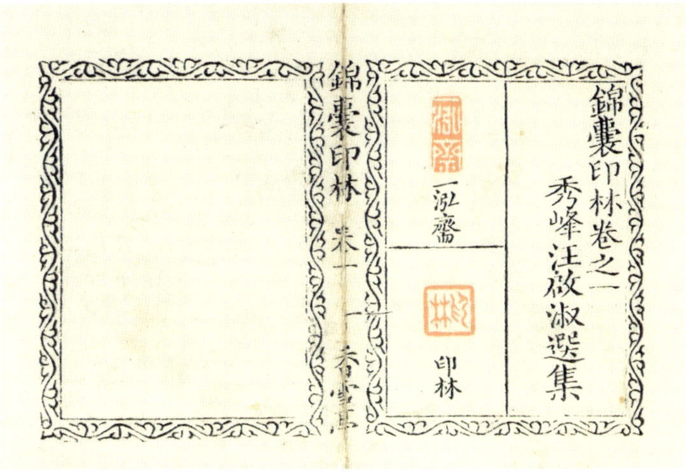

《锦囊印林》

其次，印谱版框也常用蝙蝠、祥云、暗八仙等纹饰，分别见于《秦汉印谱》《龙喜吟墅印存》《四本堂印谱》，带有吉祥、招福等寓意。其中《四本堂印谱》采用暗八仙为纹饰，以道家八宝，即蒲扇、葫芦、花篮、荷花、宝剑、竹笛、鱼鼓、玉板，其中的法器为组合，具祝颂长寿之意。这些民间风俗的纹饰，内涵丰富，并互相结合成不同的表现形式，例子如《五梅花馆印赏》《玩月草堂印存》。前者蓝刷，左右栏饰以龙纹，上栏为双环纹、下栏用如意结作点缀，在设计上巧见心思；后者绿刷，一谱兼有两种不同版式，一为蝙蝠、竹叶纹样所组合而成，二为环节纹饰，装饰与功能性互相结合，丰富了版面的艺术效果。

《尊古斋印存》

第三，博古文字。一般来说，博古泛指以古器物为装饰的题材，寓意清雅高洁，有崇尚儒雅之意。[2] 博古纹多具金石韵味，古雅朴拙，见之于印谱者，包括彝器、铜镜、玺印、钱币、砚台、古砖等，例子分别为《尊古斋印存》《金石留痕》《六家金石

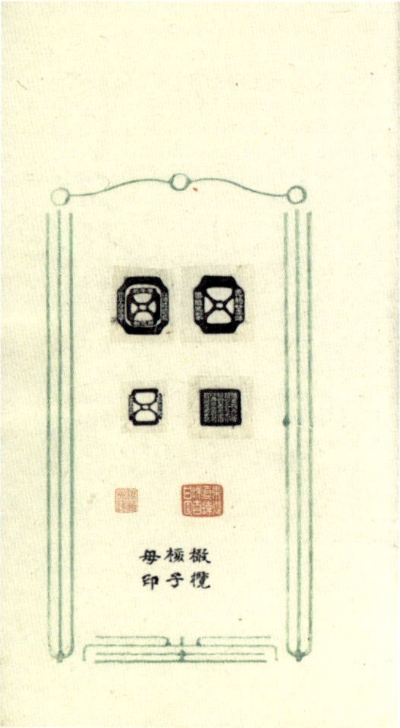

《星堂印存》

留真》《当代名家刻印》《斐然斋印谱》《双鱼壶斋印存》等，造型各式各样，或以古物造型为版框如《尊古斋印存》，或以古物图案为装饰如《双鱼壶斋印存》，饶有古趣。

另外，文字图纹于印谱版框的运用也极为广泛，内容有吉祥语句、诗词歌赋，又或是谱名、制书年、书斋号等，字体主要为篆书，次为隶、楷，或工整、或随意；《漱芳书屋集印》《梦得双鱼馆印稿》《忍斋百忍印谱》皆用篆字，分别布排于“亚”字形框、左右栏、“日”字格；《环溪草庐集印》以“吉金乐石”四字布于版框四角，《星堂印存》则“星”字为上栏、左右栏组合成“草”字、下栏为“堂”字，字体设计灵活多变，呈现出独特的巧思与布置。

装饰是常见的美术加工手法，运用纹样、图案来美化视觉效果，为艺术方式的一种；印谱版框的装饰，糅合作者的个人品位、审美观、艺术修养等，且有美好祝愿的寓意，不仅具基本的规范作用，也与印谱内涵互相配合，兼具实用与美学功能，整体更和谐统一以外，印谱的欣赏及收藏价值更高。

事实上，中国印刷术的发明，直接或间接地继承了古代刻印的技术，印谱亦因印刷术的广泛应用而存世，成为印章传承的重要载体；从而可见，各项技巧在中国艺术的历史发展和演变中，互相影响、互为因果的微妙关系。随着中国印学的蓬勃发展，审美意识不断累积，印谱版框的设计也推陈出新，研究价值相应提高，实为印学研究者不可忽视的一环。

注释：

1. 李砚祖：《装饰之道》，中国人民大学出版社 1993 年版，第 6 页。

2. 铁源编：《明清瓷器纹饰鉴定——博古文字卷》，华龄出版社 2002 年版，第 8 页。

家谱钩沉（一）

励双杰

王世襄家族《西清王氏家谱》的几个版本

网上有次拍卖王世襄家族的《西清王氏家谱》一册，民国三十二年（1943）的铅印本。起拍价100元，竞价的人很多，价格一路飙升，我看得忍不住，在700多元的时候出了手，终以870元的价格占为已有。此次网上竞拍，共有38次的竞价过程，一册小开本的民国铅印本，能拍到这样的价位，很能说明名人家谱中的名人效应。北京藏书状元秦杰先生写过一篇《西清王氏家谱》的文章，在《收藏拍卖导报》、《布衣文丛》的第一辑《纪念王世襄先生专号》等报刊及孔夫子旧书网论坛上都发表过，还收入了他的专著《红色收藏》中，对家谱的价格影响大概也不小。

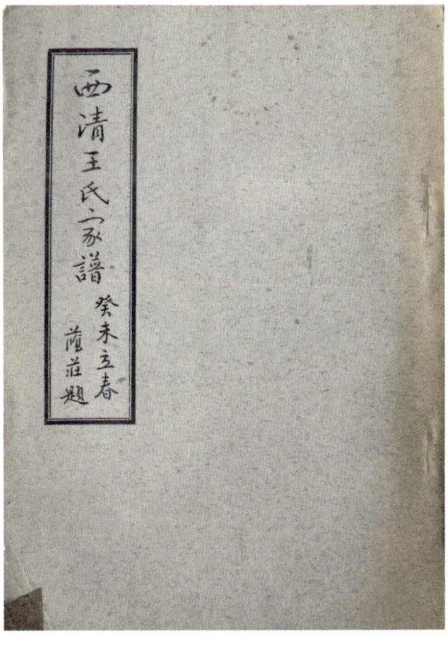

《西清王氏家谱》

北京另一位藏书状元谢其章先生在《搜书后记》中有一段话，是这样说的："自从多自网络淘书以来，书的邮寄和包装问题就成为'久议未决'的老大难。对于那些对书品不太讲究的人来说，书只要没寄丢，只要不影响看，其他均可忽略不计，可是像我这类对书的状况很计较的人来说，书在邮寄过程中因邮政的'野蛮装卸'或卖家的'包装不得法'而受损，实在不能容忍。"我属于前者，书只要能看，一般对品相不太较真。这册《西清王氏家谱》寄来时，包装很是得法，品相也挺好，本来满心喜欢，没想到一打开里面的内页，却是“实在不能容忍”了。一模一样的同一个章，盖了四处。盖在应盖的地方也就罢了，偏偏是随机性的，随心所欲式的。如果是外行所为也就罢了，又偏偏是当下著名藏书家的手笔。这让人说什么好。

只好说说《西清王氏家谱》的几个版本了。

关于“西清王氏”的名称，十二世孙王仁棠在民国十九年（1930）所撰的序言中这样解释：“世之详闽王氏者，多溯源于琅琊忠懿，独吾族别为西清，盖先世旭窗公于明正、嘉间，自江西之清江迁闽，迄今甫十有六世，兹事见三世祖长龄公墓版，先曾伯祖文勤公载于家乘，示不忘所自也。”

旭窗公后十世王贤关，即王世襄高祖，讳庆云，乳名镮，字家镮，初号乐一，又号雁汀，道光己丑（九年，1829）科进士，殿试二甲二十名，朝考入选第十名，改翰林院庶吉士，官至两广总督、工部尚书，谥曰文勤，著有《石渠余记》六卷、《奏稿》八卷、《荆花馆遗诗》一卷行世。他有一个孙子叫王仁堪，是王世襄伯祖，光绪三年（1877）的状元公。其胞弟王仁东，即王世襄的祖父，举人出身，任江苏提学使。

王贤关三弟贤绅，字家鋕，一字师竹，号竹汀，福州府学廪生，于咸丰四年（1854）创修家谱。桐城方时翮于民国二十四年（1935）所撰《西清王氏族谱序》中曾说：“考西清王氏迁闽以来，初未有谱以明世系也，自君之曾叔祖竹汀公始辑之，而亦未付梓。”说明《西清王氏家谱》的创修谱，只有写本（稿本），并没有印刷成册。

《西清王氏家谱》的第二个修本是在光绪八年（1882），第三次修纂是在民国七年（1918）。曾任福建省立图书馆馆长的王孝总于1972年的《西清王氏重刊族谱序》中这样说道：“回溯谱自创修以至初刊，历百余年，虽若潜龙勿用，然皆在继续增长之中。盖刑部公踵竹汀公增加咸丰四年以后之资料，资政公续增光绪八年以后之资料，民国七年以后，有暂告停顿之倾向。”都是没有付梓的稿本。因为以上三修都是写本，传世少，至今不见有存世的记录。

直到民国二十三年（1934），王世棠、王孝绮续修之，才以铅印本的形式印刷出版。此谱仅一册，存世量很多，据《中国家谱总目》载，有首都图书馆、上海图书馆、福建图书馆、天一阁等39家公藏单位收藏。

第二年，王孝绮等重新纂修是谱，析为二册出版，仍为铅印本，至今亦有国家图书馆、南京图书馆等26家公藏单位收藏。

这两次修纂的铅印本，内容较为丰富，有先人遗像、谱序、敕命、条规、祭产、世系、家传、挽词、寿序等内容。

而我这次在网络上拍得的民国三十二年（1943）铅印本，是《西清王氏家谱》的第五个修本，内容却极为简单，除了封二的“附记”及封三的“校勘记”外，还有一张“荫庄族长七十像”的照片，余下都是世系。《附记》说：“兹编所记，专备家谱第六次调查之用急就，以为稿本，因陋就简，在所不免，俟调查完竣，再为精审刊行。”所以本谱并不是一册完整的家谱，只不过是为第六次修谱而准备的备用谱。存世量亦比上两次修本为少，据《中国家谱总目》载，仅上海图书馆和厦门大学图书馆两家有藏。

《西清王氏家谱》的第六个修本，到1972年才在台湾由王孝绮等修纂完成，台北文海出版社有限公司以精装铅印本出版，谱名为《西清王氏重刊族谱》，仍是一册，多达377页，内收照片近百幅。王孝总在本修的《西清王氏重刊族谱序》中说：“此次吾家族谱重刊，以乙亥初刊之旧谱三册为蓝本。此三册者，乃世勋侄随身保存，经数十年遭几多次离乱转徙，而未曾散佚之仅存硕果也。吾人在此办理重刊，心中都在感谢保存之辛劳。犹佩服其于仓皇避难出走之际，能镇定不急，携之同行，非得天独厚，习闻庭训，而又善读此谱者，其谁能之。”想想大陆有39家公藏单位收藏乙亥修本，而在台湾又如此难得，怎能不令人唏嘘。

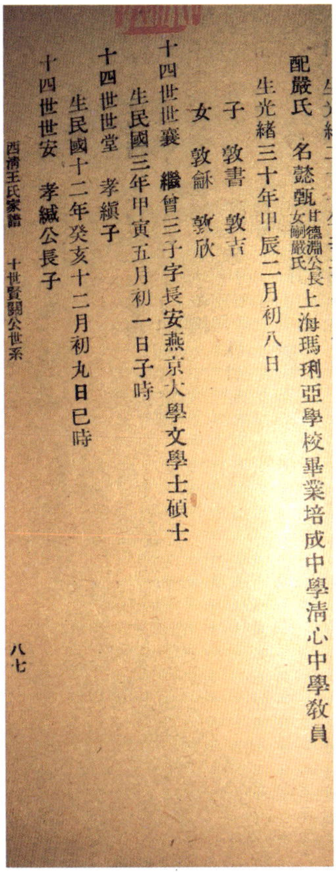
配嚴氏　名懿甄甘德淵公長女嗣嚴氏　上海瑪琍亞學校畢業培成中學清心中學教員
生光緒三十年甲辰二月初八日
子　敦書　敦吉
女　敦穌　敦欣
十四世世襄　繼曾三子字長安燕京大學文學士碩士
生民國三年甲寅五月初一日子時
十四世世堂　孝續子
生民國十二年癸亥十二月初九日巳時
十四世世安　孝緘公長子
西清王氏家譜　十世賢關公世系　八七

《西清王氏家谱》中“王世襄”条

此次修本，自是以台湾族裔为主。这个版本，据《中国家谱总目》记载，在大陆，仅辽宁大学图书馆有收藏。

到了1981年，此谱收入《近代中国史料丛刊续编》第八十四辑，仍由文海出版社有限公司出版。今中国科学院国家科学图书馆等有藏。

台湾与福建的西清王氏族人再次携手合修，已到了1993年，王世威等纂修，谱名仍为《西清王氏家谱》，虽也是一册，但已析为五卷，后附“后裔通讯录”等内容。此谱除美国国会图书馆收藏外，国家图书馆、上海图书馆、福建师大图书馆等单位都有收藏。

西清王氏自旭窗公于明正、嘉间由江西之

清江迁福建闽侯，至今四百余年，谱经八修，存世五修。吾得其一，不亦乐乎。

大玩家王世襄先生的世系载于本谱第八十七页，云：“十四世世襄，继曾三子，字长安，燕京大学文学士、硕士，生民国三年（1914）甲寅五月初一日子时。”

疑逼人死之《兴国背街锺氏五修族谱》

江西《兴国背街锺氏五修族谱》，六册，民国五年（1916）孝睦堂木活字本。白纸厚本，蓝布封面封底，每册书脊均印有页数：二百三十五页、二百零六页、二百九十八页、二百五十八页、二百零七页、二百五十四页。这样的页码比之其他地区的普通家谱相当于二册或三册，不过在赣州谱中也算平常，有些谱的一册多达五六百页。不过，书脊均印有页数的，在其他家谱中还没有见到第二例。

《兴国背街锺氏五修族谱》

谱首序为时任“内务部次长里人谢远涵”所撰，他在序中说：“清咸道之间，子宾先生暨其嗣伯平先生先后成进士，为名翰林，入侍枢密，出守疆土，功业彪炳，载在史册。清制每十二年必取诸生之尤者，县一人，府二人，选为拔贡生。自雍正乙卯科迄咸丰辛酉科，吾邑之获是选者，多在孝睦堂锺氏。唐宋至清末近千年，国中最重者无过于科举，然后赣州所辖十数属，迄无与孝睦堂锺氏相颉颃者，呜呼盛矣。”序所提到的“子宾”“伯平”为父子，子宾即锺音鸿，钦点二甲第五名进士，授翰林院编修，两江总督刘坤一是他的学生；其子伯平，即锺启峋，钦点二甲第一名传胪，翰林院编修。谱中载其诰敕及传记、世系等。

让我感兴趣的，倒并不是这“先后成进士，为名翰林”的父子，而在是第二册《世德传》有“民国丙辰五年再从弟应鸾（本谱协修）敬撰”的《烈妇杨孺人传》，节录其文于下：

按烈妇系再从兄彪如先生继室，桐陵杨为楫孙女，予再从兄嫂也……讵同治五年彪如年方三十二，以嗜学故，积劳成疾，前夕梦一金虫，伏吸脑髓，醒得疾，日以剧烈。妇人衣不解带，食不甘味，家故不丰，必展转典质以供医药，药必先尝而后进。痰唾便溺必亲捧贮器以进，凡数十日无倦容。迄病势垂危，乃伏泣曰："君倘不测，妾必相从。"至十一月二十五日病果卒。烈妇擗痛悲哀，感泣行路，徐呻吟曰："吾与夫有约，必践吾言，始可相见于地下，所虑者宗嗣无人，丧葬无主，冥会莫以为告慰。"于是从容布置，集族人，央夫弟祥炘以次子瑞增继，弟泣从立，候告庙宣众，然后以家事、葬事嘱托。即毕，服卤而死。家人知其必死，故不劝阻，以遂其志。时年仅三十也。呜呼，可不谓烈哉。当道上其事旌奖如例。

蝼蚁尚且偷生，杨妇本为继室，又无子嗣，且年仅三十，就饮卤而亡，所谓"家人知其必死，故不劝阻，以遂其志"，怕是被逼死的可能性最大。当她愿践其诺之时，只要有人稍作劝阻，即可顺坡下驴，此等大悲惨之事，应该就可避免。而家人竟作了冷眼旁观，"以遂其志"，怎一个"惨"字了得。想家谱中节烈之事最多，往往均有"节孝传""烈女传"之类，而所多者亦为夫亡后妻孤苦守节之事，如"烈妇杨孺人"这样的，戏文里有，现实世界中大概不会多。像彪如四弟祥炉的长媳陈氏，也是"年少夫亡"，但她采取的是"抚孤守节"，至修谱时的民国五年还健在，也落得了"井臼躬亲，内外修洁，宗族乡邻是效是则"的赞语。

为了"烈妇杨孺人"的这段文字，特意花了些精力查得彪如世系，云："祥炳，启嶷长子，字蔚甫，号彪如，邑庠生，不忮不求，正直端方，笃志诗书，尤精岐黄，温厚和平，士林钦仰。道光乙未十五年七月初八日寅时生，同治丙寅五年十一月二十五日巳时殁，葬未详。娶南安府崇义县拔贡生萧名搢女，清道光壬辰十二年三月十二日寅时生，咸丰癸丑三年六月十九日午时殁，葬未详。女一，适高龙太学生王载赓。继娶桐林杨氏，舍生取义，贯日冲天，草木生香，乾坤壮色，至今思之，犹凛凛有生气，清道光丁酉十七年二月十八日戌时生，同治丙寅五年十一月廿五日戌时殁，葬未详。子二：无名子（注：亲生早夭）、瑞增，抚胞弟祥炘次子为嗣。"

嗣子"瑞增"，世系中说："字濕川，业儒，清咸丰辛酉十一年七月十六日申时生，光绪癸未九年九月初六日戌时殁（按：年仅23岁），葬隆坪皇封山。娶砂田罗屋背刘前求女，矢志柏舟垂三十年，抚胞侄而接宗祧，事祖母以全妇道，清咸丰庚申十年八月十七日寅时生，子一：能锟，抚亲弟瑞境次子为嗣。"

也就是说，瑞增也没有亲生子息。

再看继嗣的“能锟”：“字秉刚，系亲弟瑞境次子过继，业儒，清光绪戊子十四年十一月初四日戌时生，宣统庚戌二年五月十二日午时殁（按：也仅23岁），葬未详。娶冷坑唐声椿女，醮。子一，振波，抚房弟能纯三子为嗣。女一：招子，夭。”也是没有留下亲生子息。好在能锟的妻子“冷坑唐声椿女”，没有继承祖婆婆的遗风，改嫁去了。

继能锟嗣的“振波”，生于光绪二十九年，至修谱的民国五年不过十四岁，已娶“焦田陈隆兴女，清光绪癸未二十九年生”，与他同岁，后来如何，谱只载此，就不得而知了。只是彪如门下这一支，人丁不旺到如此程度，真也罕见。

之所以怀疑杨氏之亡有可能属于被逼而死，确是有些疑点。彪如生病“凡数十日”，在他生前没有过继子嗣，只有当他死后的这一天，经杨氏“央夫弟祥炘以次子瑞增继，弟泣从立，候告庙宣众，然后以家事、葬事嘱托”，诸事办妥之后，就“服卤而死”，夫妻死亡前后仅相差五个时辰。原可以体体面面办的事，却办得如此急促，如此迫不及待，等以后找机会再在祖庙中跟大伙儿说明彪如已有了螟蛉儿子继承香火（候告庙宣众），不能不令人怀疑。

自彪如之后，每一代虽均非亲生，总还是延续了下来。同治五年至民国五年，前后不过五十年，但为何彪如和杨氏均“葬未详”？这就更解释不通，过继承嗣的目的到底是为了什么？

这件发生在清末同治五年的事，家谱中当然是当作褒奖来记载的。如今看到了，忍不住还是要作一声叹息。

族歌·族校歌·族花之《湘乡大湖张姓五修族谱》

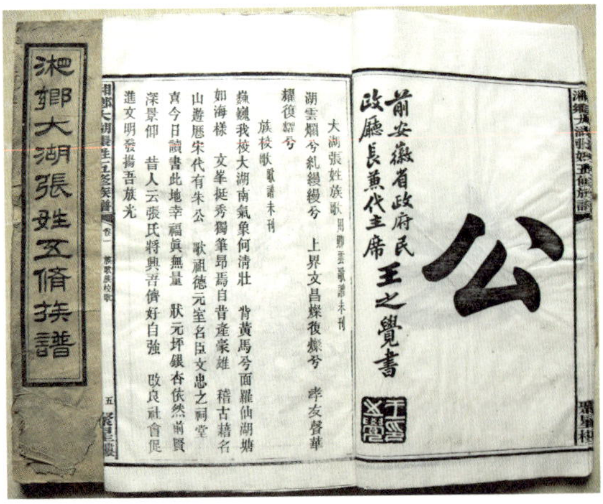

《湘乡大湖张姓五修族谱》书影一

同时拥有族歌、族校歌、族花的家族，除了湖南湘乡大湖张姓家族外，我不知道还有没有第二家。

《湘乡大湖张姓五修族谱》十二卷十二册，民国二十四年（1935）聚星楼木活字本，2002年10月得之于长沙一旧货商家中。谱之首有湖南省政府主席何健书“诚忍朴毅”和前安徽省政府民政厅长兼代主席王之觉书“顺让恕公”两题词，想来这个家族在当时还挺有面子。谱中有《谱引》，其一云：“传赞铭表及各种艺文之类投稿者，极表欢迎。但秉笔纂修者有分别去取权、削改权。刊录与否，原稿概不发还，省手续也。第传赞铭表之立，所以风式后人，须确有徵行懿德者，免遗诮也。不必其子孙同姓命笔，尽可征求外间名流代撰，所以昭慎重、壮观瞻也。”

请名家题词，自是有“壮观瞻”之意。但我惊奇于家谱中竟然有族歌、族校歌、族花，这可是我从来就没想到过、没见到过的新鲜事。先看大湖张姓族歌，下注“用卿云歌谱，未刊”等数字，歌词为：“湖云烂兮，纠缦缦兮。上界文昌灿复灿兮。孝友声华，耀复耀兮。”

歌词虽仅三句，前注“用卿云歌谱”却注明了家族的族歌是有出典的。《卿云歌》：“卿云烂兮，纠缦缦兮。日月光华，旦复旦兮。明明天上，烂然星陈。日月光华，弘于一人。日月有常，星辰有行。四时顺经，万姓允诚。於予论乐，配天之灵。迁于贤圣，莫不咸听。鼚乎鼓之，轩乎舞之。菁华已竭，褰裳去之。”这首《卿云歌》是虞帝舜大宴群臣百工时的集体唱和之作，其原意是对五帝禅让制度的歌颂，但由于其气象高浑而成为超越流俗的精品。通常的版本仅有“卿云烂兮，纠缦缦兮。日月光华，旦复旦兮”四句。据说此乃中国第一首国歌，虽然并不完全可信，但这首族歌，怕还真有可能是我国的第一首族歌。

再看族校歌，下注“歌谱未刊”，歌词云：“巍巍我校大湖南气象何清壮，背黄马兮面罗仙湖塘如海样（洋），文峰挺秀独笔昂焉自昔产豪雄，稽古藉（籍）名山游历宋代有朱公，歌祖德元室名臣文忠之祠堂，喜今日读书此地幸福真无量，状元坪银杏依然前贤深景仰，昔人云张氏将兴吾侪好自强，改良社会促进文明发扬吾族光。”

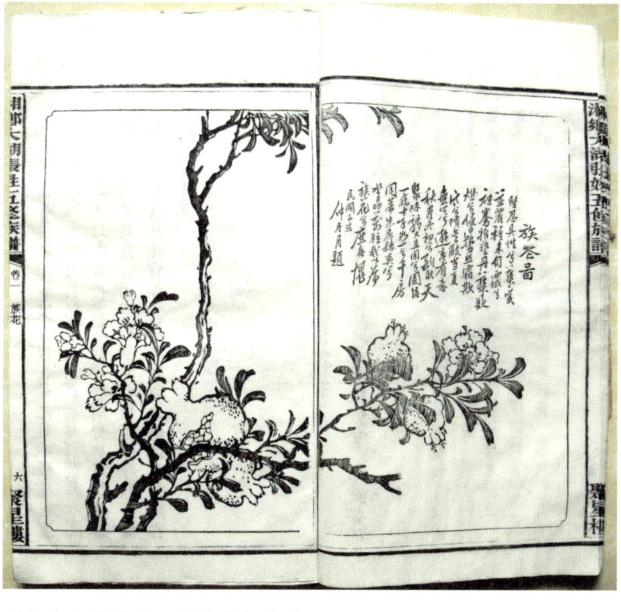
《湘乡大湖张姓五修族谱》书影二

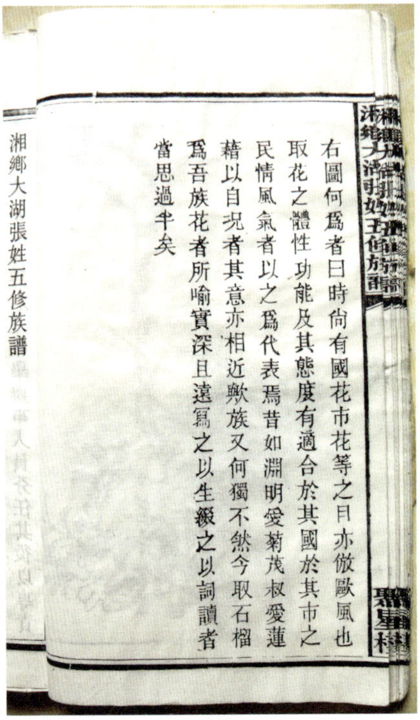
湘鄉大湖張姓五修族譜

右圖何爲者曰時尚有國花市花等之目亦倣歐風也取花之體性功能及其態度有適合於其國於其市之民情風氣者以之爲代表焉昔如淵明愛菊茂叔愛蓮藉以自況者其意亦相近歟族又何獨不然今取石榴爲吾族花者所喻實深且遠寫之以生綴之以詞讀者當思過半矣

《湘乡大湖张姓五修族谱》书影三

比之族歌的寥寥数语，族校歌就算是个长篇了。相比之现在社会，除了一些名校之外，有自己校歌的，又能有几家？这可是1935年湖南乡下的一个家族学校的校歌！

后为族花图，是为石榴花，图上有题词，也为歌词一类，但有几个草体不好辨认，姑且从略。后面的《附词并记》中说："右图何为者？曰时尚有国花市花等之目，亦仿欧风也。取花之体性、功能及其态度，有适合于其国于其市之民情风气者，以之为代表焉。昔如渊明爱菊，茂叔爱莲，藉以自况者，其意亦相近欤，族又何独不然。今取石榴为吾族花者，所喻实深且远，写之以生，缀之以词，读者当思过半矣。"

真乃时尚之族。《湘乡大湖张姓五修族谱》也因载有族歌、族校歌、族花，当仁不让地成为谱中珍品。

伟哉，大湖张姓。藏

·新书目

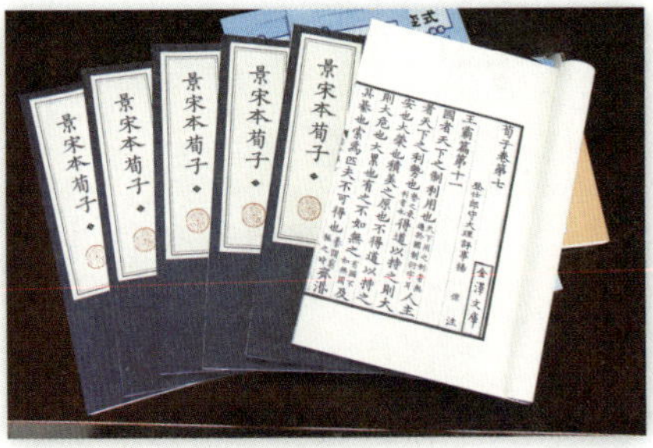

景宋本荀子

兰陵县东方荀子研究院整理
齐鲁书社 2016 年 10 月版
宣纸　线装
定价：2080.00 元
书号：ISBN 978-7-5333-3638-7

本书以天津图书馆藏《古逸丛书》本《荀子》为底本，该底本是光绪年间影印日藏南宋台州本《荀子》，开本阔大，字体精美。此次兰陵县东方荀子研究院将其整理出版，采用线装，一函六册，整旧如旧，书前缀以前言，全面客观地反映了南宋台州本《荀子》的风貌，具有较高的文献价值。

沦陷时期文艺期刊经眼录（南京篇）

谢其章

这是“经眼录”的最后一篇，放在最后写，自有我的苦衷，南京经过屠城之灾，活命是第一位的，谁还顾及什么文艺杂志呢？因此留存下来的杂志和材料极少，写起来几无依凭。直到真正动笔，我才发现南京沦陷之后的刊物虽然比较京沪是弱了许多，但是亦非“不值一谈”，归拢归拢寒斋所存竟有十数种之多，感觉似乎不比战前差了多少。

在写“上海篇”的时候，将《古今》算在内了，事实上《古今》的出生地（或曰注册地）在南京。1961年上海文艺出版社出版的《中国现代文学期刊目录》将《古今》的出版地点列为“南京”，2000年出版的《中国沦陷区文学大系·史料卷》也是将《古今》算在南京名下。算在南京名下的依据是什么，这要从版权页上找答案：“社长，朱朴；编辑者，古今月刊社；发行者，古今月刊社；通讯处，南京邀贵井时代晚报馆转；印刷者，上海静安寺路一九二六号国民新闻图书印刷公司。”这个“南京邀贵井时代晚报”显系关键词，如果真是在上海创办，有必要舍近求远地跑到南京设个通讯处？

《作家》

再听听主编朱朴的另一番话，他

在《古今》第二期“漫谈古今——代编辑后记”中称：“《古今》出版，忽忽一月，读者欢迎之盛，出于意料之外。因为初创及经济的关系，创刊号印数不多（1500册）。不料出版以后，五天之内，上海方面已完全告罄，向隅者要求再版……南京方面的情形也完全相同，创刊号到京后仅两天的时间，时代晚报社及建国书店两家已销去总数的大半，目前一本无存。”这段话证明《古今》是在上海印刷的，而且据朱朴另外的话，初创时期他是京沪两地奔忙。

到了《古今》第三期，版权页多了一项“编辑者，周黎庵”，其他项同前。周黎庵久居上海，沦陷之后他自称“履不出上海”，所以说，《古今》的主要编辑人员始终在上海。及至第五期版权页在通讯处项“南京邀贵井时代晚报”并列了个“上海静安寺路国民新闻社”。及至第九期（九期后改半月刊为月刊），主编项下为“周黎庵　陶亢德”，我们知道陶亢德也是久居上海的。及至第十四期，版权页上没了“南京邀贵井时代晚报”字样。发行者和发行所均为“上海亚尔培路二号　古今出版社”。亚尔培二号乃金雄白做银行生意时的办公地方，是花园式洋房，1945年7月21日以张爱玲、李香兰为主角的“纳凉会”即在此园。朱朴《〈古今〉两年》则称“……那种情形一直赓续到十个月之后才在亚尔培路二号找到了社址（这是承金雄白先生的厚意而让与的）”。至此，《古今》出版地的归属，应该很明确了。至于最初通讯处“南京邀贵井时代晚报馆转”的内情，只是登记出版新刊物不可或缺的一项手续，并不意味着刊物实体在此。朱朴在《记笔墨生涯》里称：“二十八年我由香港重返上海，主办《时代文选》。同年八月至九月间，接办上海《国际晚报》。十月一日，又创办《时代晚报》（二十九年九月一日迁京出版）。”

1998年辽宁教育出版社的《万象》杂志，其内情类似《古今》。之所以为一本不属于“南京篇”的杂志啰嗦这么多，想说的是某些枝节末梢或许藏匿着历史的隐情。《古今》未能为“南京篇”增重，令人遗憾，南京战前、战后均无享誉期刊史的名刊，六朝古都，未免黯然神伤。

寒舍到底收集了哪些南京刊物，借机统计一下，有《学海》《文艺者》《读书》《同声》《人间味》《求是》《艺潮》《苦竹》《作家》《国艺》《新流》《中日文化》《新东方》《大公周刊》等十几种，也许还有遗漏，但主要的、重要的刊物全在这了，这也是支撑我写“南京篇”的底气。

这些刊物里，《文艺者》仅出一期，创刊就是终刊，藏书家姜德明先生极少谈论沦陷时期刊物，《文艺者》却是个例外。姜先生写道：“《文艺者》，大三十二开本，一九四四年六月创刊于南京，作者多为沦陷区南北两地的知名作家。”我的藏本，得于 2000 年中国书店一次大规模的民国杂志创刊号展卖会，空前绝后的规模，据称是书店的库底子。储安平签名题赠王昆仑的《时代文学》创刊号（1937 年，储安平主编），也是那次展卖会的极重要战利品，可算作“世间孤品”吧。如今回想起那次惊心动魄的“抢购”，我犹为之神往与庆幸。

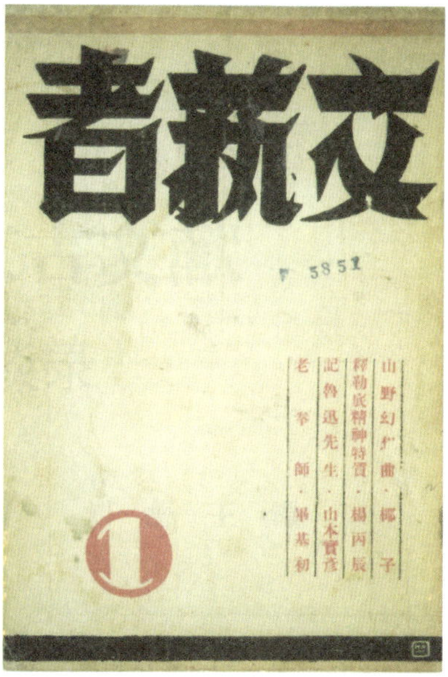

《文艺者》

不得不说，张爱玲为“南京篇”挽回了大半边颜面。张爱玲在《苦竹》杂志发表了《自己的文章》《桂花蒸 阿小悲秋》《谈音乐》，在《新东方》杂志发表了《存稿》《鸿鸾禧》。关于后者，邵迎健在《张爱玲与〈新东方〉》中有一段叙述：“一九九二年春天，我到北京去查资料，在‘三味书屋’遇到了一位张迷，三十出头，在一家外国商社的驻京办事处工作。他对五十年代以后在台湾和香港出版的张爱玲的著作和相关研究资料都很熟悉。我们谈得很投机，从书店出来，意犹未尽，又一起去民族饭店的咖啡馆。走在路上，他向我提了一个问题，‘你能给张爱玲的这两篇作品系上年吗？’他说的是《鸿鸾禧》和《存稿》。我语塞的同时又很佩服他‘迷’的程度，我虽然以张爱玲为题写出了硕士论文，但在数据方面并没有什么突破，甚至连他这样的问题意识都很淡薄，所以在北京查资料时，也只注意大学和研究机关的最新论文，没在找老杂志方面下功夫。”这位在外企供职的“张迷”即止庵先生，时空闪回到 1992 年，我在干啥呢，恐怕连搜集沦陷区杂志的门槛还没进吧。

《苦竹》

邵迎健接着写道：“没想到去年暑假，在当年沦陷区中心的南京民国文献室（原南京档案馆），竟意外地发现了《新东方》杂志。”可惜文献室所存《新东方》不全，邵迎健转求上海图书馆，终于在这里收藏的《新东方》为张爱玲

《新东方》

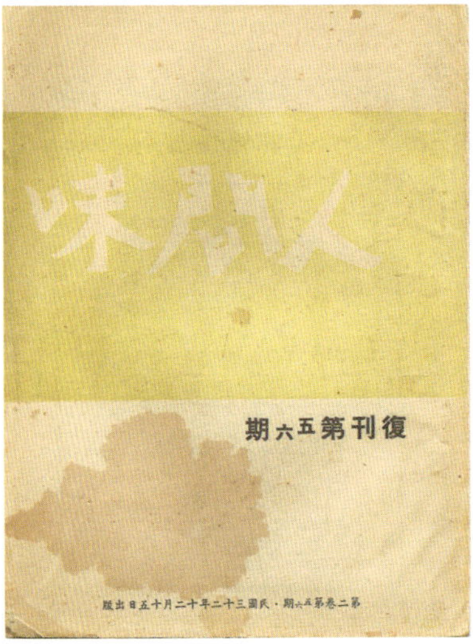

《人间味》

的作品系上了年。以我多年搜求杂志的经历和经验，如果设个难度系数的话，《新东方》要排到“极难”档，零星散本偶见偶得，一次得个十几二十几本甭想。

《苦竹》这几年知名度大涨，写它的人很多，我自己也写了好几篇，这次就不再啰嗦了，提一个跟《苦竹》有点关联的小花絮。五年前止庵在花城出版社策划了一套小精装，有我的一本《书呆温梦录》，赵国忠的一本《春明读书记》，止庵的书名叫“比竹小品”。设计封面的时候，止庵想到借用《苦竹》原封面。对第一期的《苦竹》，沈启无称赞“封面画真画得好，以大红做底子，以大绿做配合，红是正红，绿是正绿，我说正，主要是典雅，不奇不怪，自然的完全”。美编的设计稿只须将“比竹小品”替代“苦竹”，别处稍作微调，我看了连连称好。可惜，最终这个“古为今用”的创意被否决掉，另采用一个极其平庸的封面，理由是为了丛书风格的统一。

经历过沦陷时期的前辈，我只见到黄裳提到过南京的杂志，黄裳是这么讲的：“我们到南京时是一个风沙蔽天的日子。……对面的街上有一家书店，我们踱进去看，里面放着几本从上海来的杂志和北方来的《三六九》（戏剧刊物），另外有一册南京本地出版的《人间味》。”（《白门秋柳》）黄裳接下来的话便有些奇怪了——“在屠刀下面的‘文士’们似乎还很悠闲地吟咏着他们的‘人间味’，这就使我想起‘世间无一可食亦无一可言’的话来，这虽然是仙人的说话，也正可以显示今日的江南的无声的悲哀。在无声中，也还有这种发自墙缝间的悲哀的调子。”

黄裳也许忘记了他刚刚在《古今》杂志上玩了一把“从敌人手里骗取路费”的好戏，正是这笔路费（实为《古今》稿费）才得以使自己与黄宗江一起逃亡内地，怎么途经南京只瞄了一眼书名，便发此一番不着边际的话来。

《人间味》实为散文刊物，无政治倾向，也不像《古今》拥有汪精卫、周佛海、陈公博那样显赫身份的作者，1943 年元旦创刊，出了 8 期。内容有《南京人的吃》（盛国成），《太平天国时代南京城的人间味》（何海鸣），《谈儿戏》《谈替别人打算的话》（傅彦长），《北平的味儿》《文字狱》（纪果庵）等。柳雨生有六天的日记刊在《人间味》，我有将柳雨生沦陷时期发表在各刊物上的日记汇编的计划。寒舍所存《人间味》封面均钤有“杜棠藏书”之印，且有购书日期及编号。杜棠其人，生平不详，想来是个家境殷实的爱书人，所见编号已达四位数之多。半个世纪之前有这位“杂志癖者”，说明吾道不孤。

与《人间味》一起入手的还有《艺潮》，说来可怜，二十年前我写《南京沦陷时期的两本杂志》，确确实实只收藏到这两种。《人间味》，十六开本，通常刊物的模样，《艺潮》则像一本书的模样，三十二开，非骑马钉。创刊于 1944 年 4 月，总出六期，我于济南旧书店一次淘得四期，书款 70 元，二十年过去了，仍缺第 4 和第 6 两期，也许一辈子也配不齐了。纪果庵《我所知道的陶亢德》刊在第 4 期，我想读却读不到，后来在《纪果庵散文选》里读到，颇感欣慰。《艺潮》亦属散文刊物，没有大牌作者助阵，纪果庵是我喜欢的沦陷时期作家（另有文载道、周黎庵、柳雨生、周越然、朱朴等），他的文章我几乎篇篇喜欢。

签名书非常受追捧，而留有题记或签名的旧杂志则冷清得多。鄙藏《艺潮》这四期，偏巧均留有题记及印章，创刊号“中华民国三十三年五月十一日燮邦购于将军路浙大（钢笔）”，钤“蔡雪梅”印，我猜蔡氏是第二位书主；第二期“中华民国三十四年二月廿二日承锟璋兄购于学士路张府（毛笔）”，钤“蔡雪梅”印。锟璋兄即张锟璋，《艺潮》的主干；第三期“中华民国三十三年七月二十七日承艺潮社主干张锟璋先生赐赠特在扉页书此致谢　燮邦（钢笔）”，钤“蔡雪梅”印；第五期题记与钤印与第二期全同，

《艺潮》

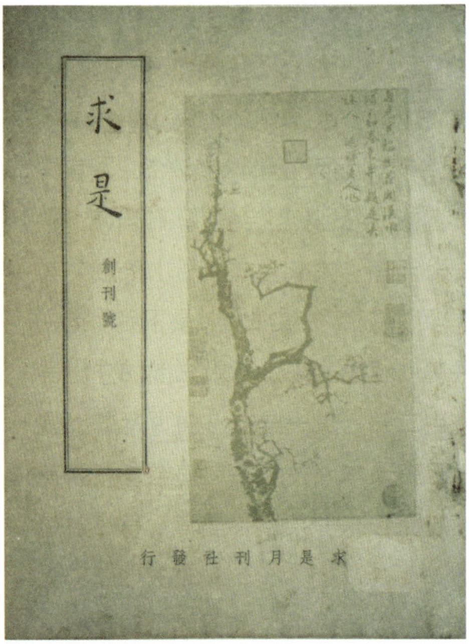

《求是》

从时间上推算，第二期、第五期为补购。

纪果庵主编有《求是》杂志，1943年3月创刊，总出8期。2000年冬，我有“泉城二十四小时淘书”之行并撰文记此，《求是》就是这次入手的。查书账：“《求是》5册，连号（创刊号至第5期），250元。”沦陷时期，周作人南北通吃，独领风骚，可称惟一的大牌作家。能约到知堂老人的稿，可谓刊物莫大之荣耀。《求是》刊有周作人《梦想之一》《大乘的启蒙书》等读书笔记。周作人在北京主编《艺文杂志》，也约到了纪果庵的《冶城随笔》等稿。纪果庵曾在南京接待过周作人，并写有《知堂先生南来印象追记》《知堂老人南游纪事诗》。1944年冬，纪果庵北游三十余日，曾两次访谒知堂老人。如今八道湾苦雨斋荡然无存，纪果庵1965年1月8日于苏州上方山石湖自尽，周作人1967年5月6日死于八道湾自家澡间。人世间，劫后尚余存几本破杂志记录着两位的交谊。

《中日文化》，1941年由中日文化协会主办，出到1944年第4卷终刊，每期近两百页，捏在手里很厚重的感觉。文艺篇幅很少，诗词考据为主，首要位置都留给了汪精卫，属于不折不扣的政治宣传刊物。我仅在其中找到了王古鲁《摄取日本所藏中国旧刻小说书影经过志略》这么一篇有史料有趣味的文章。

王古鲁在日本共摄书一百一十余种（多为古小说），计2017页，文章很详细地叙说拍摄图书遇到的种种困难，我们自己的古书，只有到异国他乡拍了照才可以回归，人家如果不让拍，我们还就真的永远没法看到。王古鲁说：“日本于明治维新以前，受我文化陶冶者甚久。中土历代所刊书籍，流入东瀛者，指不胜屈。加以外患内乱较少，故今日公私藏书所在，中土已佚珍籍收藏颇多（其中尤以四部书籍，宋元旧槧，插架甚富）。此种情况，凡稍稍关心中日两国文化交流史实者，无有不熟知者也。”王古鲁去日本摄影的范围“注重小说”，他担心受人指摘，特引胡适和周作人的话来给自己找个“出师之名”。胡适说“我们要知道这几百年来，中国社会里销行最广势力最大的书籍，并不是四书五经，也不是程朱语录，也不是韩柳文章，乃是些‘言之不文行之最远的白话小说’”。

周作人的话意思和胡适差不多，“在中国……影响中国社会的力量最大的，不是孔子老子，不是纯粹文学，而是道教（不是老庄的道家）和通俗文字。因此，要研究中国文字，更不能置通俗文学于不顾”。王古鲁仍然“恐怕大家不知道日本所藏中国旧刻小说的真价值”，又举了胡适的一大段论辞。王古鲁的目的是争取一笔去日本拍摄的费用，最终说动上峰，批准了王古鲁的计划。到日本拍摄书影绝非一件美差，其间遇到的困难和搓败，只有王古鲁自己默默承受——“讲到摄影的困难，真是一言难尽”。到了人家的地盘，就得遵守人家的规定，实在借不出来的珍籍，还须找日本熟人帮忙，当天借出必须当天还书，没拍清楚就再无返工的可能。更有甚者，到某大图书馆摄影，手续极其严苛，最后惊动了使馆官员方才得以进入。身心俱疲之苦，冷暖自知，王古鲁说：“每天经过四百枝烛光忽开忽闭的长时间（至少在七小时以上）以后，走出暗室，眼睛感光时的痛苦；及每天站在书本后面，用手把书推平，以便摄影师摄取（约定不准拆散原书，且为经济起见，如此办法，一次可以摄取二页）。经过长时间（至少七小时以上）以后，两只手臂的酸疼；而且每天夜以继日地整理底片所消耗的精神与时间（每天拍摄以后，摄影师即回家，将当天所摄的照片现像。古鲁则将上一天已经现像的照片，整次编号，每天彼此睡眠时间都极少）。摄影失败时精神的懊丧，都不是言语所能形容的。”我们今天轻松自在地阅读这些小说，勿忘王古鲁非常时期的日本之行。

与《中日文化》厚度相仿的《国艺》杂志，创刊于 1940 年 1 月，也是出版了四卷，这里的“卷”相当于“年”，四卷即四年，《国艺》是双月刊，一年是六期，四年就是二十几期。《国艺》内容是文艺性质的，谈骨董谈考据的文章占有相当篇幅。该刊为中国文艺协会会刊，编委有张次溪、陈巨来、陈廖士等。《国艺》要算这一时期最好看的杂志，我个人收集有十五期，也许在私藏里算比较多的了。创刊号与第二期连载的《紫泥雪影》，应列为近代紫砂壶历史的重要文献。

据《国艺》杂志所载《紫泥雪影》（作者“后紫霞翁”）称：“张氏（张虹）近著《阳羡砂壶图考》一书，分上下二册。上册纪录，下册图谱，图凡一百数十幅。搜辑之富，考核之精，允推独步。惜上册甫告杀青，而‘八·一三’之变作，遂而中辍。”看这话的意思是下卷未能面世。“后紫霞翁”接着写道：“兹就敝斋所藏者，摄影制版，而附以曾经寓目者，共得五十馀器。豹窥一斑，

《国艺》

《新流》

凤珍片羽，海内同好者，亦可尝一滴而知大海味矣。”

下卷后来有了下落，据资料显示，“该书下卷载图一百一十三幅。附以印章铭识，悉由两家藏器暨海内朋侪名玩及著录可考者慎选，按图审辨，足资证佐。散佚已近半个世纪之后的下卷原稿，一直由新加坡宋芝芹先生保存，后转让台湾詹勋华先生，并经其整理付梓”。这部近代砂壶名著终于以完整面目保存下来。

“后紫霞翁”不详何人。他说砂壶“近代收藏家，有张燕昌、吴槎客、朱笠亭、何道州、张叔未、吴清卿、经亨沐、丁鹤庐、张谷雏、李凤坡、蔡哲夫、区梦良、唐天如、何觉夫、宣古愚及日本奥篇田、川天刚、渔隐田诸人”。这份名单是个线索，提供了追寻近代砂壶收藏史的细节。

《紫泥雪影》拓片书影达二十余幅，编者称：“南京夫子庙，骨董肆林立，虽光采耀目，而佳品殊鲜。后紫霞翁于事变之馀，先后得紫砂名窑廿馀事，请其写《紫泥雪影》一文，古香古色，读者同赏。”从未见有陶史专家提及这篇文章。

我先花了250元买到《国艺》创刊号，那时候感觉是很贵的价钱了，后来买了十来本，一百块一本，另有几本是在网络书店买的。攒齐万无可能，此生不作此想。

《新流》创刊号（1943年4月）居然也是个签赠本：“赫文兄：指教。长风五，十一。”长风于本期写有《江汛——卅一年江南农村生活的一段片》，受书者“赫文”不详。《中国现代文学期刊目录》称《新流》只出一期，而《全国中文期刊联合目录》失收《新流》。《新流》到底出了几期，我居然不是靠目录而是靠网络旧书店推算出来的，确认是六期。所以说，期刊版本的考据，也是一门小小的学问。

另外一个花絮也很有趣。我早年间买到丁丁主编的《作家月刊》创刊号，这是1941年4月南京沦陷后出现较早的刊物。里面有一篇《西方的书籍爱好者》（许竹园编撰），那个年代的刊物极少刊登谈藏书乐趣的文章，偏偏这一篇还是谈西洋藏书趣味，愈显突兀甚至不合时宜。文中称“图书的趣味，起初是与图书记载的内容有关系的，到后来其中心转到图书本身了。就是本来是想读内容美好的图书，后来便不顾及内容如何，以图书作为一种艺术品，用审美的眼光来观察，而对于图书本身，感到一种爱着。好的图书是指其版次，印刷，纸张，装帧，及版式以及所附随的历史的趣味”。这本刊物如果像《人间味》遭遇似的被黄裳这位真正的书籍爱好者瞥了去，够它受的。后来我买到《作家月刊》的复刊号，一直想当然，以为是南京所出，待写此文时，仔细瞅了版权页，才知道挪到苏州复的刊（苏州元和路四号），月刊也改成季刊了。由此我想，是不是“京沪宁”之外，再写写苏州沦陷后所出文艺期刊呢，动笔之前先统计一下手里有多少种杂志，少于五种的话，就不必敷衍成“苏州篇”了罢。藏

·新书目

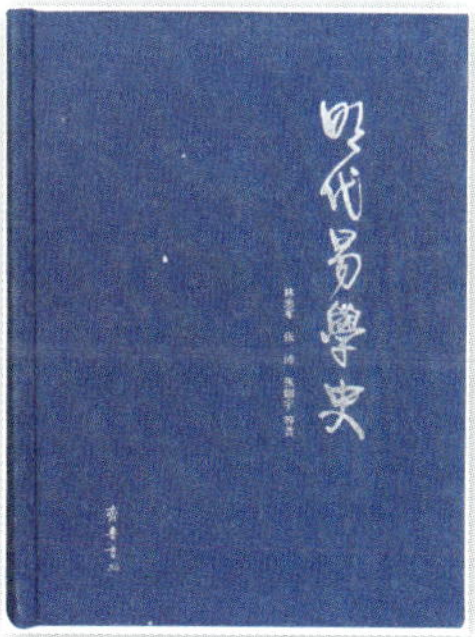

明代易学史

林忠军、张沛、张韶宇等著
齐鲁书社 2016年6月版
国际32开　布面精装
定价：88.00元
书号：ISBN 978-7-5333-3484-0

《明代易学史》是山东大学易学与中国古代哲学研究中心重大项目“明清易学”之一部分研究成果（另一部分研究成果为《清代易学史》）。本书选取20余位有影响的、能够体现时代特色的明代易学家及30余部易学著作加以研究，对易学在明代的发展、衍变作了宏观的描述与细致的分析，全面总结梳理了易学在明代的成果。

随性而为　随喜而做

赵俊杰

山东济南《藏书家》刊物约稿，这让我感觉为难，本来我的藏书不值一提，我的收藏人生也很平凡。我想，每个喜欢古籍的爱好者都会有很不平凡的收藏经历，都值得我去学习、去借鉴。我是真心地想，我们爱好古籍，就一定有共同的一面——被博大精深的中国传统文化所吸引，所陶醉，不能自已，从而为之甘愿去做。我不能说，放弃一切，甘愿去做，我说的是，为了一生的喜爱，去做自己最喜欢的事情。所以，我要说，我的收藏道路就是“随性而为，随喜而做”。

20世纪90年代初我开始做基建工程，随着工程量加大，个人积蓄开始增加。那个时候每天都在拼命工作，闲暇时间很少，每天都为工程进度着急，为了回款而催促不停，这样的日子一直持续了很久。大约1996年的样子，好像社会突然开始宣传千禧年的到来。这让我突然意识到，我要有个跨世纪的机会了。我很珍惜这点。我就在想，既然我在人生中能够跨越两个世纪，那我一定要在上世纪最后的几年里面，留下一点什么做个纪念。那时集邮很时兴，我也就买了一点。那时邮局门口有很多邮票贩子摆地摊，我就从地摊买了一些，大概不到五六万元的样子。那个时候，石家庄棉一有个文物市场，每到周六各地文物小贩就到市场摆摊。市场离我家很近，来回路过那里，我偶尔也进去看看，买点瓷器之类古玩，但心里不是太喜欢，总是担心买了假货。后来在一个古玩店里，我看到了一部古籍，那是第一次看到古代的书，这让我很惊讶，不由得仔细地翻阅起来。店主是个20来岁的瘦瘦的年轻人，肤色很白。他看我翻阅得如此仔细，也很惊讶，他说：“从没有人看这部书，也没人看得懂，这书是买瓷器的时候，搭给我的。”那时的文物贩子，基本都是农村跑街串巷的农民，文化程度很低。我大学专业学的是汉语言文学，看这部古书，虽有困难，但勉强也能看下去。一直到现在，我都记得，这部书的名字是《礼记》，一共十册。我问店家价格，他说“看你能看懂书，就给我80元吧”。这是我第一次接触到古书，并且买了下来。虽然对文物一窍不通，但我能够确定，这部古书肯定不会是假的，这让我踏实下来，而且我居然想，本来打算留下本世纪藏品，这可好，上个世纪的玩意也都买来了，这让我很兴奋。也就是从这部《礼记》开始，我正式走上了古籍收藏之路，而邮票与瓷器之类的古玩我已经完全没有兴趣了。

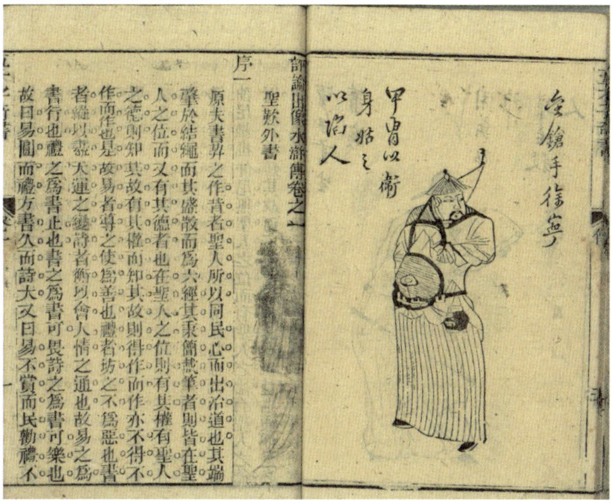
評論出像水滸傳卷之一
聖歎外書
序一
原夫書契之作昔者聖人所以同民心而出治道也其端
肇於結繩而其盛散而為六經其秉簡載筆者則皆在聖
人之位而又有其德者也在聖人之位則有其權有聖人
之德則知其故有其權而知其故則得作而作亦不得不
作而作也是故易者導之使為善也禮者坊之不為惡也書
者縱以盡天運之變詩者衡以會人情之通也故易之為
書行也禮之為書止也書之為書可畏詩之為書可樂也
故曰易圓而禮方書久而詩大又曰易不賞而民勸禮不

《五才子奇书》之《水浒传》

1998年，我开始在石家庄联盟路古文化市场有意识地大批收集古籍。联盟路古玩市场有家古籍书店，店主50多岁，姓陈，退休工人，对古籍研究很深。我在不断的买进中，也开始跟店主陈先生学习古籍知识。收藏这个东西，一旦着魔，就刹不住了。我每周都盼着周末尽快来到，好到文物集市去买书。一直持续到2000年，我收购了七八十部古籍。但那时我只能算是初级古书爱好者，也缺乏古籍知识。这个阶段，我完成一个为了纪念千禧年转变到了喜爱古书、并且认真地有意识地买进的转变。

我总是认为，人的一生，无论做什么事情，一定要有贵人相助。幸运的是，我在收藏路上，每跃上新的台阶，都会遇到贵人。我的古籍收藏之路遇到的第一个贵人，就是刘书记。刘书记古籍知识专业而且丰富，我经常跟刘书记请教。2001年，刘书记带我到北京，参加在国家图书馆举办的万隆公司古籍拍卖会。走进拍卖会，是我对古籍认知的第一次飞跃，因为从那时起，我所购进的每部古籍，都会参照拍卖会拍品标准。有了贵人相助，还要有机缘巧合，才能成就一个人的不断进步。也就是那个阶段，我们石家庄有位经理，原来在天津古籍书店做经理，退休后，这位经理跟书店商量，从大库拿了一批古籍回到石家庄出售。这位经理带回的这批书，我买了5部武英殿本，其中开化纸3部，还买了康熙精刻本七八部。最贵的一部书花了1.2万元，是康熙年间武英殿开化纸本《论语》，真正的纸白墨浓，让人爱不释手。其他书籍价格也都在4000元

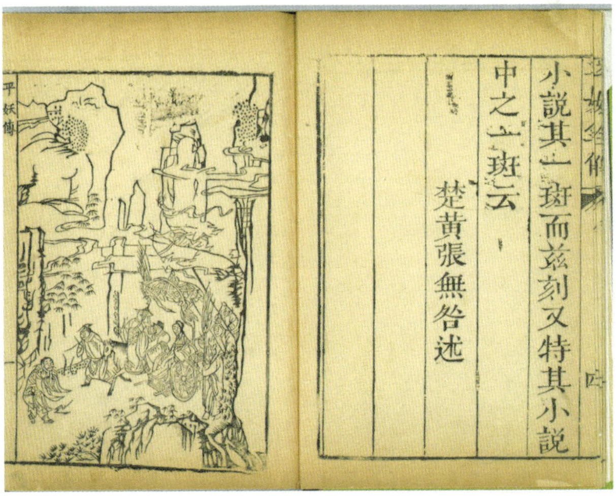

《绣像平妖传》

到8000元不等。要知道，2001年，在石家庄再好的古书，价格超过1000元，基本就没人问津了。我因为参加过拍卖会，知道那些好书难得一见，所以咬牙买进很多精品。说实话，就是这位经理这批天津大库出来的精品古籍，奠定了我收藏的信心。

2002年，北京琉璃厂中国遗产书店开业。我知道这个消息，赶紧去北京，开业典礼没赶上，但偌大的书架上的好书，看了一个够。中国遗产书店为了庆祝开业，专门拿出一批宋版书，放在柜子里展览。那时我已经开始专门研究纸张，所以一有时间就跑到琉璃厂中国遗产书店，一为买书，二为看宋版书、明版书、清版书的纸张，仔细端详、揣摩学习，想把这些不同时代的古籍纸张及其版刻风格，牢牢记在脑子里。那时的狂热，我现在想一想，都很惊讶，也不知道怎么就会有这样的劲头。去北京次数多了，视野自然开阔，我对古籍的市场行情也把握得更加准确了。有件趣事，当作说笑吧。2003年，我在石家庄买古籍的消息已经疯传，很多人都知道我。有天下午，有个书贩杜先生，突然给我打电话，他说有一套《西游记》，要价1500元，是平山县老百姓送过来的，问我要不要？电话里，我问杜先生"《西游记》多少册？"杜说"20册"。我一听，马上就说"我要，让那平山人等我"。那时已经是下午3点多了。平山卖家骑车子到的石家庄，还要骑车赶回县里，所以时间很紧张。我立刻打车奔向杜先生的古玩店。大家一定会知道为什么我这么着急地赶过去，因为我很清楚《西游记》20册一定是木刻本，如果16册，那就是清末民国时期的石印本了，而石印本跟木刻本价值不可相提并论。当我急匆匆地赶到中江国际古玩店，见到平山来的卖家，是三个十几岁的孩子，脸色黝黑，稚气未干，一看就是农村里的孩子。我入手一看，此部《西游记》正是康熙刻本，原函原套，品相一流。为什么我能如此肯定？因为我在琉璃厂中国遗产书店看到过大开本康熙本《西游记》，二者是同一版本确定无疑，而中国遗产书店那时标价2.5万元。我不动声色地问这书是怎么来的？其中一个孩子用浓重的平山话口音告诉我，是家里拆房子发现的。杜先生看我迟迟不说话，担心不要了，立刻说，这样吧，书价 1300 元吧，你看这几个孩子也不容易，还要赶回家，就买了吧。我等的就是这句话，立刻拿出来 1500 元。我说，孩子们也不容易，就给 1500 吧。我又给了杜先生 200 元酬金，这是规矩。结果是皆大欢喜。我晚上捧着《西游记》乐了一宿没睡着。这是我第一次买小说。

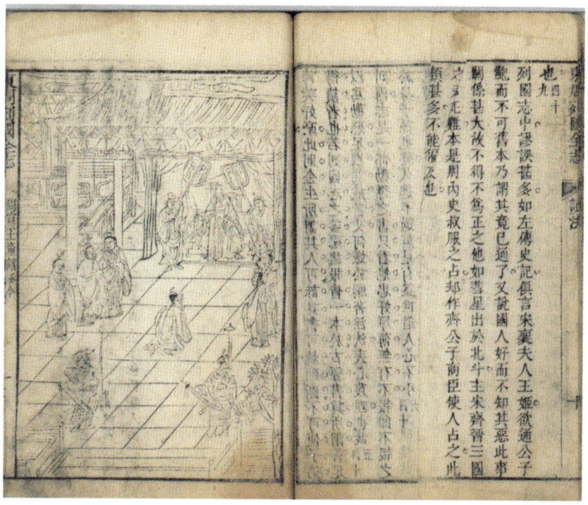

《东周列国全志》

最近这几年自己想想，我买小说，或许因为有少年时代的召唤吧。在初中时期，我就喜欢读《水浒传》《西游记》。那时我是学校篮球队员，在一次训练中摔断了左手腕，打上石膏在家静养。父母厂子里有图书室，给我借了一部《水浒传》，我白天黑夜连续看，看一遍不过瘾，看第二遍，以至到后来看了多少遍，我也记不清了。《西游记》也是这样，总也看了四五十遍吧，我居然做到了将两部小说故事情节记得滚瓜烂熟。到现在我都清楚记得，有个长夏的夜晚，我跟父亲及两个邻居说西游故事，讲了一回又一回，我说得起劲，父亲、邻居也听得入神，到了晚上 1 点，都还在听，谁也不说去睡觉。哈哈，很得意的事情吧。可能就是有了这样的中学时代，心里种下了因。《西游记》买进时间不久，我们省有个领导告诉我说，他家有一部《三国演义》，问我要不要？我去他家一看，《三国演义》还是清初顺治版，最后 1800 元买了下来。到了 2004 年，《藏书报》的一位编辑去上海博古斋看拍卖，我查图录中有一部顺治本《水浒传》，就委托这位编辑帮我举牌，很顺利地以 4000 元底拍价格买到。以后

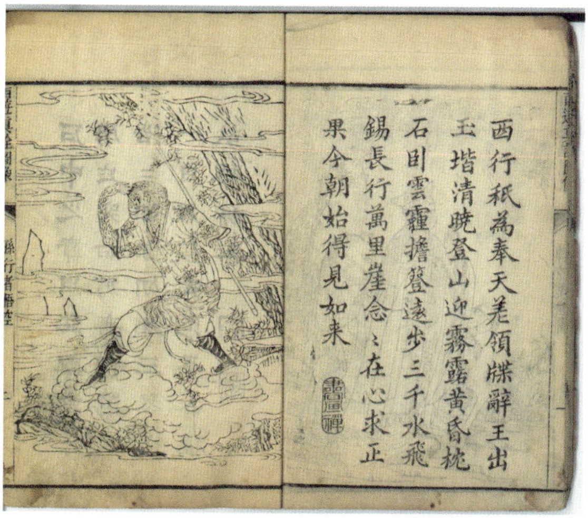

《西游真诠》

的岁月里，我每到一个拍卖会，看有稀见的小说，就顺手买下来。我这么做，完全是下意识的。七八年的时间，我陆陆续续买了60多部小说。2011年，在保利拍卖公司，我发现了两部同一个版本的《红楼梦》，同时拍卖，所不同的是，一部竹纸刻本，一部白纸刻本，品相都是一流。竹纸刻本《红楼梦》2万元起拍，我4万元买到手上，加佣金4.6万元。一个小时后，白纸刻本《红楼梦》2万元起拍，瞬间涨到了10万元，最后25万元成交，加佣金近29万元，被上海一位先生买走。我马上缴款提货，很得意地让场上的王德先生看了一下，王先生说，你这部《红楼梦》现在会场10万元就有人要。我也总算是捡了一漏。至此时，我在这些年下意识中收集齐成古典小说“四大名著”。

搞古籍的人都知道，自2008年古籍价格开始大涨，到了2010年，古籍在外来资金的推动下，形成了一波高潮，很多书的价格都涨了N倍。我虽然喜爱古籍，但面对市场上的昂贵价格，也只有无奈地苦笑的份了。在此彷徨的时刻，我迎来了人生中第二个贵人——中国书店的窦老师。窦老师水平高，人品好，是当今很难得的古籍圈的世外高人。我这些年受到窦老师教益良多，一直都是心存感念。在苦恼的时候，我再次聆听了窦老师的教诲，可谓是受用终身。那是在中国书店一场拍卖会期间，我来到窦老师工作的地方，发泄了收藏古籍中的烦恼——“缺乏方向感”。窦老师耐心地听我唠叨，当听到我收集了部分小说的时候，很坚定地告诉我，集中所有精力，专心收集小说系列。窦老师告诉我，别看小说版本不好看，但坚持收藏可以从量变到质变，当收集到一定数量的小说时，就会有可观的效果。窦老师还给我透露了一个很重要的信息，那就是小说其实数量很少。窦老师一席话，惊醒梦中人，我精神开始振作，从此走上专注小说收藏系列的道路。此后在全国各拍卖会，我几乎买走所有上拍小说，一连四年坚持默默参加所有场次拍卖会，目的就是买小说。中国书店前几年有个戏剧小说专场拍卖，我一直在买进，最后一场我几乎包圆买进。从那以后，中国书店戏曲小说专场就没再搞下去。我曾问过其经理，为什么不继续办小说戏剧专场

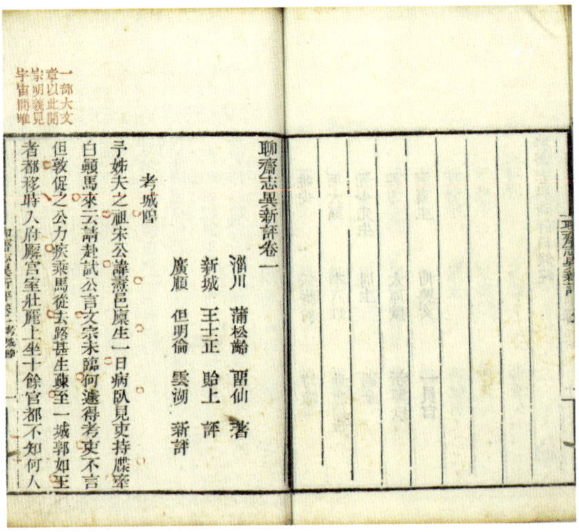
一部大文章以此開宗明義見[illegible]

聊齋志異新評卷一
淄川 蒲松齡 留仙 著
新城 王士正 貽上 評
廣順 但明倫 雲湖 新評
考城隍
予姊夫之祖宋公諱燾邑廩生一日病臥見吏持牒牽
白顛馬來云請赴試公言文宗未臨何遽得考吏不言
但敦促之公力疾乘馬從去路甚生疏至一城郭如王
者都移時入府廨宮室壯麗上坐十餘官都不知何人

《聊斋志异新评》

了，答曰征集不上来了。我听到这句话，心里清楚了，小说货源真的是不多了。2014 年，我开始到孔夫子旧书网买进小说。短短一年多时间，我买了几十万元的小说。一年多以后，孔夫子小说货源也日渐凋零，买家反而上来一大批，火力十足，争抢小说。在买小说的过程中，我还遇到了北京于老师，于老师已年近七十，北京中建一局六公司退休职工，坚持收藏小说 30 余年，小说研究功力惊人。在跟于老师接触的日子里，我能学到很多小说版本知识。更加让我感动的是，因为于老师收集的小说达三百部之多，我只能分三批购进。最后一次，资金实在跟不上，就定好了书，放在于老师那里，想等资金富裕了再去拿回来。这期间，小说价格大幅上涨，很多书贩子到于老师家里要这批货。于老师几次催促我，都因为资金不足，未能拿回来。于老师最终决定，先发货，后结算，以此杜绝书贩上门要货。无双何德何能，居然得于老师如此厚爱，感激之余，也为老一辈收藏家那高尚的情怀而敬佩不已。

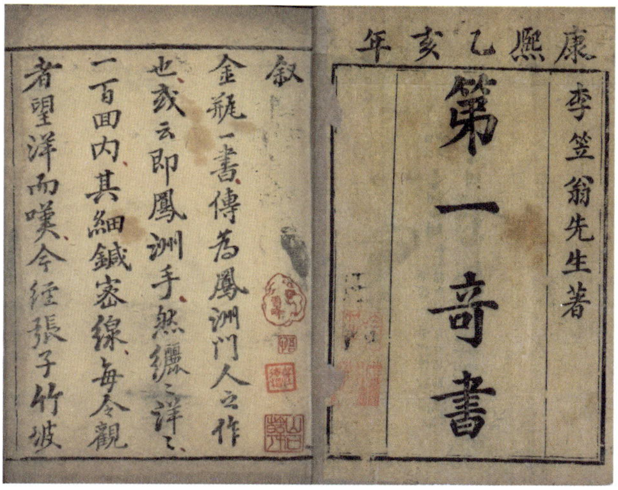
康熙乙亥年
李笠翁先生著
第一奇書
敘
金瓶一書傳為鳳洲門人之作
也或云即鳳洲手然纚纚洋洋
一百回內其細鍼密線每令觀
者望洋而嘆今經張子竹坡

《金瓶梅》

我坚持古籍收藏也有 20 年了，其间有过苦楚，但更多的是满足。在十几年时间里，我收集了 460 多部明清民国小说，成系列的有“四大名著”“三大文言小说”“六大神话小说”“十大才子佳人小说”“晚清四大讽刺小说”，还有 60 余部禁毁小说等。或许国内有几家公藏机构可以做到如此多的收藏，但短时间内有如此系列规模的收藏，恐怕海内外各公藏机构及史上藏书家都难做到。我自己也感到惊讶。我真的不清楚，这些年我是怎么坚持走下来的，我的人生有贵人的不断相助，是上天有爱于我。中学时代的经历，种下了因果。抑或是我的个性如此吧，能够做到“随性而为，随喜而做”。

留不住书斋古书谈往
——“得书、失书”琐忆

顾 净

读前辈藏书家的文章，谈到过去懂书的通常有三类人。第一类是公共图书馆善本部的专家，本身职业便须整日与古籍善本打交道，惟有懂得古籍版本才好顺利开展工作。第二类是旧时代古书铺里的学徒、伙计，因为担心标错版本定低了卖价会遭掌柜打骂，日子久了眼力也就跟着上来了。第三类是吾辈广大真爱书者，尤其是手头拮据又想买好书的。既怕买贵又怕打眼，只能多下力气处处用心，边搜书边研究，一路学习一路买，最后多能成为半个专家。我勉强算是第三类与第二类之间的人物，自然连半个专家都称不上，但二十来年买书生涯，对古书的热爱难改分毫。

聊起往年的买书趣事，先转录旧文《访书散记》（已收入中华书局出版的《买书记历》一书）中的两段文字节选：“当年杭城内以文三路上的收藏品市场人气最旺，湖墅南路半道红桥边第二百货大楼的露天停车场内摆满了地摊，不过其中售卖古旧书的才五六家。有正经线装书出售的多是苏、皖两地来杭设摊的卖家，接触久了便知道各位外地摊主手里若有好书，通常会提前一天打电话告知熟客大略，约定时间到其入住的旅馆内当面看货交易。那时限于财力，只有日常节俭积攒下来的一点存款，全靠了双腿跑得勤快。”“每次自安徽与老程包车同来杭城的还有一位吴姓大汉，面团团而带着微微笑容。说话时满嘴跑火车，总是念念不忘早先卖漏的一尊明代犀角杯。有回聊得投机，塞给我一本不起眼的小册子，是万历间刻本《新刻选注复古千家诗》，上下二卷。题‘云间陈眉公选注、书林王飞翼绣梓’，陈继儒当系托名，内皆七言诗。上图下文，有版画八十八幅，刊印较同时期建安坊刻的插图本工整得多。卷首刻西湖全图

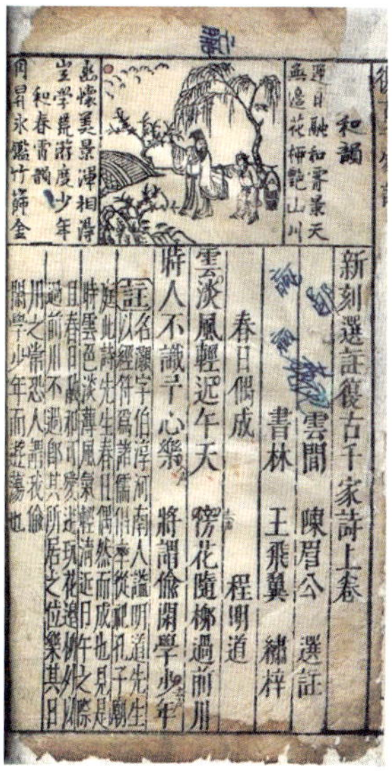
和調
新刻選註復古千家詩上卷
雲間　陳眉公　選註
書林　王飛翼　繡梓
春日偶成　程明道
雲淡風輕近午天　傍花隨柳過前川
時人不識予心樂　將謂偷閒學少年

《千家诗》修复前

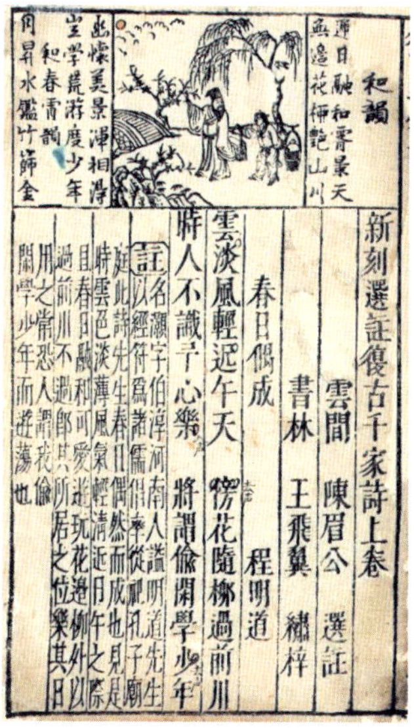
和調
新刻選註復古千家詩上卷
雲間　陳眉公　選註
書林　王飛翼　繡梓
春日偶成　程明道
雲淡風輕近午天　傍花隨柳過前川
時人不識予心樂　將謂偷閒學少年

《千家诗》修复后

《千家诗》卷首《西湖图》

一幅，颇有些‘海内奇观’的气象。王飞翼不知谁何。这本是不见著录的版本，仅美国哈佛燕京图书馆有相似的刻本。得到时书衣已失，天头行间又有童稚蓝笔点划，只收了我成本价。拿回居处，手自修补重装后居然灿然可观，那真是十分愉快的买书经历。”

正经做文章自然添入了艺术加工，或简略或夸张。实则那次买得的“孤本”《千家诗》，是一册典型明板俗书。书前的圆珠笔的文字划痕正说明此书直至近代仍被充作幼儿的启蒙手册，也只有在徽州腹地的巨族旧家才有三四百年前的古老读本流传至今。此书最初是由歙县的书贩小吴自皖中费币一百五十元收来，加价转手给了同乡前辈老程。因书前有一帧似是而非的“西湖全图”，算是明代版画中的西湖风景。老程原属意售与一位收藏杭州地方文献的朋友，言若成交则必可得善价云云。其时我大学尚未毕业，周五傍晚旅舍内的“内部交易”基本每回必到，书友有云“许他没有，不许你不去”，买不成也能过个眼瘾。碰巧当日我为躲避大学的公共课提早开溜，一路骑着五十大元买得的二手自行车狂奔至湖墅南路，到老程的“专用房间”比平日早了些，被我偶尔瞧见此册，便抓在手上不肯放下。老程见纠缠不过，总算顾念多年的交情，没有坐地起价，收了我七百块钱，算是收了我个成本价。得到书后一直当作一桩奇遇，又遍查书目不见著录，自己动手修补装订后藏在箧中秘不示人。直到三四年后陈东先生由永康李世扬兄之介，一行数人驾车来老家菱湖的旧居征集拍品，展书请其判断版本，被陈总三五句“花言巧语”哄了去，归入了他刚成立不久的“德宝”

古籍文献大拍，也是我少数几次送书上拍的初始。事后陈总并未食言，拍卖前的推介文字也颇用心，最后薄薄四十来叶的童蒙读物以四万元人民币落槌。扣去手续费用，到手还有三万五千，正值家里二老在湖州市区寻购二手房，筹款之际顺便化作了“孝敬”。又过了七八年，书辗转出现在中国书店的大拍上，当年家中自制的“金镶玉”装已被毁去，改装成了蝴蝶装上下两册，最终拍得了二十多万元的高价。是书一路出徽州至武林，复由我捧归湖城，再到京城相隔多年的两次拍卖，一部小书的流转痕迹约略可见。价格更从最初的一百五十元翻至二十万矣，也见证了那些年古书的价格行情起伏。

彼年同自徽州书友所得者尚有天启癸亥潭阳余献可刊两截本《鼎刻游艺斋汇次翰墨碎金》四卷与万历间金陵小字写刻讼师秘本《新刊法家霹雳手》五卷，刻书年代与《千家诗》相近，过去古书行里统称为“兔园册子”。前者卷一中收录了数通当时青楼女子与书生之间的来往情书，用词肉麻露骨，晚明民间风气之开放可窥得一角，倒是别处看不到的有趣文字。后者则为北京田涛老师生前念念不忘之书，原本电话中与先生约好，日后顺道或有暇时来湖赏书，并拟编入某部古代讼师秘本丛书。奈何天妒英杰，终究缘悭一面。

类似的日常用书当年多随购随弃，最不易保存，流传至今者寥寥，多数成为孤本，此二种亦不见海内外各家书目著录，却是研究晚明人文、政治、民俗的第一手资料。1949年前后西谛先生曾大力搜集，他的日记与书跋中多有记述。西谛殁后这批俗书与他的全部藏书悉数捐给了北京图书馆，想来不受重视，多年来未见整理出版。

十五年岁月匆匆过！久不得见，想来当年四十出头的大汉“小吴”如今也已变作了“老吴”。而那位印象中征集拍品不遗余力、身强体健兼具高明眼力的陈总更是于六年前德宝五周年大拍的前日遽然早逝。书比人长寿，见书怀人，怎能不叫人唏嘘感叹！

我因自小严重晕车，不良于行，出远门往往异常辛苦，故而十分缺少在大城市的公私藏家手里购买古书的机会。二十世纪末到杭州求学时彼市的古旧书店已处于半歇业状态，没有过硬的关系自无资格入线装书库内选书，只在门市里买过几册八十年代影印的《竹人录》《竹人续录》，价格倒也公道，只五元钱一册。还曾特意寻至“宝贻斋”拜访了书界老前辈严宝善先生，聊了些朱氏抱经堂、王松泉老人与黄裳先生的旧话，翻检后买下一部《武林掌故丛编》的零种早印本《庚辛泣杭录》八册全，算是做个纪念，也不到四百元。卷中所缺一叶还是严老先生专程跑浙江图书馆古籍部借出完本以毛笔景摹补钞后装订如旧。书业老辈多讲究人，爱较真，有底线！

多年买书，一直偏爱有木刻插图的古书，尤其留意“光芒万丈”（借西谛先生语）时代的明代晚期版画，可惜现下民间得遇的机会十分有限。大学时代有幸见过一部万历初刻初印本《女范编》，白棉纸四册全，是真正古代版画史上黄金时期的名作。想来是印得太好，原书主人吴中黄舰兄竟担心是民国时期的影印精本，请苏州古书界的老前辈江澄波先生看过才敢确定是原刊本。插图中人物长身玉立，线条曼妙，版画技法已极成熟。置于二十世纪三十年代便是王绶珊、陶兰泉辈“土豪”相争的俊物。书被装在一个新配的旧红木书盒里，要价是我大学四年学费的总和还多，显然不是我这样的穷酸爱书者能够妄图染指的了。

某次安徽老程带来一部刚从屯溪收得的《新编目连救母劝善戏文》，是万历壬午徽州郑之珍高石山房的刻本。书中数十幅插图皆出虬村黄铤刀笔。可惜全书虫蚀极重，又经劣工托裱，拆开重修无比麻烦。老程说是代卖书，一文不让，只得放弃。同样因虫蛀而错失的还有两册明刻残本，题为《新刻汤学士校正古本按鉴演义全像通俗三国志传》，也是上图下文的版式，索价千元。见书中插图不美，就没太在意。未想隔了两年出现在嘉德的大拍上，经过精心修复过的两卷残本拍出了近五万元的巨价。后听说拍得者将书捐给了国家图书馆，前些年已由国家图书馆出版社影印出版。

最可惜的是老程手里的崇祯刻初印本《增刻绣像广百将图说》。开本比巾箱本略大，装两函十六册全，内有百多幅精美的人物战景木版画，不输新安诸黄的刻工技艺。却因迟去一步，以平值为相熟的杭州书友购得。低眉顺眼向得书者倍价求购仍不得允，大半年后在老程处买到四册康熙廿二年天都黄生（白山）的《唐诗矩》未刊清稿本，小字妙楷精写，朱批满纸，失书的沮丧心情才得以平复。

《顾氏画谱》

爱书者终能得长恩眷顾。直到十年前的某个周末，一位知晓我喜好的北京老友致电与我，言及在北京的文化遗产书店看到一册《顾氏画谱》万历初刻敷彩本。存一卷残本，内收数十幅版画，白棉纸初印。惟天地稍被裁割，已做了金镶玉改装，标价人民币二万五千元整。若我有兴趣，可帮我办理代购邮寄。彼时手头稍宽裕了些，便有些心动，但两万多元对大学毕业没两年的我仍不是一笔小数目。只得央朋友拍了照片来，画谱内前人的淡色敷彩还算雅致脱俗，确是初印本无疑。因系中国书店下辖的国营古旧书店，没得半分还价余地，最终咬咬牙请朋友代请了回来。收到书后细心对比了郑振铎先生收藏的万历初刻本影印本，自觉印工尚有胜处，更有一幅版画为郑藏本所无，大笔破费之痛顿减大半。

《杨忠武侯宣勤积庆图》

无奈现实的生活总不是书中的美丽故事，此册画谱在三年后便因为筹措房贷还款，不得已鬻归了友人。再过两年正逢书价骤涨，朋友将书送至北京中国书店春季大拍，更以二十五万元顺利成交，短短五年便溢价整整十倍。时迁物易，书经我眼即为我有！当年与此画谱同置一柜中的尚有一部四大本宣纸石印《杨忠武侯宣勤积庆图》，也是经敷色后精心衬订的罕见石印版画册，书品尤为敞阔，定价五万元。可惜更无力收下，不知后来归了谁家。

近年“宅”于陋室中不出，愈少买书，得空便翻检抚读箧中三两本不成器的藏书聊以自娱。冒昧借用了韦力先生大著的标题，勉强拼凑成这篇回忆文字，为博天下爱书同好一哂！

丙申立秋后一日，艾殊仁于苕西留不住书斋。藏

明版书奇遇记

肖伊绯

应该说，在收藏明版书的普通读书人中，我算是相当幸运的一位。我入藏的第一部明版书，恰恰就是黄裳先生提到过的、十分罕见的“芙蓉泉本”《韩诗外传》。这部书入藏的经历还颇有些戏剧性，可称“奇遇”。

原来，这部《韩诗外传》只是一部书友作价抵换的“残书”，最初我们谁都没有意识到它的珍罕。由于该书前后有几页“抄配”（即以笔录方式将原有缺失的书页配齐），且抄配的皆是“汲古阁本”的内容，如“韩婴本传”“艺文志概说”“毛晋跋”等，当时即以明代“汲古阁本”残本作价抵换。由于“汲古阁本”《韩诗外传》原装都是两册装，这套书却有五册，显然还经过改装、重装。这种既有抄配又非原装的明版书，内容也为极普通的“经部”常见书，并不算特别珍罕。但此书以白棉纸而非常见的黄竹纸印制，还是引起了书友与我的共同关注，所以在抵换作价时，几乎还是以“汲古阁本”原刊本的全品作价，并没有因为“抄配”和重装而太过贬值。

由于五册装的白棉纸明版《韩诗外传》查无可据，是不是当年汲古阁的特刊本、初印本或别的版本，一度成为我相当关注的问题。心里始终不踏实的我，多次仔细察阅该书，但始终未得线索。一次又在灯下翻阅该书，发现原藏者“抄配”的“毛晋跋”后还有一叶空白未用的棉纸，且这一叶棉纸厚度比正文书叶稍厚。挪近台灯细看，发现棉纸里还夹着一张双面皆有字迹的书叶，而且字迹似

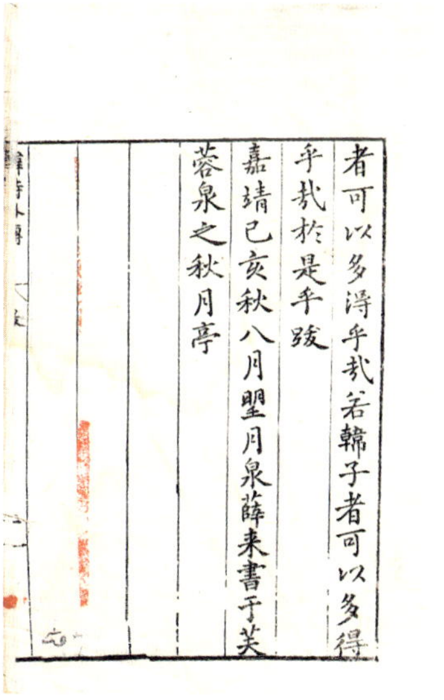

“芙蓉泉本”《韩诗外传》跋尾题款

乎比“抄配”的水准要高。我连忙拿来剔纸刀，小心翼翼地剔开外层空白棉纸，里边的那一张书叶字迹灿然显露。

这是一叶原书原装的跋文，跋文劈头一句：“斯道于天地间，实元气之敷布无所不在；而分量之大小则自夫人之所至何如耳。”这一句大通透的古人至言，几乎一语道破玄机。原来，原藏者之所以抄配“汲古阁本”的前序后跋，是煞费苦心的掩饰；该书的版本并不是那套明末知名度较高的毛氏“汲古阁本”，而是另一种知名度相对并不高的刻本。原藏者显然认为这一刻本的价值不如“汲古阁本”，才做了“抄配”、重装与封存原跋的种种掩饰。

原刻本跋文的最后一行“嘉靖已亥秋八月望月泉薛来书于芙蓉泉之秋月亭”，让我忽然忆起了黄裳先生的《来燕榭书跋》。他在书中第三十七章提到过这样的题记，并且将这种《韩诗外传》的版本称之为“芙蓉泉本”。他认为，《韩诗外传》于明代嘉靖年间凡三刻，而以芙蓉泉书屋刊本为最善而罕传。特别奇怪的是，这部“最善”的版本之所以“罕传”，却只是因为一些人为的因素。黄裳得到这个刻本时，只是叹惜，“惜已染纸，且撤去刊书诸序，以充宋板”。原来，是有人用这个明版书作伪，充作宋版书来待价而沽。当年黄先生得遇这一部罕见的明版书，也是被书商充作宋版书的；虽经黄先生识破，但因为作伪，整部书已经受到了损伤。

与黄先生经历相仿，如今我看到这行有“芙蓉泉”三字的跋文，竟也是在剔开原藏者重装掩藏的棉纸之后。尤为可笑的是，在这棉纸之上，还加装了一整页抄录工整的“汲古阁毛晋跋”，以此来充作“汲古阁本”。原藏者的无知无畏，竟然可以将明代嘉靖年间的罕见古籍，施以移花接木的手段，仿冒成众所周知的、知名度高一些，但年代晚了一些的“汲古阁本”。与黄先生拿到的“仿宋版”相比，这部“仿汲古阁本”的“芙蓉泉本”《韩诗外传》，恐怕还更富戏剧性。当然，也正因如此，我与明版书的因缘也悄然开启，且一开启，就是“奇遇”。

于我而言，这误打误撞的奇遇，自然是幸运的；古籍的命运，也正因这些有意无意的人为因素而充满戏剧性。明版书在如今这个时代，于读书人、藏书家、研究者们而言，都充满着无穷魅力；与此同时，或也正如当年人们疯狂搜求宋版书时一般，也充满了种种人为的变数。必须承认，在这些变数之中，误打误撞的幸运只是概率极低事件，坚持“人弃我取”的藏书策略才是长期的必然途径——这也是黄裳等老一辈藏书家们坚守多年的藏书策略。对于普通藏书者而言，这一策略是可以受益终生的。

后来，我陆续收得了两种明版“残本”，一为田家英旧藏的《歌林拾翠》卷三，一为《锦囊小史》丛刻中的零本《曲藻》。前者为只有三十几叶，且缺了一截“尾巴”的残本，但此书国内目前还只有国家图书馆和浙江图书馆有收藏，且亦非全本。我入藏的这本虽然缺得更多，但毕竟经过名人递藏，也可“大言不惭”地说，算是国内第三藏本罢。后者《曲藻》虽属丛刻零本，但这个版本是极少见的，曾是曲学大师吴梅极为赞赏并以之校勘过他的曲学讲义的。该书本身也是“国家善本”目录中在册之物，所以，对这个零本，我还是颇为珍视的。

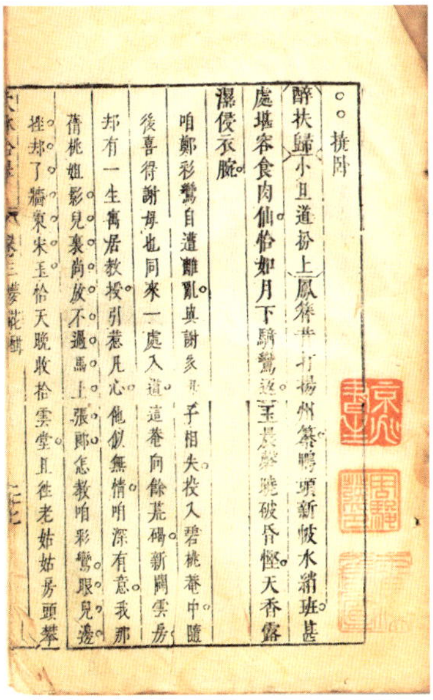

《歌林拾翠》

又如五年前曾淘得的明末刊本《新镌南北时尚万曲合选》，也属“残本”性质。该书最初只是书商地摊上的“堆货”，是一本 50 元或 100 元均价的码堆卖的最普通货色。当时我略微翻阅，发现书中有自己未曾得见的明代传奇剧目及选曲，即刻收入囊中。因为书前目录页上有两幅尺寸极小的版画，书商因之要了 100 元的“高价”，且在成交时又“勒索”了我 50 元，实际成交价 150 元。该书因保存不善，加之书商也待它不善，购得时已几乎裂成两半，且还有烟头炙穿的页面。为此，购得该书后我请良工将之修复，修书费用竟数倍于购书价格，一时曾在友人圈中引为“笑谈”。不久，我将该书与前述《歌林拾翠》一道，曾赴上海请黄裳先生过目初鉴；又经国图专家、中山大学专家鉴定，确定为国内无藏的孤本明版曲选类古籍。关于该书的初步研究，我曾草撰一文《孤本万曲合选初考》，国图馆刊《文津学志》、四川大学《中国俗文化研究》均予发表。该书部分内容还将辑入中山大学《全明戏剧》大型丛书，且拟将交付国图影印全本出版。

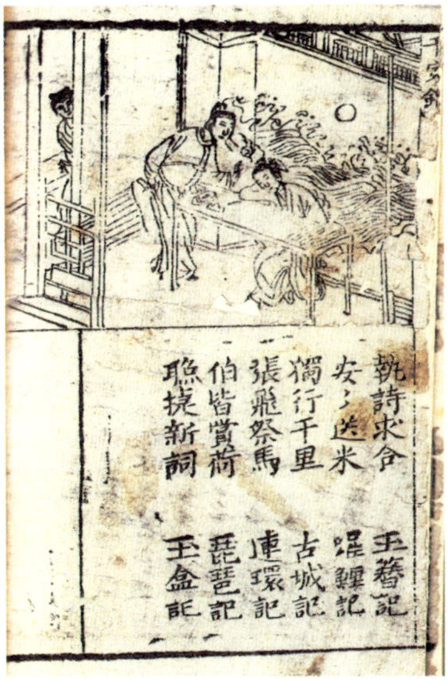

《万曲合选》目录页

前述种种，皆是在述说我的奇遇，展示我的幸运，一切看似轻快，实则不然。要搜淘到这类颇有潜在价值的“残本”，没有特别熟悉的专业知识是不行的。因为即使有这样的机遇，却因没有十足的把握与底气，东西过眼过手终不能最终拥有，那将是非常遗憾的。事实上，这种“残本”的淘书现场，能驻足细看的多半都是行家，否则烂糟糟、破朽朽的一堆残次品，谁会有工夫在那儿瞎摆弄？我就曾经遇到过晚来一步的行家，和和气气地伸手过来，说是要看一看我挑好的书。我只能说等付款后咱们再交流（否则极可能被抢单）。果不其然，我付款后这位仁兄迅即提出五倍或十倍的价格返购，这种魄力当然只能是源自其专业眼光了。

拍卖场上通过价格竞争与审时度势，偶尔也会拿到一些令人喜出望外的明版书。比方说常见的“经部”注疏系列，由于常见且流行广泛，算不得珍罕稀见，但也正因为如此，给喜爱明版书的普通读者留下了可以承担的价格想象空间。

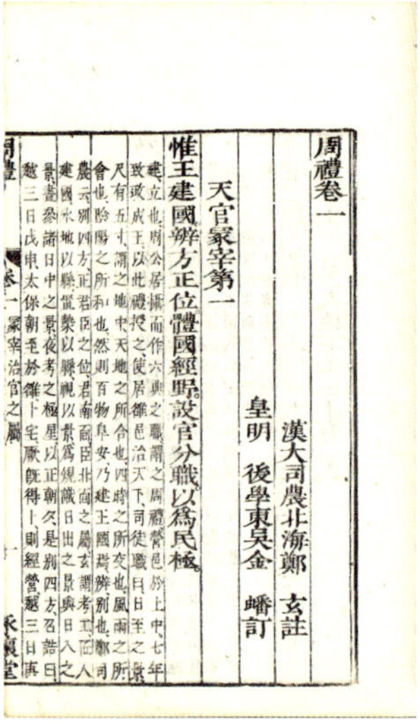
周禮卷一
漢大司農北海鄭　玄註
皇明　後學東吳金　蟠訂
天官冢宰第一
惟王建國辨方正位體國經野設官分職以為民極

“永怀堂本”《郑注周礼》

据学者黄永年先生讲，曾经风行一时的明末“永怀堂本”十三经古注系列典籍，是明末金蟠、葛鼒等刊刻的，书板到清末民国时仍存留着，修补后归浙江书局印售。这部分明版书现在市场流通量不算少，但原刻、初刻、精印本也并不算多。因为顾忌到其中存世品大部分是清代甚至民国时期补刻重刊之故，这部分明版书在拍卖场上要么底价勉强成交，要么流拍居多。这个时候多多留心，还是常常能有一些意外收获的。笔者就曾经以底价或稍高一点的拍价购得过一部“永怀堂本”《赵注孟子》与《郑注周礼》。其中，一部棉纸本已确定为明末原刻初印本；另一部虽是清中期翻刻，但明刻风味犹存。这两部书搁在书房里，顿时有所谓“国学经典”的书香盎然，颇有点令寒室增辉的意味了。

我的明版书奇遇记，只是粗浅的个人经验之谈，其中难免有不可复制也绝难重演的戏剧性因素。无可否认，这样的“奇遇记”并不能照搬，更不能盲从——奇遇本无教条可循。说一千、道一万，明版书的难得确实是显而易见的，如今的“奇遇”也越发少见；这也正说明，意识到这一点的读者、藏家数量正在悄然增长。且看如今书市，一些稀见珍罕、刻印精良的清版书、民国刻本动辄数万数十万的商业价值初显，甚至于一些距今不到百年的所谓“新文学史料”之类的铅字排印本也能创下数万的天价；那么，静下心来，认真学习版本相关知识，淘捡一些明版中并不特别引人注目的普通品类，也不放过一些确有价值的残本、零本，不更是普通藏家力所能及、回报更佳之事吗？藏

看到我就是看到“鬼”了

——忆谢兴尧先生

彭震尧

2016年6月20日，在结束了“1983年全国古旧书业务培训班”部分学员的四川成都青城后山聚会活动后，大家纷纷返回了故乡。我已经多年未到成都了，于是计划在成都再多待两天，一是见见成都的老客户，二是逛逛位于罗马世家广场的旧货市场，也顺便看看在此经营古旧书店的朋友。22日这天一早我就来到这个远近闻名的古玩市场，市场有些类似北京的潘家园，在一排排的店铺之间还摆满了地摊，就是走路都要注意，以免踩到地摊上的货物。好在不是公休日，人还不算多，我便在店铺之间慢慢地穿行，寻找着古旧书店。很快就发现了数个书店，虽然店堂都不大，但堆满了旧书。在一个未署名的店堂前我停了下来，只见店内四壁的书架上以及店堂中间的书柜内摆放着一些线装书，于是我走了进去，随手翻看了起来。忽然一部《太平天国诗文钞》映入我的眼中，此书1函3册，民国二十四年四月商务印书馆出版，书首吴敬恒题签，蒋中正、于右任、白崇禧等作序。书中以天国人物为序，收其诗或文。只见全书从头至

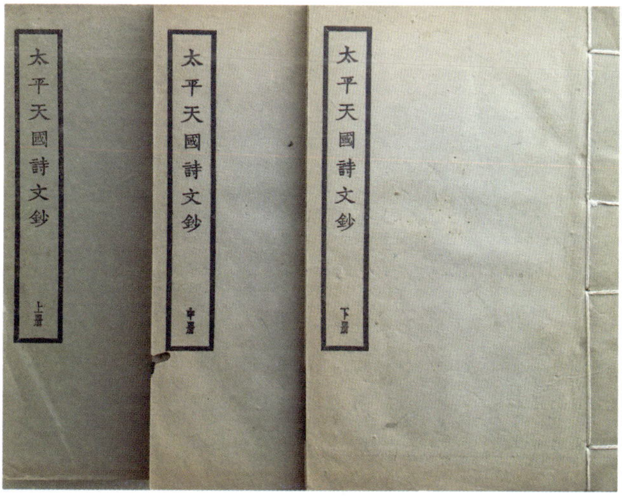

《太平天国诗文钞》

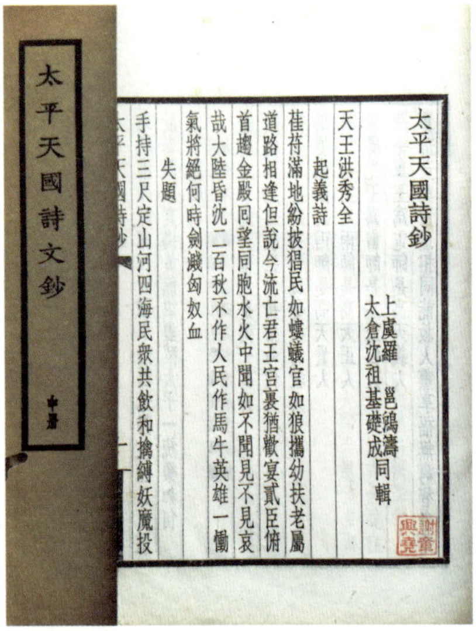

《太平天国诗钞》

尾，密密麻麻用红笔写满批校，字迹竟是如此的熟悉，不禁让我霍然想起了谢兴尧先生。再翻看，果然发现了他的印章，这正是他的批校本。此时不由得让我陷入了沉思，回想起了与谢老的相识与交往。

我与谢老相识于 1999 年的夏季，是经时在北京市文物局工作的李新乾先生介绍而相识的。据李先生讲，他与谢老初识于 60 年前，那时他在北京隆福寺“修绠堂”书店学徒，而 1925 年从四川来到古都的谢兴尧无论是在北大读书的时候还是在以后的教学空隙时间，都经常漫步古旧书肆，搜求故书，寻求遗本。而相距红楼较近的隆福寺街上的古旧书店则成为他“淘书”的首选之地，而由陶湘、陶洙兄弟投资开办的 “修绠堂”则又是谢老的必到之处，这样李先生就与谢老相识并结下了半世之缘。记得一次谢老指着李先生对我说道:“那时他还是个小学徒工啊，现在也变成老头了。”说完就哈哈地笑了起来。谢老独身一人，居住在人民日报社旁一套不足 60 平方米的两居室里。那年他已经 90 多岁，行走有些困难，需要在身边老保姆王嫂的搀扶下才可行动，不高的身材，瘦瘦的身躯，再加上略有些驼的背，更显得有些矮小。后接触多了，发现抽烟似乎是他唯一的嗜好，有时看他手上夹着一根香烟，缩坐在沙发上，颇有晚年凄凉之感。但是他那敏捷的思路、清晰的记忆让我感到与眼前的这个人又是如此的不相称。每当回忆起过去在北京大学读书与教学的日子，他精神就为之一振，似乎变了一个人。

见到李先生的到来，谢先生十分高兴，随后李先生将我向他作了介绍，听说是中国书店的人，虽是初次见面但就如同老朋友到来一样，不仅与我谈起了他与中国书店多年的交

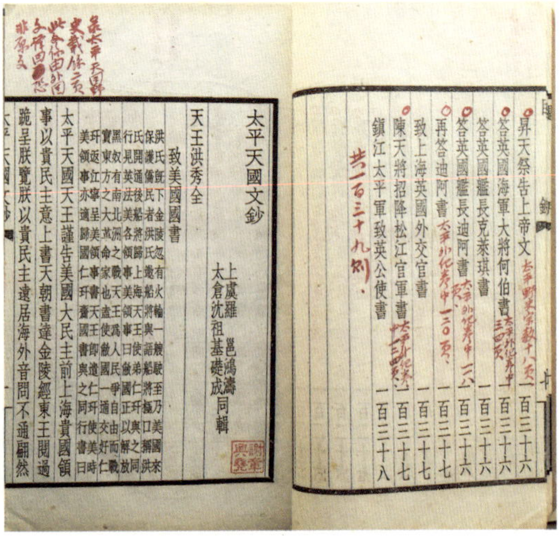

《太平天国文钞》

往，而且还打听起了那些熟悉的老人是否还健在，生活可好。当然也少不了说说买书、卖书的乐事。当问到雷梦水先生时，他特意向我说了过去由于住房狭小，无处存放过多的图书，于是便将一套《九朝东华录》作价数百元转让给了中国书店，卖书所得之钱，又请雷梦水、郭纪森二位老先生帮忙换回了一些其他古书的事。

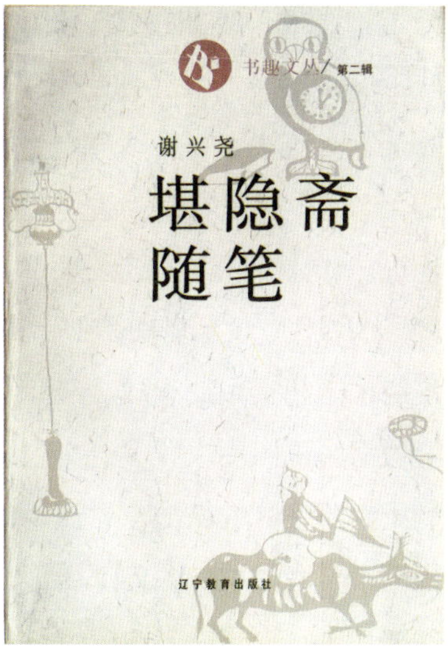

《堪隐斋随笔》

现在如果说起谢老，可能认识或了解他的人并不多了。谢老是四川射洪县人，生于1906年，号五知，别号老长毛、荛公，室名五知书屋、堪隐斋。据其自述：1926年考入北京大学，在沙滩红楼上学念书，先入成立于1918年的北京大学研究所（即后来的北京大学文科研究所）国学门预科乙班进修，再入史学系读四年本科，于1931年毕业。在此期间受业于陈寅恪、胡适之、钱玄同、章太炎等人。谢老是著名的史学家，尤精于太平天国史研究，亦善搜求史部古书，先后任职于北京大学研究所国学门、河南大学、北平女子文理学院等，并参与《续修四库全书总目提要（稿本）》的纂修。中华人民共和国成立后，他在人民日报社工作，曾任报社图书馆馆长。退休后，他取苏轼诗“唯有王城最堪隐，万人如海一身藏”句中“堪隐”二字为其室名，隐居在家，藏拙而已。在此期间，他编写了《堪隐斋杂著》《堪隐斋随笔》两部以“堪隐”为名的著作。

此后我数次到谢老处征集拍品，由于他主要研究太平天国史，因此他委托我们拍卖的大多是自己以前收集的与此有关的资料或舆图。如《重修江南贡院号舍全图》，高46厘米，宽39厘米，图虽不大，但是与太平天国运动有关。江南贡院，又称南京贡院、建康贡院，位于现在南京市秦淮区南京夫子庙学宫东侧，这可是当时中国规模最大的科举考场，但是在太平军攻占南京后，这个历年学子考试的地方成了翼王石达开的王府。太平天国运动失败后，曾国藩对贡院进行了重新修整，并在此举办乡试，为清廷招募人才。此图即为清同治四年曾国藩对贡院重新修整后刊印的，故谢老在图上朱笔题跋“江南贡院改为翼王府，太平天国革命失败后清廷命举行乡试以广招徕。此曾国藩重修者”。此图在2000年春季以1000元的价位起拍，4000元落槌，也是物有所值。清军与起义军作战的有关舆图也是谢老收集的重点，我先后从他那征集到了清嘉庆元年（1796）绘制的《襄阳剿匪战图》、咸丰间绘制的《捻回川匪盘踞图》、咸丰三年（1853）绘制的《直隶河南省详图》、同治间绘制的《捻贼围困颍州图》等。这些舆图虽然篇幅都不大，但都是当年清军镇压太平军、捻军时所用的军事地图或是特意为进呈皇帝的战况舆图，其中有的战事在史书中可以得到佐证。如《襄阳剿匪战图》是嘉庆元年（1796）湖北襄阳地区爆发的以姚之富领导的农民起义，嘉庆帝任命永保总统湖北军务，带领庆成等部兵马进行镇压，最终由于起义军缺乏战斗经验，兵力不足、武器落后，再加之没有固定根据地等被清军围困而失败。这次农民起义记入了《中国通史》。此张舆图上详细绘制了襄阳地区的城池、村镇、山川、河流、道路等，并粘贴有黄色笺条，上面墨笔书写着战况、兵力部署等，应是当时永保呈送朝廷的战争形势图。此图于2000年秋季拍卖，6000元起拍，至8500元落槌。清咸丰三年洪秀全定都南京后，派林凤祥、李开芳率军北伐，太平军一路北上，令清廷大惊失色，急派文渊阁大学士纳尔经额统兵阻击，双方军队在今河北永年临洺关大战，纳尔经额战败，咸丰皇帝震怒，下诏将纳尔经额革职。《直隶河南省详图》即为纳尔经额受命后呈报朝廷的军事部署舆图，图上详细绘制了北京以南、黄河以北、山东以西、山西以东的辽阔区域，在粘贴的数十张黄色的笺条上书写着军事部署、兵力安排等，以阻截太平军的北上。图的右上角有谢老的亲笔题签 “咸丰三年二月纳尔经额进”11字。此图于2001年春季进行了拍卖。

谢老所藏古籍在其家中所见不多，不知是否交给了子女，还是毁于“文革”，因此经我拍卖的也不多，印象最深的是2000年秋季拍卖的署名“白云逸士鉴定”，清咸丰元年（1851）幻园自刊自印巾箱本《幻园诗韵》五卷。是书仅有2册，最大的特点是极为小巧，高5.5厘米，宽不足4厘米，厚不过1厘米，书内半框高仅为4.5厘米，宽3.5厘米，放在手中，也就比火柴盒大些。查遍公私书目，均未见著录，可见是一部稀见之书。谢老第一次拿出来给我看时，就叨叨不休地谈起了它的版本与故事，最后说：“我讲了这么多，估计你可能也记不全，这样吧，我写篇题跋，你下次来时再取走。”一个月后接到他的电话，告诉我已经写好。当我一走进谢老的家门，他就笑着对我说：“这篇题跋可费了我的精力了，今后恐怕写不出来了，这就算是我的绝笔之作吧。”是啊，那年谢老已经是94岁高龄了！从这篇近千字的题跋中不难看出谢老的历史知识、版本知识是何等的渊博与深厚。我选部分抄写在此，与君共赏。

此《幻园巾箱诗韵五卷》，合订成二册，署名白云逸士鉴定，前有幻园主人白云逸士题记。此微型图书经白云逸士编订后刻于道光三十年，成于咸丰辛亥元年。题记所云此书乃供白云吟社诸子在幻园吟咏之用。按，幻园主人名奕绘，字子章，即清咸丰帝奕讠之族兄，生于嘉庆四年，袭爵贝勒，官至正白旗汉军副都统。笃好风雅，自号太素道人，又号幻园居士，著有《明善堂集》。其侧室顾太清，字子春，号太清、西林春，系当时有名女词人，著有《天游阁诗》及《东海渔歌》。才丰貌美，为世所称。生于嘉庆四年，与奕绘同庚。名士佳人，可谓神仙伴侣，居于西单二龙坑太平湖，吟诗作赋，夫倡妇随。邓文如师《骨董琐记》有"奕绘太清春合题黄慎山水册"记录。……奕绘死后顾太清被老妇人逐出，当与定庵有关，有关其后半生之事不详。顾太清卒于清光绪三年，年七十八岁，可谓长寿矣。二〇〇〇年八月荛公记。

一位行动不便且年近百岁之人，能有如此好的记忆与书法功底，不由得令我肃然起敬。此书以4000元起拍，最终10000元落槌，看来还是被大家看好的。

去的次数多了，谢老很愿意与我聊天，而且是无所不谈，他曾谈起年轻时十分喜欢看有"评剧皇后"之称的大白玉霜演出，并问我是否可买到她的磁带。我跑了很多地方询问，最终也没有给他买到。他谈到年轻时在北京大学参加学生运动，上街游行时瘦小的他曾被警察的水枪冲倒了好几个跟头。还有一次他忽然与我说起了历史学家、《中国通史》的作者范文澜先生，说道："范文澜这个人很有意思，总是紧跟形势，但是又总是站错队，他人很好。唉，我就是没有时间了，如果有时间，我一定要给他写本传记。" 还有一次，他谈到家中曾有一个条案，上面摆放着清代官帽数顶，"文革"来临，"破四旧"风潮席卷，一天晚上他将官帽毁掉，将帽子上的顶戴放在地上后用锤子狠狠地敲砸，但是坚硬不碎。儿子见状说，您交给我吧。随后儿子外出片刻返回，手中的顶戴已经不见。他问之，儿子答："扔到河中了。"谢老赞曰"儿子，你比我强"。每次谈完，他都哈哈地笑起来，那眉飞的脸上露出孩童般的喜悦。在送我他的著作《堪隐斋随笔》时，他特钤印上他的两方印章，并在下面用钢笔注明印文"荛公""斋石斋"，可见办事之细心。记得2005年的一天去谢老家，他看到我就说："你今天看到我就是看到'鬼'了。"我不明白是什么意思，他

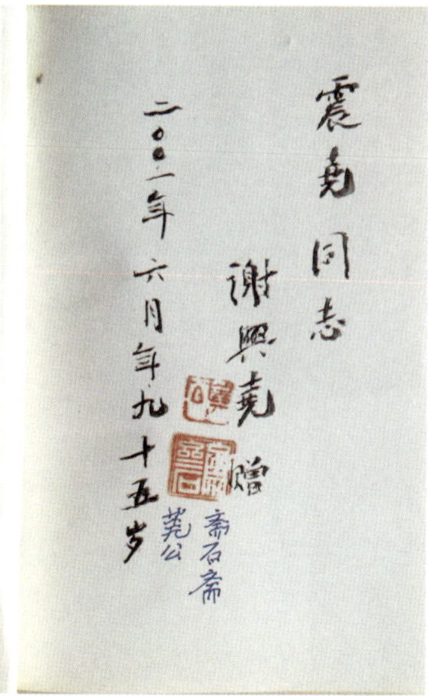

谢先生笔迹

也不作解释，但是很高兴。那天他与我聊了很长的时间，谈到隆福寺街上曾经的古旧书店，谈到在琉璃厂选购古旧书的乐趣，谈到“文革”期间烧书毁书的悲痛心情。此情此景，恰如他诗中所言“夕阳残照虽云晚，隐居蜗庐再自修”的心情吧。此后很长时间都没有接到谢老的电话，去电话询问，王嫂告知谢老身体近期不好。想去看望，但王嫂说待方便时再来吧。从那后我再也没有与他见面。2006年，忽听说谢老已驾鹤西去，蓦然回首，我突然想起谢老说过的那句话“你今天看到我就是看到‘鬼’了”，那年正应是他百岁之年啊！

年轻的书店老板见我在细细地翻看这部《太平天国诗文钞》，便走过来说道：“这是谢兴尧的批校本。”

我反问道：“谢兴尧虽是四川人，但他早就到了北京，他的批校本怎么会到成都来？”

“这部书也是我从其他地方淘来的。”

这是不是冥冥之中上天的安排，让我在这与谢老相遇？于是我毫不犹豫地掏出2000元，买下了这部书。回家摆放在案头，回味着与谢老的相识和过去，写此回忆，以为纪念。

2016年7月25日，写于北京城南思溪斋。藏

·新书目

云笈七签

（宋）张君房辑
齐鲁书社2016年8月版
16开　精装
定价：188.00元
书号：ISBN 978-7-5333-3499-4

《云笈七签》是择要辑录《大宋天宫宝藏》内容的一部大型道教类典籍。通行本一百二十二卷，载《正统道藏》太玄部。内容涵盖哲学、医药、化学、天文、地理、民俗、气功、人体科学等，极为丰富，号称“小道藏”或“道教小百科”。本书据涵芬楼翻明《正统道藏》本影印。

武福鼐旧藏题识杂感

马志立

一

初次牢记武福鼐先生大名，是震撼于其旧藏古籍。封面题签或隶书，或行书，或楷书，均令人爱不释手，惊叹不已。翻开书页，但见题识累累，印鉴斑斑。

北京语言学院中国艺术家辞典编委会编写《中国艺术家辞典》称武福鼐为“书法家、书帖字画珍藏家”。2003年，《武慕姚书法选集》出版，史树青亲自作序。芸芸众生难得一见的武福鼐书法，“飞入寻常百姓家”。人们对作为书法家的武福鼐，有了真切的认识。然而，也因为书法名手，其书艺遮掩了学名，人多知其书艺，少知其学养。

武福鼐(1900—1982)，字慕姚，号守拙，斋号适斋，河北永年人，长期工作生活于河南。大体而言，20世纪30年代初入开封，任教于河南第一高师，抗日战争全面爆发后前往南阳镇平石佛寺；1946年秋前往鄢陵，次年入许昌，1950年入开封。

先生生于书香门第，自幼接受中国传统教育，后就读于中国大学国学系，师从吴承仕、邵次公诸先生。就职开封之后，先生和恩师邵次公过从甚密。

先生无愧于收藏家的称号。字画、碑帖、古籍，均为其收藏对象。其对文物字画碑帖的鉴定，为人所熟知，而在古籍版本收藏与鉴定方面的成就，长期以来淹没于书法家的大名之中。

先生旧藏古籍书画碑帖，中华人民共和国成立初多捐献于政府，大部分拨入河南省图书馆。

国内外部分收藏单位拥有武福鼐旧藏者，或出自先生直接捐赠。据马珂《苍茫斋高世异藏书知见两种》，知河南大学图书馆至少有先生赠书两种。又，复旦大学图书馆、北京大学图书馆至少各收藏一种，中国社会科学院至少收藏两种。《中国人民大学图书馆古籍善本书目》载武福鼐旧藏三种，沈津《美国哈佛大学哈佛燕京图书馆中文善本书志》所收明万历九年《彰德府续志》三卷钤“武福鼐”印，明嘉靖刻本《彰德府志》八卷有武福鼐题跋及钤印。今天的拍卖市场，多见武福鼐题跋的碑帖拓片，另有少量古籍亦厕身期间。

湖北省图书馆已发现武福鼐旧藏约三十种。据题跋、本馆财产登记记录及馆藏章（包含“中南图书馆藏书”）等信息，知这批书籍于20世纪50年代入藏该馆。就此若干种古籍而言，可知武福鼐藏书，学术性和版本价值并重，多为学人有用之书。藏书以明清版本为主，清人著述又以初刻本取胜。

就所见武福鼐旧藏而言，函套有先生新制作者，有先生重新装订者，书名多系先生题写，几乎每部古籍都有先生题跋。题跋内容极为广泛，与古籍息息相关者如记述藏书来源、版本考证、揭示该版本之重要价值及就书中记载加以补充等项外，同时记载个人对时局的认识及自身遭遇，从学术研究到其千金降生，从高昂物价到中医药方，应有尽有。而且，先生反复阅读藏书，其藏书题跋，亦与日俱增。

除却因随意挥毫而造就的美轮美奂般书艺之外，武福鼐题跋总将人带入神奇的境地：犹如一位老人，在严寒的冬日，围着火炉，手捧清茶，向你娓娓道来他的故事。

二

曾经有一段愉快的日子。

自任教开封至1937年卢沟桥事变，数年之间，武福鼐教书育人之际，一面收藏古籍，一面从事古籍之点校出版工作。

武福鼐藏书来源有三：家传，友朋馈赠，购买。

因出身书香门第，武福鼐家富藏书。他总是随身携带着乃祖、乃父的旧藏。清申涵煜撰《通鉴评语》，清钞本，钤“痴道人收藏/金石书画之章”白文长印、“永年/武延绪/藏过”朱文方印，知为其祖父武延绪（别号痴道人）所藏。又，清杜濬著《变雅堂集》，清嘉庆二十四年(1819)钞本，钤“永年/武/延绪”白文方印、“毓荃/侍观”白文方印等印。毓荃者，武福鼐之父。据题跋，该书乃其父于辛亥革命之后，购自湖北武昌。

邵次公先生对武福鼐藏书影响至深，武福鼐捐于河南大学图书馆的嘉靖二十九年刻本《唐储光羲诗集》，便是次公所馈赠。清黄模撰《国语补韦》，清嘉庆刻本，亦是次公赠与者。关于此书，武福鼐题跋如下：

此书附刊杭氏七种之后，葵园祭酒辑《续经解》，曲园、越缦二翁均代拟目录，此书与焉，不知何以未刊。《书目答问》云未见传本，殆葵园求之未得欤？

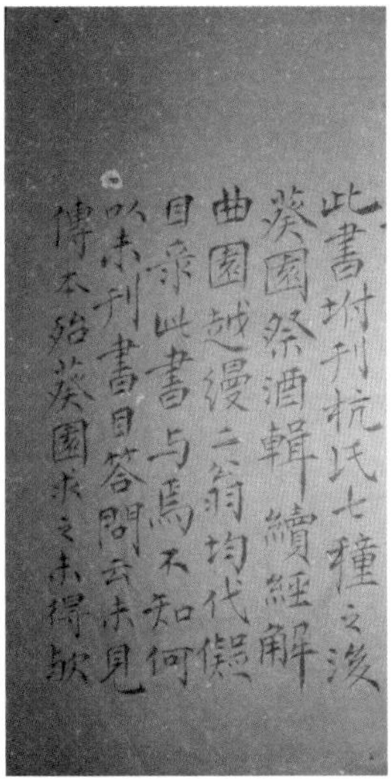
此書坿刊杭氏七種之後
葵園祭酒輯續經解
曲園越縵二翁均代擬
目錄此書與焉不知何
以未刊書目答問云未見
傳本殆葵園求之未得歟

《国语补韦》题识之一

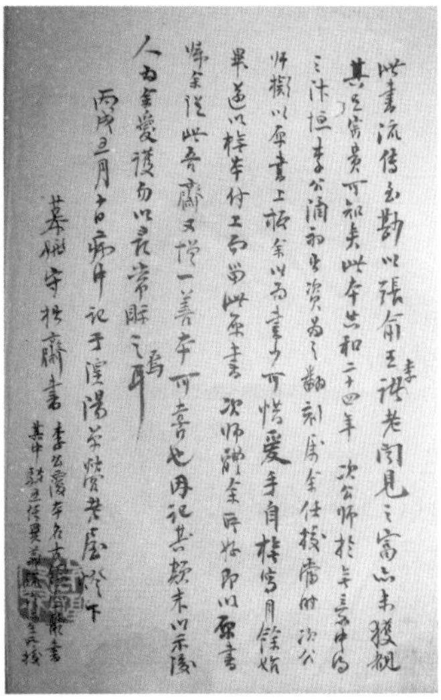
此書流傳至尠以張俞王李諸老聞見之富亦未獲睹
其之寶貴可知矣此本共和二十四年次公師於無意中得
之汴垣李公涵初出資為之翻刻屬余任校當時次公
師擬以原書上版余以為書少可惜愛手自模寫月餘始
畢遂以模本付工而留此原書次師體余所好即以原書
歸余從此吾齋又增一善本可喜也因記其顛末以示後
人為余愛護勿以尋常視之焉耳
丙戌五月十日病中記于湟陽單營老屋燈下
慕姚守拙齋書 李公覆本名古鑑齋叢書其中駁五經異義疏證亦余所校

《国语补韦》题识之二

此书流传至鲜，以张、俞、王、李诸老闻见之富，亦未获睹，其之宝贵可知矣。此本共和二十四年次公师于无意中得之汴垣，李公涵初出资，为之翻刻，属余任校。当时次公师拟以原书上板，余以为书少可惜，爰手自模写，月馀始毕，遂以模本付工而留此原书。次师体余所好，即以原书归余，从此吾斋又增一善本，可喜也。因记其颠末，以示后人，为余爱护，勿以寻常视之焉耳。丙戌五月十日病中记于湟阳单营老屋灯下，慕姚守拙斋书（李公覆本名《古鉴斋丛书》，其中《驳五经异义疏证》亦余所校）。

本条为丙戌年（1946）追忆往事时所书。《古鉴斋丛书》所收清皮锡瑞著《驳五经异义疏证》刊于甲戌年（1934）、《国语补韦》刊于乙亥年（1935），武福鼐均与校雠之役。从此跋文，可知先生对古籍珍本之爱惜。

张、俞、王、李，张即张之洞，撰有《书目答问》；俞即俞樾，自号曲园居士；王即王先谦，宅名葵园；李即李慈铭，室名越缦堂。先生以四家闻见之富而未见此书，以明此书之罕见，正因珍惜，先生不忍以原书上板，不惜亲手摹写。

武福鼐旧藏大部分乃自己购买，即冷摊“淘书”。《遗山先生新乐府》五卷《补遗》一卷，乃清张穆阳泉山庄稿本，缺首卷。据癸酉（1933）中秋邵次公所撰《重刊阳泉山庄本〈遗山乐府〉跋》，云“近日门下武福鼐在天桥冷摊买得残本”。

清康熙五十六年(1717) 缪氏双泉草堂刻本《李太白文集》三十卷，武福鼐题跋如实记载了自己首次收书经历：

余家旧有湖北局覆刻本，经蒋侣梅姻丈评点一过，时余方受诗学于丈也。廿一年到汴后，首次收书，又购得原刻本（十元），与《钱注杜诗》、枫江渔夫《本事诗》、养云山馆吴氏所藏太康反文砖研四种同时购得。嗣得见此本，乃以先得者售出，因印工稍后，益十元收此。

据此，则到开封后，武福鼒才留心古籍收藏。对于收藏古籍的乐趣，甲戌年（1934）先生略带自豪题识于清嘉庆十二年（1807）张敦仁刻《盐铁论》：

余年来喜收书，恒苦力有不足，故每见善本，辄同云烟过眼，徒垂涎羡。间获一二精本，未尝不惊喜欲狂，视同球璧。书魔习性，诚足发笑。自念一介穷儒，浪迹南北，名利之心，久同缺如，而娱情怡性，舍此又将奚图哉。故亲交怜我穷而购书，不异春蚕之自缚。而鲰生自幸，方同拥高牙建大纛矣。偶因题记，聊以寄慨。甲戌仲冬廿四日雪窗漫记，适斋，时年卅五岁。

同时，在邵次公鼓励下，武福鼒积极投身于古籍整理与研究工作。《古鉴斋丛书》所收《国语补韦》和《驳五经异义疏证》，均为武福鼒校订，尤其是前者，乃其亲手摹写上板。当获得《遗山先生新乐府》阳泉山庄稿本之后，在恩师鼓励之下，武福鼒拟将此本校勘出版，以嘉惠学林。这个稿本，除了张穆朱笔校语、边浴礼墨笔覆校，尚有邵次公和武福鼒墨笔校语。

武福鼒曾以欢快的笔调写道：

首卷似刻过，将来重刊，可用《九金人集》本补。

然而，后来题识令人揪心不已：

前用各家校本校一过，作校勘记两卷。经厄失去，可惜，可痛。

此本邵次公师于癸酉中秋曾为作序，推为遗山乐府第一善本，拟即付雕。校勘未成，倭变忽起，匆遽避地，遂亏一篑。校勘记二卷亦佚，惜哉。从此更无力刊行矣。

“邵次公师于癸酉中秋曾为作序”，指《重刊阳泉山庄本〈遗山乐府〉跋》，该文末尾，邵次公写道：

愚劝福鼒举原本镂版，并从《九金人集》录刊第一卷，别撰校记附焉。断手有日，喜而书此。

又有谁知，校勘将成、杀青在望之际，日寇骤至，校勘记丢失，功亏一篑。先生校勘之际所用诸家校本，当亦散失。其中，南塘张氏重刊本《遗山先生新乐府》五卷，尚有其墨笔批校，近年现身拍卖市场。

曾经从事故纸堆的愉悦，居然成就日后痛苦的回忆，正是“春日酿成秋日雨”。然而，祸不单行，更令先生难以承受者，乃其祖父遗著《庄子札记》流传不广。若干年后，先生仍念念不忘该书板片下落。

武福鼒题识明万历三十三年 (1605) 邹之峄刻本《庄子郭注》云：

先奉政公（讳延绪，字次彭，永年人。光绪壬辰入词林）有《庄子札记》三卷，考订极精，邵次公师为作家传代叙，刊以行世。流传未及十部，倭难起。版存北平，未知尚存否？孙福鼒谨记。庚寅二月。

庚寅，1950年。先生腹痛之由，乃此书流传不广，板片下落不明。今日看来，此事可令先生略加欣慰，祖父遗作毕竟付梓。武延绪《庄子札记》，民国二十一年 (1932) 永年武氏刊行，邵次公题写书名并撰“传”以代序。1974年台北艺文印书馆将其影印，其时先生尚健在人间，然而两岸信息不畅，是否获知这一喜讯，不得而知。

武延绪《庄子札记》之学术价值，1985年东大图书公司印行钱穆《庄子纂笺》序目所列《本书采摭诸家》有如下记载：

奚侗（有《庄子补注》）

武延绪（有《庄子札记》。两书晚出，而所获犹多前人所未及。两书流传不广，本书采录较宽）

然而，抛却结果，仅看过程，其时先生生活较为稳定，和恩师邵次公过往甚密，穿梭于小巷冷摊，时有所得，教学之余，亦能襄助或亲为古籍整理工作。祖父遗著已然面世，《元遗山新乐府》校勘杀青在即，遥想当年，先生之心情，当为愉悦。

三

曾经有一段艰难困苦的日子。

愉悦总是短暂的。日寇肆虐，先生只有匆匆避难。个人力量，于历史洪流之下，显得微不足道。国难当头，个人境遇，犹如雨打浮萍。自抗日战争到中华人民共和国成立，先生遭遇，苦不堪言。仅此一斑，可知当时国人之悲惨境地。

先生之遭遇，首先波及学术，迅速关乎生存。

书稿遗失，旧藏散佚，对于学人而言，无疑釜底抽薪。如前所述，《元遗山新乐府》校勘记二卷遗失，数年心血，毁于一旦。然而，这仅仅是冰山一角。

痛定思痛，戊子年（1948）正月武福鼒于许昌写道：

逃厄以来，由汴而镇平，而淅川，又返镇平，蛰居石佛寺者凡八年，又至郾陵而许昌，往返几二千里。

寥寥数语，满纸心酸。奔波十年，藏品四散。先生写道：

藏书除明钞、明刻约二百种外，余悉名家所刻，局版甚少，更无论坊刻矣。家中旧有亦六七十箱，近恐皆不存矣。碑帖三千种所失尚少，家中书画约千种，闻皆为日人所劫。三世心血，散失太半，伤哉。

余前在汴收得旧本书五六十筐，国变起，得以携出者才二十余簏，余悉留汴垣双龙巷孙斋。及倭降后，闻已尽佚，痛心之至。

不仅存于开封的藏品如此。即使随时携带者，亦难免日寇之毒手。己丑（1949）腊月武福鼐题清康熙四十六年(1707)孟璟刻本《玉台新咏》云：

此书经汪昉（叔明）、高世异、陶北溟诸名家递藏，变前余得于汴垣，值洋十元。外有方锦囊。镇平之沦，倭人曾至石佛寺两次，余所藏古物佚去甚多，最可惜者，屡年所收石墨百枚，皆为掠去。此锦囊亦为取去。幸此书无恙也。己丑醉司命后二日许昌家斋记，慕姚鼐。

古籍、书画、碑帖、古物之遗失，令武福鼐痛心不已。三世心血，毁于一旦，个人亦无可奈何。先生早已自道："娱情怡性，舍此又将奚图哉。"更为恶劣者，生计问题，迫在眉睫。

武福鼐题识清道光二十四年(1844)刻本《顾亭林年谱》，屡次提及高昂之物价。

癸未年（1943）四月八日于镇平石佛寺：

斗米千金，油盐斤须六七十元，吾将何以为生耶。

丙戌年（1946）九月廿五日于郾陵：

今年斗米万元，油盐斤七八百元，反能为生，以见此变之不可测也。

戊子年（1948）于许昌：

戊子新年后，小麦约七千元一斤，合市斗九万余。物价每年约增至十倍以上，蔬菜五千以上一斤，今年经大乱后，有麦荒之虞。殷忧不能下咽，奈何。

己丑年（1949）于许昌：

己丑十月，麦一万元人民币一石，困居许下，将何以为生耶。

生活的困境，令武福鼐一度典卖衣服度日。即便如此，除却自身家累之外，先生更挂念自己年迈的父母。

每逢佳节倍思亲。戊子年（1948）上元日，武福鼐于许昌写道：

吾乡于去年九月不守，二老尚困城内，将何以为生，深以为念。既不

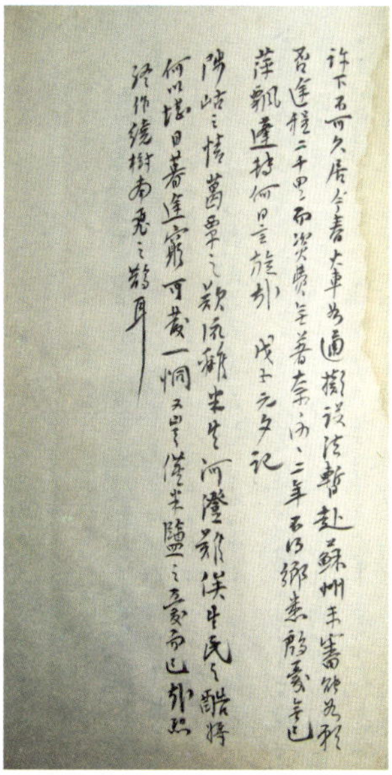

《顾亭林年谱》题识

> 得信，又不得归，肝肠欲碎，亦无可如何也。
>
> 二年不得乡悉，殷忧无已。萍漂蓬转，何日言旋哉。戊子元夕记。
>
> 陟岵之情，葛覃之叹，流离半生，河澄难俟。生民之酷，将何以堪。日暮途穷，可发一恫。又岂仅米盐之忧而已哉，恐终作绕树南飞之鹊耳。

以上数条，题于同一册书的不同位置，且仅是元夕题识的部分内容。何以解忧，唯有读书，然阅读所及，又往往令人悲不自胜。

武福鼐更为整个国家的未来而殷忧不堪，且看其题识：

> 读此书，至明清兴替之际，先生流离苦楚，殆非生人所堪。证许今日，俯念来者，不胜腹痛。国事日非而朝野一切尚醉生梦死，不关痛痒，大祸滔滔，于何底极，乃不免废书三叹，潸然不能自已也。 癸未四月廿八日夜适斋记于镇平石佛寺西北隅单营荒村之蜗庐。

此乃1943年先生阅读《顾亭林年谱》时由衷感叹。乙酉年（1945）秋日，先生有诗，深念时局。今录其一：

> 才闻海晏揃长鲧，又见中原转旆旌。莫裂残棋雄一掷，好收糜烂奠升平。

国内形势的发展，果为先生言中。

四

曾经有一段满怀希望的日子。

尘埃落定，中华人民共和国成立，武福鼐满怀希望，对于共和国的拥护和爱戴，亦见于字里行间。先生写道：

> 凡古善本书二千种，古碑打本三千种，宋元明清名贤墨迹书三百件，拟以四之三献之政府，从此随身无长物矣。

献书政府绝非偶然念头，先生随即付诸行动。从此，我们看到“庚寅八月中秋献书后残余之品”的字样。庚寅，1950年。先生捐赠藏品于河南的举动，当时《河南日报》曾予大力报导。

我们看到的先生旧藏，均为献书之际有意保留者，是为“娱老伴家”。然而，50年代初，这批书籍已然现身湖北。我们推测，捐献了大量收藏之后，先生将自己随时阅读之书分售，当为生活所迫。

六十多年后的今天，我们回首往事，对先生捐献藏品的义举，依然感动不已：那是先生在九死一生之际的精神寄托。对于先生和自己残留娱老书籍的分离，我们唏嘘不已。虽然，看到武福鼐旧藏，是我辈之幸运。然而，从情感而言，我们宁愿不要这份幸运。

自中华人民共和国成立到先生辞世，其行事为人所熟知。自此，先生桂冠是：曾经的收藏家、现代著名书画碑帖古籍鉴定专家、书法家。

史树青《武慕姚书法选集》序，言简意赅，可以视作对先生的盖棺定论。其一生行事和部分书法佳作，感兴趣者自可搜寻赵鉴钺先生的多篇论文。

我们依然遗憾连连。先生五十岁之际，才逢中华人民共和国的成立。人生苦短，三十到五十，犹如白驹过隙。当此之时，若四海粗安，先生之成就，自是不可估量。即便如此，先生之学问，仍为后辈所景仰。蛰居镇平石佛寺八年期间，先生笔耕不辍，传世著作多系此时写就。至于后人所称道之书艺，在先生看来，不过小道而已。

面对先生旧藏古籍，拜读先生古籍题跋，我们惊叹其见识卓绝。然而，令人心情无法平静者，乃字里行间所凸显的心酸和无奈。我们宁愿先期摘录其关乎个人命运的题识而非古籍本书息息相关者，旨在深入了解其生存状态和即时感慨。同时，先生仅是旧社会普通知识分子的一员，揭示其个人境遇，尚有一叶知秋之效。

忆旧令人伤感，但这绝非先生本意。即使是艰难困苦之际，先生偶尔也有开怀者。在署时为癸未（1943）十月十三日题识之后，先生写道：

> 前七日小女涵英生，正值极困。噫嘻。

近乎七十年过去了，又值农历十月初，我在小儿夜里最后一次喂奶之后，悄然起身，完成如上文字，谨套用先生语言以结尾：

> 前五十日小儿生，正值极困。噫嘻。藏

善本书经眼录（二）

吕　浩

六、《甘肃省图书馆馆藏善本书目》

甘肃省图书馆编印。1959 年 12 月 31 日兰州出版，16 开草纸蓝色油印本。全书 43 页，一册全。

是书无序跋及出版说明文字，目录依次分为：宋元刻本、明刻本、清刻本、抄本、手札及绘本、朝鲜刻本及日本刻本等内容。每种分类下又以书名笔画为序编目。从书目编排可知此目录并非依据四部而是以版本分类的。这也可以看出在编辑全国范围内的“中国善本书目”之前，各地图书馆在善本书目的编目上的不同，如在目录学界则又是一个值得深入探讨和研究的课题，因为各个图书馆的编目方式不同其编目的侧重点自然也不同，因之研究下去应当更有意义。

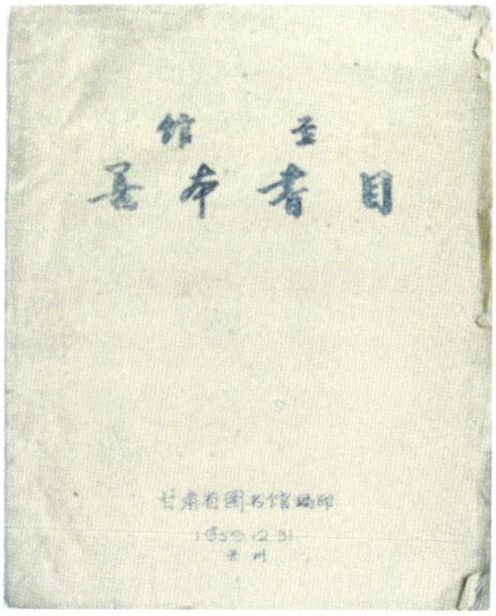

《甘肃省图书馆馆藏善本书目》

卷中收录“宋元刻本”十四种，编排体例为书名、朝代、作者、卷数、存数、馆内编号等。宋刻本九种除了《诸葛亮传（三国志三十五卷）》标记为“折装”以及《冲虚至德真经》特别提到为清周星诒据林本朱校，其他七种宋刻本及元刻本五种并无详细版本介绍，则在版本上是否真为宋版就不易判断了，只有通过更详细的信息才能得到真正答案。而这个答案，或许要参考甘肃省图书馆在 1979 年以后参与全国“古籍善本书总目”的编纂后得到确实的信息了。

而在三百八十五种明刻本中，则多数附有较为详细的版刻信息，这应该是值得信任的版本了。其中佳者如《大唐六典》三十卷，明正德十年复刻宋本，十册；《三国志通俗演义》二十四卷，明弘治年间毛装本，二十四册；《六经图》六卷，明万历四十三年新都吴继仕仿宋刻本，七册；《文选》，明虞山毛氏汲古阁刊本，清嘉庆四年阮元墨笔批校，八册；《文献通考》三百四十八卷，明内府刻本，残存六十七册，包背装；《王孟合刊》二种，明吴兴凌氏刻朱墨套印本，五册；《百川学海》十集一百种，明复宋刻本，十册；《孟浩然诗集》二卷，明吴兴凌氏刻朱墨套印本，二册；《贞观政要》十卷，明成化元年内府刻本，六册；《孟子》，明万历乌程闵齐伋三色套印本，二册；《常清静经》，明正统十一年京都大德观刻，一册，有图；等等。其中佳册可谓多矣。

清刻本收录一百零二种，善者如《十竹斋书画谱》，芥子园翻刻套印本，经折装，八册；《八旗满洲氏族通谱》八十卷，清乾隆年内府刻本，二十六册；《于清端公政书》八卷首一卷外集一卷续集一卷，康熙四十六年仿宋刊本，十一册；《古文渊鉴》六十四卷，古香斋五色套印本，二十四册；《古今图书集成·经济汇编·权衡典》百二十卷，清康熙年内府铜活字印本，六十册；《御制全韵诗》五卷，乾隆中内府刻蓝墨套印本，五册；《杜工部集》二十卷，清光绪二年广东翰墨园刻五色套印本，十册；等等。

抄本收录三百六十七种，其精善者如《二桥日记》，毛装稿本，一册；《三十六鸥亭丛稿》，毛装稿本，一册；《三余笔记》，毛装稿本，一册；《士礼居藏书题跋记》，抄本，五册；《川边游记》二十一编，徐金源著，原稿本，毛装，一册；《六戎诗草》六卷，稿本，三册；《心逸轩杂著》，毛装稿本，八册；《甘棠小志》四卷，黄醇著，稿本，二册；《古玉图谱》，抄本，二册，插彩图；《左传地名今释》，清醉墨草庐稿本，一册；《甲骨文叙录》，于石生抄辑，毛装稿本，一册；《代耕堂雪鸿草》二十卷，李嘉绩著，稿本，二册；《外科集粹大全》，毛装稿本，六册；《江上草堂诗存》十三卷，刘均著，稿本，二册；《希腊春秋》，稿本，五册；《君实日记》，稿本，一册；《庚辰日钞》，董其昌辑，手稿本，二册；《青白堂汇编》二卷，王希伊、王惟贤编，著者手稿本，折装，一册；《云考》，朝鲜佚名辑，稿本，一册；《奇门遁甲》，刘基著，明抄本，四册；《花间集》二卷，清光绪十一年刘继年朱墨钞本，二册；《卓庐初草》，陈墉著，清稿本，一册；《知止斋笔记》，稿本，一册；《修志应查条目杂记》，佚名撰，稿本，一册；《昆曲藏本》，清抄本，二册；《圆明园四十景匾额》，不著编者，清内府抄本，一册；《鱼鳞册》，明抄本，二册；《鱼鳞花册》，明朱墨抄绘本，一册；《通志堂集》二十卷，抄本，六册；《越缦堂读书记》二十卷，陈乃乾著，剪贴本，十七册，草订装。

手札及绘本收录三十一种，其佳者有《王梦楼书札》，王文治书札，一册；《左文襄手册》，左宗棠书，一册；《朱竹垞手札》，朱彝尊书札，一册；《朱竹垞手书文稿》，朱彝尊著，手稿本，折装，一册；《退庵金石书画跋手稿》，梁章钜著，手稿本，一册；《江西山水名胜图》，折装，手绘本，一册；《吴楚水程图》，清刘愔绘，清顺治十五年折装，手绘本，一册；《清代舆图》，清代彩色绘本，经折装，一册；《苗蛮图》，彩绘本，折装，二册；《黄河运河全图》，彩绘本，二册；《历代名媛图说》，彩绘本，折装，一册。

朝鲜刻本及日本刻本收录善本四百六十种，其佳者有《三宫记》四卷，朝鲜赵克善著，朝鲜活字版印，二册；《五龙斋年谱》，朝鲜南阳龙编，朝鲜纯祖八年戊辰（清嘉庆十三年）五龙川精舍活字版印，一册；《陆宣公奏议》十二卷，唐陆贽著，朝鲜活字版印，四册；《三体诗法》十三卷，宋周弼辑，日本宽永十四年（明崇祯十年）刊本，十三册。

由于该书用纸较差，油墨容易漫漶，故部分内容看不清楚。而从该善本书目所载图书来看，甘肃省图书馆所藏善本也算值得一看了，就是没能印刷得更好，令人感到遗憾。

七、《齐齐哈尔市图书馆馆藏古籍善本书目》

1981 年 3 月初，齐齐哈尔市图书馆编辑并内部印刷了这册馆藏古籍善本书目。此书仅为该馆与其他省市图书馆互相交换的参考资料，故印数较少，罕见流传。书为 16 开手写油印本，全书 105 页。

书前有该馆于 1981 年 3 月 1 日所写前言，说明该馆于清宣统元年（1909）建馆，收藏古籍约十二万册。其中善本图书，历来没有专目。自 1978 年在南京召开的全国古籍善本书总目编辑工作会议后，该馆才开始了这项古籍编目的工作。该馆根据南京会议所通过的《全国古籍善本书总目》收录范围，

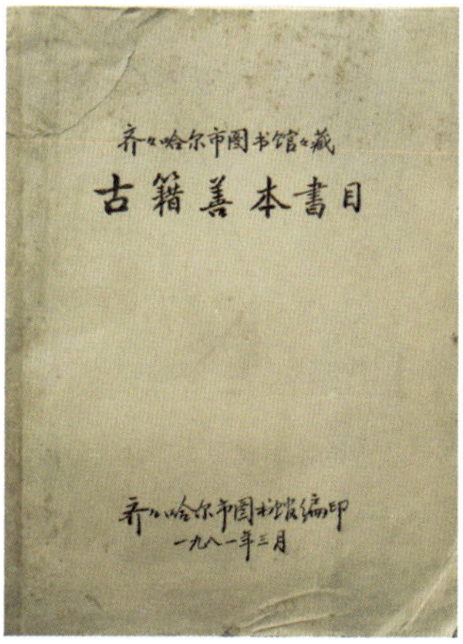

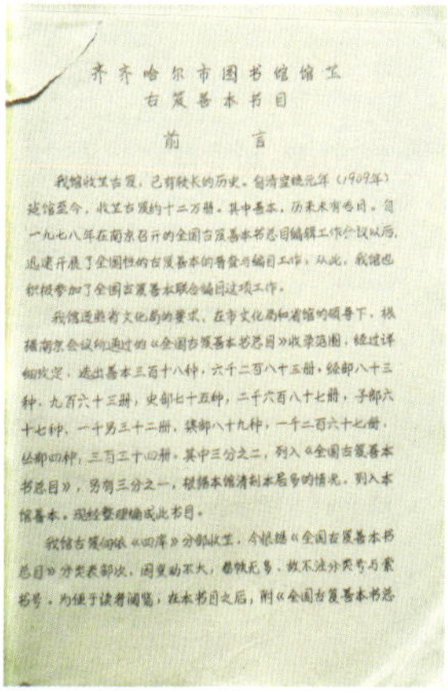

齐齐哈尔市图书馆馆藏
古籍善本书目

前言

我馆收藏古籍，已有较长的历史。自清宣统元年（1909年）建馆至今，收藏古籍约十二万册。其中善本，历来未有专目。自一九七八年在南京召开的全国古籍善本书总目编辑工作会议以后，迅速开展了全国性的古籍善本的普查与编目工作，从此，我馆也积极参加了全国古籍善本联合编目这项工作。

我馆遵照省文化局的要求，在市文化局和省馆的领导下，根据南京会议所通过的《全国古籍善本书总目》收录范围，经过详细攷定，选出善本三百十八种，六千二百八十三册，经部八十三种，九百六十三册，史部七十五种，二千六百八十七册，子部六十七种，一千另三十二册，集部八十九种，一千二百六十七册，丛部四种，三百三十四册。其中三分之二，列入《全国古籍善本书总目》，另有三分之一，根据本馆清刻本居多的情况，列入本馆善本。现经整理编成此书目。

我馆古籍向依《四库》分部收藏，今根据《全国古籍善本书总目》分类表部次，因数量不大，品种无多，故不注分类号与索书号。为便于读者阅览，在本书目之后，附《全国古籍善本书总

《齐齐哈尔市图书馆馆藏古籍善本书目》

经过详细考订，选出善本三百十八种，六千二百八十三册。计有经部八十三种，九百六十三册；史部七十五种，二千六百八十七册；子部六十七种，一千另三十二册；集部八十九种，一千二百六十七册。其中三分之二，列入《全国古籍善本书总目》，另有三分之一，根据该馆清刻本居多的情况，列入该馆善本。经过整理编成此书目。

该书内容为：经部（总类、易类、书类、诗类、礼类、春秋类、四书类、群经总义类、小学类）；史部（纪传类、编年类、纪事本末类、杂史类、传记类、史评类、政书类、诏令奏议类、地理类、金石类、目录类）；子部（儒家类、道家类、法家类、兵家类、农家类、医家类、天文算法类、艺术类、谱录类、杂家类、小说家类、术数类、宗教类、类书类）；集部（总集类、楚辞类、别集类、词曲类、小说类、诗文评类）；丛部；附《全国古籍善本总书目》分类表。

该书目中值得一记的善本颇多，兹抄录其中最珍贵的善本十种如下，以见该馆藏书之善。

《礼记集说》三十卷，元陈澔撰。明初刻本，二十四册；九行十七字，小字双行同，黑口，四周双边，顺鱼尾，鱼尾下镌刻工有周甫、王良、杨寿等数十人，皆阴识；序页有“松下藏书”白方印和“大白先生读书刊”白长方印。《四库标注》著录（九十页），《四库全书总目》著录（一七零页）。

“五雅”四十一卷，明朗奎金编，明天启六年武林朗氏堂策槛刊本，六册。《尔雅注》二卷，晋郭璞撰；《小尔雅注释》一卷，宋宋咸撰；《逸雅》八卷，汉刘熙撰；《广雅》十卷，魏张揖撰；《埤雅》二十卷，宋陆佃撰。九行二十字，小字双行同，白口，四周单边，版心下镌“堂策槛”。有“修竹吾庐”朱长圆印，有“叶德辉焕彬甫藏阅书”白方印。

《鹖冠子》一卷，唐人写本。一卷，卷子本，卷端微残。硬黄纸有栏，高二十四厘米，长三米三十二厘米，存一百八十四行，每行十七字，楷体，字体淳厚有力，似学者所写。无篇名，无注解，文中有避讳，凡遇“民”字皆缺笔，卷末题“鹖冠子卷第一”，另起行题“大唐贞观三年五月勘校定毕”十二字。此本1977年8月经北京荣宝斋崔振老先生审定并重新装裱，工费一百二十元。

《中华古今注》三卷，后唐马缟撰。明初刻本，一册。十二行二十字，白口，左右双边，无鱼尾，版心中部镌“古今注上中下”。序页有“丰府藏书”白方印、“礼邸珍玩”朱方印，末页有“李氏图书”白方印和“子孙宝之”白方印。原为张伯英小来禽馆藏书，书签题“宋本”。《四库全书总目》著录（一零一五页）。

《释常谈》三卷，不著撰人。明初刻本，一册，十二行字数不等，白口，左右双边，版心中部镌“常上中下”，序页上端正中有“乾隆御览之宝”朱长圆印。卷端有“李氏家藏”白方印，卷末页有“子孙宝之”白方印和“学须静室珍玩”白方印等。原为张伯英小来禽馆藏书，书签题“宋椠精本”。《四库全书总目》著录（一零八六页）。

《楚辞》一卷二篇，战国楚屈原等撰，明闵齐伋校。明万历四十八年闵齐伋校刻三色套印本，二册，九行十九字，小字双行十八字，白口，四周单边，无格。卷端有“夔门张氏鉴藏书籍金石文字”白方印，书后刻“皇明万历庚申乌程闵齐伋遇五父校”，有“闵”字白方小印和“齐伋”朱方小印。扉页有张朝墉题识：“光绪三十三年九月朔日，黑龙江卜奎仓西公园落成，蜀东张氏敬置此编以供好古者浏览焉。”有“白翔所作”朱方小印（张朝墉，字白翔，曾任黑龙江省政府顾问）。

《朱文公校昌黎先生文集》四十卷外集十卷遗文一卷传一卷，唐韩愈撰，宋朱熹考异，王伯大音释。元刻本，十六册，十三行二十三字，小字双行同，黑口，四周双边，与《四部丛刊》书影相同。《四库标注》著录：“朱文公校昌黎先生集四十卷外集十卷附集传遗文遗诗，此元刊闽麻沙坊本十三行二十三字。”《四库全书总目》著录（一二八八页）。

《元白氏长庆集合刻》一百三十九卷，明马元调辑。明万历三十二年松江马元调鱼乐轩刻本，二十册。《元氏长庆集》六十卷补遗六卷附录一卷，唐元稹撰；《白氏长庆集》七十一卷附录一卷，唐白居易撰。十行二十一字，白口，左右双边，有叶德辉藏书印。《四库全书总目》著录（一二九五页）。

《冬心先生集》四卷，清金农撰，寿凤、美鋆抄校。清黑格抄本，二册，十行十八字，白口，左右双边。卷端有“士钟”白方印和“八千卷楼所藏”朱长方印。前有冬心先生四十七岁小像，像背面有士礼居刊行词一首。《四库全书总目》著录（一六八三页）。

《龙沙剑传奇》二卷，清珂雪头陀填词，梦熊钓叟、二吾居士评点。清嘉庆七年抄本，二册，有佚名朱笔圈点，九行二十字，小字双行同，白口，四周单边无格。封面题“世瑞堂珍本”。著者名程煐，《黑龙江志稿·人物志》记载：“程煐字星华，一字瑞屏，江苏天长廪生。嘉庆戊午戍黑龙江。著有《珂雪集》，纪江省事甚详；又有《龙沙剑传奇》，今佚。”是书为黑龙江省最早的一部传奇。

八、《粹芬阁珍藏善本书目》

此为民国二十三年（1934）上海世界书局承印之铅印本，开本介于大32开与小16开之间，白纸线装本一册全。

书前有民国二十三年四月粹芬阁主人撰《自序》，云："余早岁治商，不暇问学；比营书业，得亲钤椠，亦即三十余年矣。生平别无嗜癖，惟雅好藏书。孤本精刊，尤为神往。访觅搜罗，不遗余力。家本世儒，有声士林。先世鸣野山房所藏，在嘉道间已流誉东南。而霞西公三昆季，藏书之富，尤冠吾越。近世金石大家赵㧑叔，于所著《补寰宇访碑录》自序中，尝尊霞西公为彼生平第一导师。名流雅望，有如是者。愧余学殖荒落，未能克继先业。而时节如流，瞬逾知非之年，百务丛脞，述作良难，惟稍分余晷，从事收藏。一以广先人之旧业，俾得摩挲手泽。一以保中华之国粹，毋使后人兴文献不足征之叹耳。吾华为文化古国，文籍之盛，为世界最，惜保存不力。藏书之家，亦复寥寥。近世惟聊城杨氏海源阁、常熟瞿氏铁琴铜剑楼、江阴缪氏云轮阁、休宁汪氏古香楼、归安陆氏皕宋楼、钱塘丁氏八千卷楼最有名。当时文治鼎胜，宋元旧椠，尚易访觅。洪杨乱后，古籍逐日益少，即明清善本，弥觉可珍矣。余生也晚，丁兹叔世，有志搜罗，多所未逮。惟区区所好，不在繁浩，但求精雅。首重书品宽大，精刊初印；次则楮色古雅，如白棉桃花诸纸，亦时入选，否则均屏弃不顾。自民国纪元迄今，垂二十余载，搜罗所得，计先后收进秀水王氏信芳阁、会稽徐氏铸学斋诸藏，他如小李山房、述史楼、读易楼等各家藏书，亦各有所获。就中王氏所藏，多世所罕见之珍本。而徐氏铸学斋旧藏钞本，尤为精绝。琳琅满架，心颇欣慰。然文化为物，天下公器。秘守自珍，于道有间。今特编次书目，先行付梓，他日或选印珍本，流布海内，亦区区保存国粹之微尚也。博雅君子，幸垂鉴焉。"

读上序可知粹芬阁主人之藏书渊薮、藏书理念及其藏书来源，亦可见其藏书之精。序后为"统计表"，即其各部藏书之统计。其表所列，于各书年代及其用纸分类甚详，编例亦为其他善本书目中所绝无仅有者，可见其私人藏书之气魄与实力。

其经部藏书总数八十种四千二百九十五卷一千八百三十二册，细分如下：

白棉纸，十八种，二百五十五卷，一百七十册；桃花纸，七种，二十七卷，一百一十九册；白纸，八种，一千八百六十四卷，六百二十七册；竹纸，二十二种，一千八百二十八卷，八百二十册；钞本纸，二十五种，二百七十六卷，九十六册。

宋元版藏书有：宋淳熙刻本，二种，十五卷八册；元刻本，二种，五十一卷，二十册；元泰定刻本，一种，五卷，五册。

其史部藏书总数一百五十五部，五千〇四十五卷，二千二百六十一册，细分如下：

白棉纸，三十九部，一千六百三十四卷，六百三十七册；桃花纸，四部，四百〇八卷，一百四十六册；白纸，十二部，一百一十九卷，七十八册；太史纸，一部，五卷，五册；竹纸，五十四部，二千六百二十七卷，一千一百六十八册；钞本纸，四十五部，二百五十二卷，二百二十七册。

宋元版书有：宋绍兴刻本，一部，二十卷，十册；元刻本，一部，一百卷，五十册。

其子部藏书总数一百七十四部，二千六百一十二卷，一千五百四十八册，细分如下：

白棉纸，五十九部，八百四十八卷，六百四十三册；桃花纸，五部，三百三十八卷，二百〇八册；白纸，十二部，二百三十八卷，八十四册；东洋纸，二部，五十九卷，五十八册；竹纸，四十二部，八百三十九卷，三百九十三册；钞本纸，五十四部，二百九十卷，一百六十二册。

宋元版书有：元刻本，五部，四十四卷，四十册。

其集部藏书总数三百八十五部，七千五百四十九卷，三千七百〇一册，细分如下：

白棉纸，八十二部，二千二百四十卷，一千一百一十二册；桃花纸，八部，八十一卷，六十册；白纸，四十二部，八百〇八卷，三百二十四册；竹纸，二百部，四千〇四卷，二千〇二十八册；钞本纸，五十三部，四百一十六卷，一百七十七册。

宋元版书有：元刻本，三部，九十五卷，八十八册。

其丛部藏书总数十五部，三千三百二十七卷，九百五十五册，细分如下：

白棉纸，一部，十八卷，八十四册；白纸，六部，七百八十一卷，二百七十二册；竹纸，八部，二千五百二十八卷，六百三十五册。

最后则为全部藏书总数统计表，则本书收录善本书共计八百〇九部，二万二千八百二十八卷，一万〇二百九十七册。藏

民国旧书目三题

姚一鸣

开明书店《开明活页文选总目》

“活页文选”这种出版形式，首创者为开明书店章锡琛，时间在1928年前后。最初出版“活页文选”，是章锡琛听到很多国文老师反映，现有的国文课本在阅读选目上有局限性，想扩大学生的阅读范围，自己选篇目刻印讲义又十分麻烦，并且容易有错讹，能不能有一种活页的形式，既规范又不易有差错。章锡琛听了老师们的建议，便想到了出版“活页文选”。《开明活页文选》便应运而生了。《开明活页文选》由章锡琛请富有教学经验的国文老师挑选篇目，有古文也有现代文，大多为适合学生阅读的文章，用铅字排印，编选精到，每册仅售几分钱，出版后一时大受欢迎，成为开明书店一个极富特色的出版物。后来北新书局也出版“活页文选”，两家各以自己的店号命名，于是就有了《开明活页文选》和《北新活页文选》。

近日在旧书店，觅得一批民国时期的书目，其中有一本《开明活页文选总目》（开明书店1933年7月版），甚难得，是书大三十二开本，品相有点破旧，薄薄的一册应是当年开明书店为促销而编印的，历经几十年后却成为一份珍贵的出版史料。《开明活页文选总目》封面由丰子恺设计，并题写书名。封面的下半部分是一本打开的书，内绘有几个学生在看书和开明书店的总店及分店地址，封面上半部分是半弧形的光芒四射，上书写有“开明活页文选总目”“民国二十二年七月出版”，是丰子恺一贯的笔迹。全书分为《开明活页文选发售简章》《编印凡例》《开明古文选类编》《开明语体文选类编》《开明活页文选分级合装册》《开明文选选释》《开明活页文选总目》《开明活页文选篇目选登》等。

到了二十世纪三十年代初，开明书店所出版“活页文选”已初具规模，成了一个出版品牌。在《开明活页文选总目》封底广告语中写道：“本店因为中等以上各校教授国文，坊间出版的国文教科书，太呆板不适实用，教师自己选文交书记油印，又多模胡脱漏，不便讲读。经苦心研究，创印了这种‘开明活页文选’。特请有经验的老师，广选古今各体名文，加新式标点分段，经过精细的校对，用四号活体排文，上等纸张印刷。每篇都可零卖，售价十分低廉，凡是用过的，无论教师学生，个人自修，都无不称便。五年以来，已出版七百余篇。近来他家模仿者很多，但一经比较，便可知道‘开明活页文选’有种种优点：一、篇数达八百余篇，选用极自由。二、每篇摺成一叠，不会散失缺误。三、自一份到数十份，都可购买，偶然有缺散的时候，便可补足。四、发卖手续，简单敏捷，人人满意。五、校对精细，纸张坚洁，印刷清楚。六、另编极详细极正确的注释，装成专册发卖，不夹入正文中，免致混乱学生的目光，且可减少页数，低抑售价。七、为谋教学者便利起见，将选文按照程度，分成四级，另装发售。八、除分级合装外，更依文章内容及形质，编成‘开明文选类编’，足供自修揣摩之用。”

此广告语，对于《开明活页文选》的编辑缘起、特点和优点、标点校对、延伸阅读等，都作了详细的介绍。《开明活页文选》之所以能取得开创性的成功，除开明书店创办人章锡琛的独具慧眼外，参与《开明活页文选》编选注释工作的夏丏尊、叶圣陶、徐调孚、宋云彬、王伯祥、周振甫、曹聚仁等，也功不可没。他们的辑选篇目，从古文到现代文，只要是适合学生阅读的都选入“活页文选”，古文类如龚自珍的《病梅馆记》、韩愈的《祭十二郎文》、白居易的《长恨歌》等，白话文的有鲁迅的《呐喊》、朱自清的《背影》《桨声灯影里的秦淮河》等，还有议论文、记叙文、小说、诗歌，以及戏曲等各种文体，取材十分丰富。

《开明活页文选》所编选的古文类各篇著作，都要划分段落和添加标点，为教师授学、学生自学提供方便。每篇另页，不相衔接，读者可以任意选购，取用自由。当学校选购以后，书店可以代为装订成册，备有封面、目录纸。分级合装册分为甲、乙、丙、丁四种，甲级适用于初中一、二年级，乙级适用于初中二、三年级，丙级适用于高中一、二年级，丁级适用于高中二、三年级。为了让读者便于教学和自修，开明书店又着手编辑《开明活页文选注释》，共出版了十册，将已印成册的各篇文选加以详细的注释，每篇篇首有题解，其次是作译者述略，再后是正文注释。更好地完善了对《开明活页文选》的阅读理解。

开明书店和章锡琛所出版的《开明活页文选》，之所以能够长久不衰，并成为深受老师和学生欢迎的读物，和开明书店的文人办书店大有关系。开明书店的创办人章锡琛，有着许多的文化人朋友，如郑振铎、叶圣陶、赵景深、夏丏尊、匡互生、朱自清、胡愈之、周建人等。章锡琛在朋友们的眼中，不是那种纯粹势利之交的市侩商人。这令章锡琛常常感到自豪。当朋友们选择把书稿交给开明出版时，事实上就开始了彼此间的信任买卖关系。文稿的一来一往中，作者们发现，章锡琛和他的开明书店，是一个值得信赖、对作者利益有保障的好出版机构。开明书店对作者的利益保护，既能做到善待书稿，又能合理付酬。印得认真而又好看，少有错误，不随便修改作者的思想观点，多善意纠正错字，这都是善待书稿的具体表现，也是对作者劳动成果的尊重。开明书店在这方面一直做得到位，业界口碑一直很好，不少作者素来公认。这也就是开明书店能出优秀的出版物、高质量教科书的原因所在。

“开明活页文选”正是在开明书店这种良好的环境中诞生的，并且和林语堂编的《开明英文读本》，叶圣陶、丰子恺编的《开明国语读本》一起，并称为“开明三大教本”。1933年出版的《开明活页文选总目》很好地见证了这一过程。

商务印书馆《小学生文库第一集目录》

有次在淘书过程中，偶得一本商务印书馆1933年出版的《小学生文库第一集目录》，三十二开平装的小册子，封面印有专为《小学生文库》定做的书柜缩影。全书内容共分为《小学生文库第一集预约简章》《预约定单》《上海商务印书馆发行所各地分馆》《小学生文库缘起》《小学生文库第一集目录》几部分，以及商务印书馆的书刊广告等。这应该是当年《小学生文库》出版发行时的宣传册，印制还算精美，在《小学生文库第一集目录》封面处盖有“上海徐家汇华文图书馆（耶稣会学院）”的印章。教会图书馆也收藏有商务印书馆《小学生文库》，可见这套丛书当年的影响力。

《小学生文库》由王云五、徐应昶担任主编，周建人、宗亮寰、沈百英、沈秉廉、黄绍绪、苏继庼、赵景深、殷佩斯等八人任编辑。全书按照“万有文库”的编排体例，共分为图书馆学、读书指南、社会、政治、国际、经济、实业、法律、童子军、语文、算术、自然科学总类、天文、地文、物理、化学、矿物、地质、生物、植物、动物、工程、农业、工业、生理卫生、劳作、美术、音乐、游戏、神话、童话、寓言、故事、谚语、谜语、诗歌、歌剧、剧本、短篇小说、长篇小说、笑话、史地、地理、传记、历史等四十五项，收书五百种，俨然是一部适合小学生阅读的百科全书。当然，四十五项中分布也是不均的，其中植物、动物、寓言、地理、传记、历史等收书都在十种以上，而图书馆学、读书指南、社会、法律、算术、天文、地文、化学、笑话、谚语、谜语等收书都在两种以下。

对于编辑此套《小学生文库》的缘起，王云五曾写道："我从前主编《万有文库》，为中等学校及一般图书馆作整个的贡献，结果因这部书而成立的图书馆，多至数千；我的努力总算没有落空。但是学校中需要图书馆的不限于大学中学，就是小学校也都有设置图书馆的必要。现今教育盛倡自动教育，我想一个学校要实行自动教育，至少须有三项标准:（一）引起儿童自动读书的兴趣;（二）培养儿童自动读书的能力；（三）征集各种适合于儿童的补充读物。这三项中，补充读物之征集关系尤其重要。因为没有适宜的书，便难引起儿童读书的兴趣，更无从培养他们读书的能力……我国书籍汗牛充栋，然足供儿童——尤其是现代儿童——阅读的寥若晨星。一因我国旧日著作，多谈哲理或经国大计，不适宜于儿童的智识领域。一因小学校改授语体文以来，'万有'读物，辞藻较深，亦非儿童所能了解，间有通俗读物，类多诲淫诲盗，或提倡迷信。儿童识字以后，寻求有趣的读物，真和饥者求食一般，急不择食，因而种下恶因的也比比皆是。我们为着供给儿童精神上的适当食粮，所以从事于《小学生文库》的编辑，食物须含有种种滋养元素，始能使身体健全，读物也须包括种种有益资料，始能使知情与德性并进。本文库根据此旨，故以人类全智识的雏形为范围。第一集五百册中，括有门类四十五……本文库编印目的和《万有文库》相同，一方在以整个的图书馆用书贡献于小学校，一方采用经济的与适当的排印方法，俾小学校得以四五十元之代价获得五百册最适合儿童需要的补充读物，而奠定图书馆的基础……"（王云五《小学生文库缘起》）

从王云五的文章中，可以看出作为民国时期最大的民间出版机构，商务印书馆在图书编辑出版上高人一筹的营销策略。《小学生文库》的编辑出版，显然是受到了《万有文库》的启示：在完成为大学中学建立学校图书馆的同时，也应为小学校建立图书馆，从而让儿童读者也有自己的课外读物，形成王云五所说的"自动教育"的模式。商务印书馆在这样的尝试中，不断地汲取经验，使其出版事业能蓬勃发展下去。《小学生文库》的出版，其实也是商务印书馆战略发展计划的一部分。

1921 年，商务印书馆为了适合新文化形势的需要，特邀请胡适任编译所所长，胡适谢绝了邀请，力荐当年有过师生之谊的王云五代替自己。未受过正规高等教育、也未出过国门，完全靠自学成才的王云五，有机会迈入商务印书馆的大门，靠的是他的才学、热忱和抱负。王云五到商务印书馆编译所上任后，他大刀阔斧改组编译所，调整和扩大了编译所的机构，按照新科学的学科门类分设各部，聘请专家学者主持各部门，并且引进了一批新近从国外留学归来的新一代知识分子担任要职（如任命任鸿隽为理化部长、竺可桢为史地部长、周鲠生为法制经济部部长、陶孟和为总编辑部编译、朱经农为哲学教育部长等，又聘胡明复、胡刚复、秉志、杨杏佛等为馆外特约编辑），加强了商务印书馆出版队伍的力量。

王云五以“教育普及”“学术独立”为方针，组织编译了一批介绍中外古籍名著的丛书，受到出版界的好评和社会的重视。1925年王云五发明四角号码检字法，解决了汉字检索中的难题；以“一横二垂三点捺，点下带横变零头，叉四插五方块六，七角八八小是九”的方法，编辑出版了《王云五大辞典》等书，在出版学术界享有不小的名誉。王云五入主商务印书馆后，在带来新的编辑出版空气的同时，在张元济、高梦旦两位前辈的支持下，出版了《万有文库》《丛书集成》《中山大辞典》《大学丛书》等，为商务印书馆扎实地向前发展，奠定了重要的基础。《小学生文库》正是由王云五1933年至1934年出版的一套丛书。

商务印书馆《小学生文库》的出版，践行着王云五有关“自动教育”的理论，也是王云五教育理论的一部分。其实在《小学生文库》出版以前，商务印书馆即出版了面向低幼儿童的《幼童文库》，初集共收有二百种，出版后一时大受欢迎。商务印书馆再次尝试出版《小学生文库》，也取得了意想不到的效果。预订和购买者络绎不绝，给商务印书馆带来了不少的利润和声誉。那时其他的出版机构见之也纷纷效仿，编辑出版供儿童阅读的丛书，如中华书局编辑出版了《小朋友丛书》，以中华书局出版的名牌刊物《小朋友》杂志为基础，共出有四百五十种之多；沈知方领导的世界书局也出版了《世界儿童丛书》，共有二百册。到二十世纪三十年代中期，出版儿童丛书成为热潮。

其实，商务印书馆出版《小学生文库》，还有着更为深层次的原因，那就是以前商务印书馆赖以发展的教科书出版受到了一定的限制。商务印书馆从一家小作坊成长为大型出版机构，教科书的编辑出版与发行在其中起到了重要作用。商务印书馆也是新式教科书发起者之一，曾在民国教科书市场占有较大的比例。但自民国初期起，陆费逵的中华书局等也参与教科书的编辑出版，且与商务印书馆在教科书出版领域展开了激烈的竞争，大有后来居上之势。民国教育的改革和改制，从语体文到拼音等，也促使教科书的编纂要适合新的教育要求。

到了二十世纪二十年代以后，教科书出版的书局越来越多，沈知方的世界书局、章锡琛的开明书店等也加入了教科书出版的行列，加上教育部开始对教科书采取审查制度，使商务印书馆教科书市场份额被瓜分，商务印书馆面临着从未有过的挑战。面对渐渐发展的教育出版市场，以王云五为主的商务领导层，分明是感受到了这种竞争带来的压力，他们以发展除中小学以外其他教科书的出版，如开始出版各类大学用教科书，并且在儿童学生课外读物出版上下功夫。

从 1931 年到 1935 年，随着民国教育事业的发展，小学生的人数也成倍地增加，这给教育类图书的出版带来了一定的商机。另从商务印书馆编辑出版《小学生文库》来看，时任商务印书馆所长的王云五和其前任张元济等心里很清楚，在教科书受到限制和面临挑战的情况下，编辑出版学生课外读物势在必行。但以怎样一种形式和体例，王云五等是动过一番脑筋的，从编辑《万有文库》受到启发，从而编一套适合小学生阅读和小学校收藏的图书，不仅可以产生不小的效益，而且可以带动商务教科书的发行。凭借商务的编辑力量和发行水平，以及丰富的丛书编辑经验，共五百种的《小学生文库》便应运而生了。

按照王云五教育出版理念，把《小学生文库》做成一套适宜小学生阅读的书籍，势必要求在内容和形式上，区别于同类读物，即把各类各学科的内容，使之简单易懂，能被小学生所接受。这就要求周建人、宗亮寰、沈百英等编写者在通俗性上下功夫。从所见样本来看，《小学生文库》确实做到了以儿童的接受能力为基准，力求语言通晓明了，在排字上也采用四号字体，并且用丰富多彩的插图来增加可读性，更易被儿童所接受。更比较可贵的一点是，商务印书馆在出版《小学生文库》时，充分考虑到学生的经济能力，即“采用经济的与适当的排印方法，俾小学校得以四五十元之代价获得五百册最适合儿童需要的补充读物”。

《小学生文库》的成功出版，可见得民国时期商务印书馆的编辑水准和营销策略。

国学扶轮社《香艳丛书样本》

某日在网上偶见一本《香艳丛书样本》，三十二开薄薄的一册线装书，由国学扶轮社出版，没有印出版年份（从“序例”所写落款年份来看，是宣统元年十二月，即1909年）。全书刊有“序例”、“香艳丛书第一集目录”、“香艳丛书二十集八十卷目录”、“香艳丛书选刊”（《绛云楼俊遇》等）、预约定单，除此以外，就是国学扶轮社和商务印书馆的书刊广告，包括国学扶轮社经销书目，商务印书馆《说部丛书》《说林丛书》等。从所刊内容来看，这应该是一本当年《香艳丛书》出版时的宣传样本。这种随出版推销所赠的样本，随看随弃，历经百年能保留至今，确属不易。其中《香艳丛书》的相关出版情况，以及早期书籍出版广告，有着不少近代出版方面的相关史料价值。

从《香艳丛书样本》“第一集目录”来看，第一集共分为四卷二十二种，详细目录为，卷一：“鸳鸯牒”“美人谱”“花底拾遗”“补花底拾遗”“十眉谣”“闲情十二怃”“黛史”“小星志”“胭脂纪事”“十美词纪”；卷二：“悦容编”“香天谈薮”“妇人集”；卷三：“妇人集补”“艳体连珠”“侍儿小名录拾遗”“补侍儿小名录”“续补侍儿小名录”“妒律”；卷四：“三妇评《牡丹亭》杂记”“龟台琬琰”“潮嘉风月记”等。“第一集目录”附有全书二十集八十卷目录，从书选刊“绛云楼俊遇”实在第二集卷二。

《香艳丛书》是一套晚清编撰的大型文学专题性丛书，由虫天子（张廷华）辑，全书二十集八十卷，共收书三百三十五种。《香艳丛书》打破传统作品形式的限制，以女性题材为主，搜罗了从隋代至晚清女性作者的著作，以及有关女性的文言小说、诗词曲赋、野史笔记等，其中有一些清代女性著作，未见其他书籍著录，弥补了一些文学史辑录的不足，是研究中国古代文化的重要参考资料。《香艳丛书》于宣统元年（1909）由上海国学扶轮社出版第一集（所见《香艳丛书样本》即那时发行的宣传品），至宣统三年（1911）共分三次排印出齐全套二十集，之后不断地再版翻印，成为那个时代的畅销书。

《香艳丛书》的出版方上海国学扶轮社，是清末民初上海的一个出版机构，由王均卿、沈知方等共同主持，以刊行各类中国传统文化读物为主。创办人之一王均卿，名文濡，别署新旧废物等，浙江吴兴人，南社社友，先后任国学扶轮社、文明书局、进步书局、中华书局编辑，其主编的《香艳丛书》《古今说部丛书》《说库》《明清八大家文钞》等，流传甚广；另一创办人沈知方，原名芝芳，室名粹芬阁，自号粹芬阁主，浙江绍兴人，早年失学，在书店当学徒，后苦学成才，1900年进入商务印书馆，并一边在商务工作，一边与友人合作创办国学扶轮社等出版机构，又跟随陆费逵创办中华书局，1917年脱离中华书局，在上海创办世界书局，任总经理。世界书局以通俗类书刊、教科书、学术类图书出版为主，是民国时期著名的出版机构。

上海国学扶轮社自己没有发行部，所出书籍归中国图书公司代为印刷发行。后来中国图书公司并入商务印书馆，许多出版物都由商务代为经售了。上海国学扶轮社出版过几种大型丛书，如五十六册的《列朝诗选》，一百零一册的《清文汇》，十二册的《文科大辞典》，六十册的《古今说部丛书》，八册的《明朝四十家小说》，十六种的《适园丛书》，八十册的《香艳丛书》等，在清末民初产生过一定的影响。

对于上海国学扶轮社出版《香艳丛书》一书，郑逸梅在《国学扶轮社出版的几种书》一文中有详细介绍："谈到《香艳丛书》，销数最多，可是瑕瑜互见，它把香艳二字来号召，实则其中有许多可供文史工作者参考，不尽是绮愁罗恨、玉笑珠香的闲笔墨。这部丛书，在清末宣统二年（1910年）出版，民国后再版五次。书用四号字排印，有光纸线装本，分二十集，每集四册，共八十册。首冠一序，骈四俪六，很是华赡，署名虫天子，大约虫天子便是王均卿别署。原来王均卿是南社名宿，是擅撰骈文著名的。书的凡例有三条：一、本集搜辑随时，不拘朝代先后，今人亦间登一二，多系可惊可喜未经刊行之作。二、本集所选，以香艳打主。无论诗词乐府，足以醉心荡魄者，一例采入。三、本集所刊，均为海内藏书家秘本，名人校订本，间有可疑处，不敢臆改，以存其真，大雅谅之。"

郑逸梅是那个时代的亲历者，所叙国学扶轮社的《香艳丛书》相关信息，应该较为可信，但在叙述出版时间和作者等方面，有可商榷之处。《香艳丛书》之"香艳"本就是招徕的由头，至于内容是否秘本、名人校订本，郑逸梅倒有一说："《香艳丛书》搜辑不拘朝代先后，未免造成杂乱状态，且有的很短，只有数百字，也成为一种，有的篇幅很长，也欠均匀。且选择不够严格，有些是平常习见的作品。但有些确是可珍的秘笈，藉此流传，这个功绩也不能一笔抹煞。可是时隔数十年，现在这些书早已绝版了……《香艳丛书》其中有些是海陵徐积馀等藏书家的手抄本，由王均卿以友谊情商，才得公开刊行。"

现时间已过去了将近一个世纪，国学扶轮社初版的《香艳丛书》也成为珍本。我曾在某古籍拍卖会上，见《香艳丛书》第一集四卷，拍了将近四万元。现能见百年以前的《香艳丛书样本》，也是一种书缘。藏

风雨藏书楼（一）

韦　力

冯本怀抱珠楼：冯氏三楼唯存，书归西泠无目

冯本怀抱珠楼位于宁波市慈城古县城内始平路6号，大体保存完好。冯本怀字慎旃，号酉卿，生卒年不详，道光十九年（1839）举人，入赀为内阁中书，后以输饷得官至道台，赏戴花翎，著有《抱珠山房诗存》及《明鲁监国诸臣咏》。

抱珠楼今址

其藏书楼名抱珠楼，又名抱珠山房，据说早前此地有抱珠山，遂以此颜斋。光绪《慈溪县志》曾载：“其抱珠山房藏书与醉经阁、寄月楼相埒。尹元炜著《溪上遗闻集录》及《诗辑》两书，并与参订。居恒手不释卷，暇则饮酒赋诗而已。”醉经阁为冯云濠藏书楼，寄月楼为冯可镛藏书楼，可惜这两座藏书楼现在都已不存。据冯氏后人称，抱珠楼藏书于1949年后全部捐赠给西泠印社，当时西泠印社派人用竹箩前来挑书，挑了好几天才挑完。可惜的是，当年抱珠楼没有留下一本藏书目录，而运到西泠印社

之后，也没有给抱珠楼旧藏单独编目，使得今日不知当年抱珠楼所藏的规模与质量。好在慈城内三座冯氏藏书楼，毕竟还有这么一座留存至今，这也是一种意外的难得。《贩书偶记》载《溪上诗辑》为道光己酉抱珠楼刊，可知冯本怀除了藏书，还曾参与过刻书。略有遗憾的是，我至今没能找到这部书，因此，抱珠楼所藏和所刻，竟然一部也未能到达我的书斋。然而，冯云濠醉经阁的旧藏，我却得到了几部，这也算是我跟慈溪冯氏的一点关联。

慈溪冯氏是慈城的大姓。按照宗谱的记载，他们的祖上是唐开元年间的句章冯氏。冯氏是浙东历史上大家族中年代最为久远的宗族之一，而冯本怀的这一支，被称之为“西桥支”。“西桥支天玑公编后宗谱”编于清嘉庆二十一年。这一支的冯天玑，就是冯本怀的祖父。资料记载，在冯天玑时期，家里就已经有了藏书，看来慈溪冯氏藏书也有些历史。而冯云濠则是冯本怀的族叔。慈溪冯氏中，冯云濠和冯云祥兄弟当年是本地的巨富，据说财富之多在国内也有影响，在那个时代，家中资产就超过了二千万两白银，这给冯云濠的藏书提供了强大的资金保障。但冯本怀的家中资产情况，我没有找到确切的史料。慈溪当地的励双杰先生藏有大量的祖谱，上次我在他家时，忘记问他是否有冯本怀的祖谱，如果能找到相关史料，恐怕对抱珠楼的历史就能写得更为详实。

慈城是一座极古老的小城，至今仍然保存有许多老建筑，因为城小，很容易就找到始平街 6 号，藏在一条小巷之中，大门夹于两座民宅之间的凹处，其中一扇门上钉着“抱珠楼”文物保护标牌。细看建筑结构，可知此大门为抱珠

抱珠楼外观

楼原宅之物，两边的民宅为后来因地制宜所建，年代并不久远。老宅子已因岁月之久显出沧桑，但由其构件仍然能看出当年气派，寿字瓦当、雕花屋椽，以及雀替上雕刻着的吉祥图案与戏曲人物，大门两边的墙壁做成诗稿形式，早年刻下的方格清晰可见，只是不知道当年方格中写的是什么内容。睹大门如此，书香之家必不远矣。整座抱珠楼现存两层三进，除了残旧，房屋结构变化不大，地上仍然铺着当年的大青石条砖，前后两进之间的小院里晾挂着一些衣物，屋顶上安装着太阳能热水器，可知尚有人居住其中。小院上空拉满电线，犹如天网，看得出住在这里的人经济之窘迫，却仍然将楼阁收拾得整整齐齐，这样的固守清贫，也是一种强大的精神所在。当然，这只是我的胡乱猜测，也许当地有着富不露财的传统，我的这些判断则成了典型的以貌取人。

小院非常安静，似乎人们都出去上班了。一名男子推着自行车进来，大声喊着某人名字，无人应答，见我在此拍照，笑了笑指着最边上一个黑洞洞的走道说："那里还可以进去。"我依言穿过走道，后面又是一进小院，正中间也是同样的木结构两层楼房，一位老者闲坐在檐下的椅子上，旁边的小炉子里正煮着食物。老者旁边有一通道，往屋后延伸过去。我向老者打个招呼走到屋后看了一下，原来后面为一小园，颇见荒凉，但荒凉中又辟出几块菜地，使得这小院中有了田园之美，让我瞬间想到了陶渊明的"归去来兮，田园将芜胡不归？"回到刚才的小院，我才注意到所走的这条通道应该是当年的正厅，被人以红砖砌出一个房间，留出的空间遂成通道。

我与老人家闲话，老人家指了二楼的两边说，以前这里不是这样的，以前这里上下左右都是通的，底下两边有走廊，二楼两边也有走廊，好像一个上下叠起的"回"字形，只可惜现在都隔断了。他又指了自己现在住着的两层说："他们说这里以前是藏书楼，我也不知道是不是这一间。慈城以前很多藏书楼的，一个烧了，一个拆了，剩下的就这一个了。"我一听，感觉老人家知道的还挺多，于是向其打听，另两座是不是醉经阁和寄月楼。老人家说："我也记不得叫什么名字，反正是一个烧了一个拆了，都不在了。"再请教他烧的是哪一个，是人为还是意外？他告诉我说，另外两个藏书楼他已经记不起来叫什么名字了，但都离得不远，一个位于现在的城隍庙附近，现在修复的城隍庙，其中一部分就是当年被烧的藏书楼旧址，那是国民党时期不小心烧掉的；另一个被拆掉的藏书楼位于现在的孔庙对面，也就是现在的中城小学，为了建现在的学校而拆。至于两座藏书楼分别叫什么，他也记不清了。但我想起来，曾在某处读过冯云濠醉经阁毁于火的消息，老人家所言被烧的那座，应该就是醉经阁。

抱珠楼大体格局

老人所说的慈城城隍庙，也同样是一个古老建筑。据说此庙初建于唐代，而后到了宋咸淳四年重新修建，此后历代都有维修，到了清同治九年，抱珠楼主人冯本怀出资又重新修建。这样推论起来，当年的冯本怀也应当是富甲一方的人物，可惜，他所修起的城隍庙，后来还是被毁掉了，虽然当今又做了修复，但已经没有了当年的古意。

经过老人家允许，我走上楼梯看了看。诚如其言，楼梯上面改造成一排房间，用作出租屋，不复当年“回”字形走廊，楼板咯吱作响。老人家大声要我注意安全，然而我想，我只是偶尔走上来看一看，就已是如此，长年居住在这阁楼上的，安全何在呢？书，是不可能见到的，有楼如此已是难得。下来后，我又见到各家门前挂有小门牌，知道这里住着十余户，又想起刚才在门口见到挂有“公房第 2145”门牌，问老人家如今住在这里的可有冯家后人，抑或全部都是租户？老人家沉默了一下，说：“其实啊，有些事做得不对。这房子是人家的嘛，他说拿过来就拿过来了，拿过来还卖了，钱放在自己兜里，当然这是很多年前的事了，哪里管什么产权不产权的。我现在住的这间归我们单位，我们水文队跟政府买下来的，以前住的人多，现在都搬到楼房里去了，我不喜欢住楼房，这里清静，我就住这里。”老人家说这话时，我打量了一下他的周围，墙壁上拉着电线丝，上面晾着小白菜，大约是想把它们做成梅干菜。我下意识想，这些小白菜应该出自屋后的菜园，是他自己种的。

告别老人家，我来到了城隍庙。城隍庙修得喜气洋洋，处处挂满大红灯笼，又贴着巨形年画，显示春节并未走远。我在门口张望了一下，没有进去的欲望。曾经的藏书楼于其而言，只是一个消失的符号，并不代表什么。我继续前行，寻访下一个藏书楼。

杨守敬观海堂：东瀛探骊，郦学腾誉

杨守敬在藏书界名气很响，这个声誉的得来，跟他在日本的访书有很大关系。因为访书，他还刊刻了一部古籍丛书。这部丛书之美、质量之高，一直被人赞许到了今天。

杨守敬的科考运气不佳。他是举人出身，参加了七次科考都没能考取进士，但正因为如此，他意外得到了一次出国常驻的机会。他作为驻日本公使的随员，在日本工作了几年，他的工作业绩几乎没人提及，在收书、刻书方面却博得了大名。

杨守敬的日本访书缘起，跟近代名人黄遵宪有一定关系。当时的黄遵宪在日本使馆做参赞，某天，两人无意间在大街上碰到了，聊天过程中，黄告诉杨，日本的书，市面上有不少中国的古刻本与写本，如果有条件的话，要想办法去收集一些中国失传的古书。杨听到黄的这番话，于是开始到日本的古旧书店去看书。

那个时候，正赶上日本的明治维新，社会上的主流意识是要向西方学习先进思想和技术。日本受中国传统影响至深，经过反思，日本人认为，这种传统，妨碍了他们的整体进步，于是对中国传统文献几乎是彻底放弃。以此产生的结果，是把历代珍藏的古书全部像清垃圾一样，卖到了古旧书店。货源的大量涌现，而买家又迅速减少，致使书市上的中国古书价格一落千丈，而此时杨守敬开始了他的收书之旅。这样的好运气，羡煞天下爱书人。日本有收藏中国古书的传统，自隋唐开始，日本人整船地从中国买书，再加上日本国几乎没有受到过外族占领本土的侵略，这两个原因，使得日本保留下许多中国已经失传的文献。而这些珍藏了千百年的文献，能够大批量出现在书市上，这样的好机会，的确千载难逢，于是杨守敬开始大量购买。然而，杨守敬毕竟是一位使馆工作人员，收入当然有限，古书再便宜，累加到一起，也是个大数目。杨认为，他想要买到更多的古书，则必须要想出其他的妙招。

因为杨守敬本来就对书法很爱好，他在北京几次参加科举考试的时候，只要有时间，就到琉璃厂去收书和买碑帖。杨守敬也是个买书疯狂的人，他在同治二年第一次到北京参加会试时，竟然从琉璃厂买下了一车的书。科考落榜，他准备返回湖北时，则发了愁。那个时代，飞机、高铁当然没有，把这一车书运回湖北，是很艰难的一件事，但杨守敬还是想出了办法，用他自己的话来说："雇一三套车，老马瘦骡，本不堪长途，又加以久雨泥泞，沿途雇马骡牛帮驾，中途又买一骡，未至（湖北）樊城，骡复毙。每日半夜未能抵站，辛苦万状，幸出都时尚有百金，至樊城已罄尽，假贷同行者，由襄河展转至沙市而归。"为了运输，竟然把骡子都累死了，可见杨守敬爱书疯狂到了什么程度。

后来的几次在京考试期间，杨守敬仍然在买书，但此时他又开始大量地购买碑帖，同时为了研究古文字，他也开始买古钱和古印。可能是为了进一步对他所购之品进行研究，他竟然把这些碑帖和古印带到了日本。他带到日本的数量很是巨大，仅碑帖拓本就有 13000 多册。这个数量可谓巨大，他带这么大量的拓片前往异乡他国，似乎不应当只是为了作为自己学习的材料，因为我知道，13000 册的碑帖将会是怎样大的一个体积。他的动机暂且不猜了吧，但结果不知道是否出他所料。他在跟日本书法界人士的交往中，向他们展示了自己的这些收藏，日本人对他的这些藏品大感兴趣，由此让杨找到了买书钱的来源。他在买书没钱的时候，就用自己带去的这些碑帖、古印换书，他就是用这种办法，成就了自己的购书大愿。

可是日本人为什么愿意拿古书来换他这些碑帖呢？其实这里头也有个缘由。日本的书法界受中国影响很深，近千年来，书法的学习主要是通过法帖，这也就是所说的帖学，与之相对的则是碑学。因为乾嘉学派对于古文献的研究，使得金石之学大倡，而书法界也可能是受学界的影响，开始关注古碑。经过包世臣的提倡，北碑之学渐成书法界的主流。而杨守敬在日本之时，也是向日本书法界大讲碑学。经过他的努力，日本书法界的风气，迅速由帖学转为碑学。正因如此，杨守敬被日本书法界称之为"杨守敬旋风"。连带的结果，也使得他携带的大量碑帖价值腾升，所以他说："幸所携汉魏六朝碑版，亦多日本人未见，又古钱、古印，为日本人所羡，以有易无，遂盈筐箧。"

其实我最好奇者，是杨守敬从未去过日本，那个时代的消息来源，远不如今天这么便利，他何以能够了解到日本书法界的情况？退一步讲，既然他提前了解到了，那他所知道的结果，是日本人还没有接受碑学，那他哪里来的勇气，要带着如此数量之众的碑帖，前往一个无人赏识之地，难道他有必胜的信心，觉得自己能够力挽狂澜地改变一个国家的风气？他真是一个胆大的人。转念一想，我又联想到他当年用牛车把一整车书千里转运的经历，那个时候，他仅25岁，就能干出这等疯狂之事，而他到日本访书的时候，已经43岁，虽然增加了一些阅历，但他那勇往直前的性格，一点儿也没有改变。

但日本人也不傻，没过多久就感觉到，让杨守敬这样疯狂地买下去，很多好书就再也见不到了。更何况，虽然散出来的书很多，但真正的好书永远是少数。经杨守敬的这一番扫荡，市面上的好书，迅速就紧俏了起来，价格迅速攀升，以至于让杨守敬感慨道："余之初来也，书肆于旧版尚不甚珍重。及余购求不已，其国之好事者，遂亦往往出重值而争购之，于是旧本日稀，书估得一嘉靖本，亦视为秘籍，而余力竭矣。"他说当地人本来并不重视古书，经他这一番抢购，让当地人也跟风，致使市面上的好书很快少了下来，而书商哪怕征集到一部嘉靖本，也觉得得到珍宝，价钱自然可想而知，这让他难以再接着买下去。但杨守敬很是达观，他认为，即使如此，自己的行为也带起了好的风气："然以余一人好尚之笃，使彼国已弃之肉，复登于俎，自今以往，谅不至拉杂而摧烧之矣，则彼之视为奇货，固余所厚望也。"这种"得鱼同一乐，何必我持竿"的达观，真让我倍感佩服。

对杨守敬的日本访书，严佐之先生总结出如下几点伟大意义："杨守敬开了近代学者海外访书活动的先河，沟通了日本藏书界文献信息交流的渠道，拓宽了中国文献研究的视角和范围，并打通了中外学者学术交流的新领域。"这几句话，高度概括了杨守敬日本收书的价值所在。对杨守敬的这个举措，在早年也有不同的解读。比如1929年4月6日的《申报》上，有一篇文章名字是"记杨守敬报复甲午之役"。这篇文章的署名是"觉迷"。文章中说，甲午战争的失败是中国人心中永远挥不去的伤痛，而"杨守敬以彼日人侵略吾主权、侵略我土地，吾以弱国，处以无可奈何，虽于不惜倾其家产，而于无形之中侵略其文化，以为报复地步，是其眼光之远、用心之深，实使吾人钦佩者也！"把访书活动提高到政治高度来解读，甚至能品出阶级仇、民族恨，这位"觉迷"有当"政治家"的潜质。

杨守敬日本访书的第二大成果，则是《古逸丛书》的刊刻。这部书其实是杨守敬协助清政府驻日本公使黎庶昌所做。可能是受杨守敬的影响，黎庶昌也开始在日本买一些中国失传的古籍。因为所收之书都是孤本，因此黎、杨二人决定，将这些书刊刻出版，以使这些书化身千百。于是，他们就边访书边在日本寻找水平高的刻工。杨守敬不但有很好的鉴赏力，做事也很认真。在刻书的过程中，杨守敬经常到刻工的家里去审查刻版的效果。一般而言，要检查刻版的质量，首先要将版片用纸张刷印出来，通过印样来确定版刻的优劣。但杨守敬有独特的本领，他检查版样，不用做刷样，直接看木版原片就能分辨出好坏。他的这个本领，让日本刻工有些不服气。某天，刻字店的主人跟杨守敬说，这里摆放着 18 张版片，其中有一张是这里 18 位刻工中的师傅刻的，你能不能仅看版片，把这张师傅刻的版片挑出来？杨守敬逐一看过之后，果真挑出了那张师傅所刻者。这让在座的刻工们掌声如雷，认为这是神人才能做到的事情，而第二天的报纸也刊载了这段轶闻。

杨守敬找到的刻书坊是木村嘉平。这个木村嘉平，五代都是日本的刻版名家，而每一代都叫同一个名姓，而杨找到的则是第四代。木村嘉平所刻之书确实很漂亮，他给杨守敬所刻的几种《古逸丛书》零种，我陆续都已收得初印本，以我的眼光看，其中刊刻最漂亮的，应该是《穀梁传》。多年以前，我第一次到陆昕家看书时，他给我出示的第一部书，竟然也是这部《穀梁传》的美浓纸初印本，于是我二人兴奋地讨论起来此二书的绝妙之处。这种朋友间的慧心，最让人感到惬意。而这第四代木村嘉平，却年仅 28 岁就意外去世了，这让杨守敬很是哀伤，杨守敬专门写了一篇纪念文章。此文的第一段就是："木村嘉平者，日本梓人第一。余为遵义黎氏刻《古逸丛书》，中有影宋本《穀梁传》，最难措手。乃以属之嘉平，逾年刻成，意出原本上。潘伯寅司寇称为：'自有天地以来，未有如此之精者。'"杨守敬的这段评价确实很高，他认为木村嘉平的刊刻水平是日本第一。他同样认为，木村嘉平给他所刊刻的《古逸丛书》中，最出彩的一部是《穀梁传》。看来，不仅是杨守敬认为这是最好的一部，并且他还引用潘祖荫的话来予以评价。而同时代的藏书家叶昌炽也对《古逸丛书》很是夸赞："摹勒精审，毫发不爽，初印皆用日本皮纸，洁白如玉，墨如点漆，醉心悦目。书成旋即至沪，即以其板付江苏官书局贮之，流通古籍，嘉惠后学。"叶昌炽的赞语说得倒是很到位，只是这句话的后半部分，他说《古逸丛书》的书版从日本运回来之后，赠给了江苏官书局，此局又拿这套书版接着刷版发行，以广流传，而今市面所见之《古逸丛书》，基本都是运回国内后刷本，与日本后刷本相比，则版面清晰度相差甚远，据说这是中日两国刷版方式不同而产生的这种难令人满意的结果。这些年来，《古逸丛书》零种时出现在市面上，然美浓之本全套 26 种者，却一次也未曾得见。上拍之全套者，一律为国内后刷者。据说当年在日本用美浓纸所刷初印本，仅 100 部。如此少的数量，看来这种初印零本也值得收藏。

杨守敬回国时，把他从日本买得之书全部运了回来。他原本在黄州也建有藏书楼，名叫"邻苏园"。此次回国后，他定居在武昌的菊湾，并且在此建起了藏书楼，名叫“观海堂”。书楼建成之后，他把邻苏园的旧藏也运到了观海堂内，跟他从日本访回之书放在了一起，因此，菊湾的观海堂应当是杨守敬藏书量最大、质量最高的时期。

十几年前，我曾到武汉寻找杨守敬的故居，结果却无功而返。十几年后，我再来武汉，在寻找方法上，比当年要有不小的长进。这个长进其实也不过就是借力打力，也就是找到当地的朋友，通过他们的提前了解，而我来的时候，不过就是吃个现成。本次的武汉之行，我把宝押在了陈琦先生身上，事实证明，这一把押对了。在武汉的这次寻找，比我以往寻访顺利了许多，虽然赶上了雨，给这天的寻访增加了些难度，但因为哗哗的大雨把街上的行人都冲回了家，这给拍照反而带来了方便。

我上次在武汉打听菊湾，问过多位老人，他们都告诉我，这条街早已被拆得没了踪影。陈琦告诉我，菊湾街还有一段小尾巴没被割掉。我来到这一带的时候，果真在一片绿地之后看到了“菊湾街3号”的标牌。看到“菊湾”二字，我大感兴奋，虽然眼前已经看不到观海堂的楼体，但这毕竟是藏书楼的旧址所在。菊湾的面积很小，站在街边看过去，这一廛之地，占地面积超不过30平方米，以此推论起来，这一带都应当是杨守敬旧居所在。而今，在这个旧居之上，建起了两座宿舍楼。宿舍楼的正面为菊湾街3号，而侧面则为7号，我不明白这

菊湾全貌

是怎样的标注方法。3 号的这一面，有一间“红磨坊棋牌室”，里面哗啦哗啦的洗牌声音吸引我走到了门口，我刚举起相机，却被里面的壮汉瞪起的双眼吓得放了手。

这座宿舍楼的右手边，有一个院落，陈琦说，这是农民运动讲习所。我在雨中走进这个院落，里面除了几个游客避雨之外，静悄悄地也没什么声响，我索性就在里面参观起来。陈琦说，这个院落原本是张之洞当湖广总督时创办的北路学堂，1927 年，国民党中央和共产党在此合办了这个讲习所，当时有四个常委，毛泽东为其一。讲习所内的课堂里悬挂着孙中山的像，两边则悬挂着国民党的旗帜。这个讲习所距离菊湾不超过 20 米，而毛泽东的住所则在菊湾的另一侧约十几米处。如此想来，毛泽东从住处到他的办公室，必定要经过杨守敬的旧居，可惜他们没能碰上面，因为杨守敬早在毛泽东在此居住之前的 12 年，就已去世了。

农民运动讲习所大门

但是毛泽东知道杨守敬。1954 年，毛泽东跟历史学家吴晗说，他在读史书的时候，总觉得缺乏一本可靠的历史地图集做参考，吴提到了杨守敬的《历代舆地沿革图》，毛认为此书很好，让吴想办法将其整理出版。由此可知，杨守敬在舆地学上的成就是多么受人肯定。

我在上初中时，记得语文课本中有一篇古文名叫“三峡”，这篇文章出自郦道元的《水经注》。这篇文章是要求全文背诵的，我记得该文第一句则是“自三峡七百里中，两岸连山，略无阙处。重岩叠嶂，隐天蔽日。自非亭午夜分，不见曦月”。尤其这几句话的最后一节——“亭午夜分，不见曦月”用了一个特殊的修辞手法，名叫“并提”。这是我第一次知道还有这种修辞手法，也正因如此，使我牢牢记住了它。然而我自从关注了杨守敬，他却对我背诵的这段“三峡”有着“毁三观”的打击。杨守敬说，《水经注》中最为精彩的这一段，也就是从“自三峡到泪沾裳”并不是郦道元所说，而是郦抄自《荆州记》，该书是南朝宋盛弘之所撰。虽然《荆州记》后来失传了，但三峡的这一段记载于《太平御览》第五十三卷中。

在不疑处生疑，并且能推翻历史上板上钉钉之事，这真是值得让人钦佩。对《水经注》的研究，是清代的一大显学，《水经》原文仅一万多字，郦道元给此书做注却超过了原文的二十多倍，说是做注，其实是以《水经》为蓝本，全部改写。而问题是，郦道元是涿州人，涿州就在现在的北京附近，前两年，我还找到了郦的故居，而郦道元的时代，因为南北战争，这使得郦道元无法到南方去核实《水经》中所提河流的实况，所以《水经注》中关于南方河流的描述，大多是郦道元从其他文献中抄录而来者，这难免就会产生一些错误，再加上原本40卷的《水经注》流传到北宋时，就已缺失了5卷，当时的书商为了凑足40卷之数，于是就将35卷拆分为40卷。几经折腾，《水经》原文与郦道元的注文混在了一起，难以区分。后世的很多学者为了搞清这部书，下了很大的气力，例如明代的朱谋㙔，清初的顾炎武、顾祖禹、阎若璩、胡渭。乾隆年间开四库馆时，全祖望、赵一清、戴震等人又对该书进行了仔细的研究，这些研究成果渐渐恢复了《水经注》的原貌。因为有这么多学者的参与，使得研究《水经注》变为专门的学问，这个学科被称之为“郦学”。

虽然如此，《水经注》还是有不少的问题存在，故而杨守敬决定下大气力对《水经注》进行彻底的研究，因为他认为：“自全、赵、戴订《水经注》之后，群情翕然，谓无遗蕴。虽有相袭之争，却无雌黄之议。余寻绎有年，颇觉三家皆有得失，非唯脉水之功未至，即考古之力亦疏。往往以修洁之质而漫施手浣者，亦有明明斑疣而失之眉睫者。”

杨守敬为了研究《水经》，下了极大的气力，为此他写出了二百多万字的研究成果。这部书直到他去世时都没能发表出来，但他的研究成果得到了学界的肯定，杨守敬的这部《水经注疏》，被今人誉为中国沿革地理学的高峰、郦学史上的丰碑。

辛亥革命时，杨守敬为了避免战争的破坏，他把观海堂的藏书运到了上海。两年之后，杨守敬来到了北京，他的书也一并藏在了北京的北海院内。转年的

1915年，杨守敬在北京病逝，观海堂藏书运到北京的这一部分，被教育总长傅增湘以7万元替政府买下，还有一部分归了梁启超所办的松坡图书馆。1949年，松坡图书馆并入北平图书馆，而今这一部分书藏在了国图，还有一部分归了故宫博物院图书馆。剩余在武昌的那一部分，在1939年，由杨守敬之子卖给了湖北省图书馆。这就是杨守敬藏书的归宿。

余绍宋寒柯堂：首编书画解题，挥毫任公书楼

寒柯堂位于浙江省杭州市上城区萱寿里16号，是余绍宋的藏书处，当年藏书逾十万卷，因此，余绍宋是个不折不扣的藏书家。但人们对他了解更多的是其书画家的身份。每每遇到藏书家名气被其他方面所掩，我总略有不甘，必欲为之正名而后快。

萱寿里今日街景（右二门即寒柯堂）

余绍宋（1883—1949），字越园，亦作樾园，用过粤采、觉庵、觉道人、映碧主人、宣南寓公等别名，四十多岁时更号为寒柯，日本东京法政大学毕业，曾先后担任司法部参事、次长、代理总长、高等文官惩戒委员会委员、司法储材馆教务长等职，因在书画方面造诣颇深，他还做过北京美术学校校长，以及北京师范大学、北京法政大学的教授，主要著述有《画法要录》《寒柯堂集》《续

寒柯堂堂主余绍宋

修四库全书艺术类提要》《书画书录题解》等。

《书画书录题解》是我国第一部专门的书画类著作目录，关于该书的地位，林志钧在此书的序中给予了这样的评价："盖自《七略》《别录》以来，目录学至有清一代而极盛，而书画书籍之专目及解题则以越园为首创，是可以不朽矣。"《七略》《别录》是目录学史上的著名作品，林志钧将余绍宋的《书画书录题解》与之相比，可见林认为该书是何等的重要，并且林说，余的这部专著是书画书集的专目以及解题，这是余所首创者，所以林认为，余有这么一部著作传世，就可以不朽了。林甚至进一步说："不读《书画书录题解》，不可以论中国艺术。"

由此可知，余绍宋不但是书画名家，他也不仅是对书画史有研究，更重要者，他还对目录版本学极其熟悉，因为只有对这两门学问都熟悉的人，才能写出这样的专著。那么，余绍宋写此书的动机是什么呢？从他跟黄宾虹的一封书信中可窥其心思："近来画家肯读书者甚鲜，遂使高尚学术沦为手工技艺，良堪嗟叹！弟前所作《画法要录》及《书画书录题解》两书，正欲借以拯其失。"原来，余认为，他那个时代的画家很少人在认真地研究艺术史，绘画本来是一项高雅的事业，但是渐渐变为工匠艺术，这让余很是感叹，所以他就写出了这部著作，以此想改变社会上的这种肤浅风气。

余绍宋在《书画书录题解》一书中，不止将历代的书画类著作著录下来，而且还给予相应的评价，这些评价能够看出他的艺术倾向以及偏好。比如《芥子园画谱》，此书是清代学画之人几乎人手一部的必备参考书，有不少的画家直到今天，也仍然把此书视为绘画的入门书，但是因为该书所写太过通俗，使得一些人由此书学得绘画门径之后，就将其撇开，并且坚称自己没有读过此书，以此来显示自己起步之高。前些年，中法文化交流年之时，我听到了一位法国学者的讲座，他讲的就是研究日本许多大画家的起步阶段，他展现的研究结果是，日本许多大画家其实都是从《芥子园画谱》起家，但后来，这些大画家无一例外地否认自己读过这本通俗入门书。那场讲座对我有很大的启发，因为这位法国学者在讲座的前一天晚上来我的书斋看书，他只让我找出不同版本的《芥子园画谱》来，当时我还让翻译告诉他，这类的书因为流传太广，直到今天也不受藏家所重视。我听到他的讲座之后，为自己的浅薄而羞愧，专门找到他，正式地向他道歉。

余绍宋虽然是一位著名画家，却对《芥子园画谱》没有丝毫的偏见。余在《书画书录题解》一书中对该谱有这样的评价："历来论画之书多不称述，著录家亦无及之者，即《画征录》《画史汇传》诸书俱不言概曾辑此谱，此因我国学人往往喜骛高深玄妙之理论，不屑为浅近明显之书已成痼习，不仅画学一端为然，故如此佳书人咸淡焉视之，甚且鄙夷以为不足道，实则其初习时未尝不乞灵于此编，得鱼忘筌，岂通人所宜出此？余故为表而出之。”余的这番评论，足让我对其刮目相看。原来对《芥子园画谱》的轻视不止是日本的画家，而中国的画家也少有人会提及此书。余认为，产生这种现象的原因，是中国人喜欢玄而又玄的高深理论，对这种实用的入门书，往往很轻视，然而，真正的初学者又离不开这部书。余认为，这样的矛盾行为，就是典型的“得鱼忘筌”。难怪他能成为有成就的画家，他能公正客观地看待历史，这就足够难得了。

余绍宋出身书香世家，精通诗文，善于鉴赏，喜欢藏书，尤工书画，是一个标准的文人雅士，他的画作《晚秋》于20世纪20年代在欧洲各国展出，名震一时，当时日本天皇的母亲还曾重金收购他的画作。这一点与今天的艺术品市场约略有些相似，古书无论多么珍贵，在市场上却永远没有书画的认可度高。不过细想一下，将古书与绘画放在一起让欧洲人民来欣赏，当然古书会败下阵来，那么余绍宋行藏书家之实，而传书画家之名，又可以理解了。

余绍宋非常关心乡邦文献和地方志，所以寒柯堂的藏书以方志为一大特色。他曾先后搜得各府县乡村新旧志书共430余部，其中很多旧志都是极为稀见的传本。余绍宋还曾两次参与地方修志，民国十年（1921），浙江龙游县设修志局，聘他为总纂，他欣然领命，将各家方志放在一起细细比勘，旁征博引，完成了一百数十万字的《龙游县志》。民国三十二年（1943）浙江通志馆成立，当局聘请他任馆长重修《浙江通志》，历时六年，成书四十二卷，取材翔实，体例新颖，书成后获得梁启超极赞：“举凡旧志，皆不足与越园书校。”林志钧在《龙游余君墓志铭》中，特意详载此事：“三十二年，浙江省通志馆成立，聘君为馆长，设馆云和。僻壤荒陬，人材、载籍两乏，其筚路蓝缕，草创擘划之劳，十百倍于常时。而浙省通志，自清雍正时续编以来，二百余年文献湮缺，民国初年设局重修，不循旧志轨辙……此不独浙江各旧志，即各省新旧志书，亦罕见兹例。”

梁启超对余绍宋有如上的赞誉，因为余绍宋当年编写县志以及《书画书录题解》时，就是参考了许多饮冰室的藏书。梁启超在天津所建的藏书楼——饮冰室藏书量很大，那个时候正巧余也在天津，“与任公梁启超先生过从最密”。因为两人志趣相投，再加上余的著述也需要很多的参考书，于是他就常常到梁启超家去查阅书籍，这个过程有四个多月。而就在此阶段，他的《书画书录题解》完成了初稿的三分之二，用余自己的说法则是，饮冰室内“典籍充陈，细钜赅备”，而梁启超任由他“恣搜饱览，以餍所需”，所以才让他顺利地完成了自己重要著作的草案。余对饮冰室藏书数量的巨大很是羡慕，我觉得这件事对于他后来藏有大量书籍应该有影响。但余到饮冰室看书之前，应该已经有了自己的所藏，因为余说过这样一句话，他说自己每天到饮冰室去查资料，其中一个主要的原因是“行箧无书”，那意思是说，因为自己在外地，不方便带出来很多参考书，这句话的潜台词应当是他自己已经藏有不少的书籍。

两人的交往不仅仅是余绍宋去翻阅梁启超的藏书来完成自己的著述，因为那时梁启超正在编纂《中国图书大辞典》，而余绍宋也在草拟自己的《书画书录题解》，于是两人只要见面就相互商讨彼此的新发现，以及对一些问题的看法：“大约间日必相见，相见不及他事，即各举两日间探讨所得，相与商榷而辨难之，时检所藏书以为佐证。”其实，从这段话也可以看出余绍宋对目录版本之学很是熟悉，否则的话，梁启超则无法跟他探讨相应的问题。而两人在一起时，余也常常给梁作画，但是饮冰室内光线较暗，为了能够安排出合适的画案，梁特意在自己卧室的邻窗之处，把画案摆放在那里。因为梁也有收藏癖，他有时请余画画，会拿出自己所藏的旧纸和古墨，这是传统文人的玩法，可惜余为梁所画之画中，用旧纸古墨的作品，我未曾见到过，否则一定想办法拿下一幅，以满足自己的贪欲。

但余绍宋的画作我也并不是一无所得。几年前，我得到他与大藏书家董康合作的一把折扇，正反两面分别是余绍宋所绘淡墨山水，以及董康楷书《砖塔铭》，这把折扇题赠的主人是嘉业堂主人刘承幹之子刘䜣万，时间是民国二十二年（1933）。他与董康都曾在北洋政府的司法部门担任要职，又有着相同的藏书爱好，可以想象他们在公事之余，聚在一起谈谈版本，合作一把小扇，是何等的风雅。然而也许正是因为北洋政府的这一段经历，给余绍宋的身后及后人带来了意想不到的境遇。余绍宋去世于1949年6月30日，正是中华人民共和国成立的前夕，次年余绍宋的后人将寒柯堂一万六千册古籍及碑帖、书画等八百余件，全部捐献给了浙江省图书馆，浙江省政府还特意签署褒奖状予以表扬。未料半年后风云突变，1951年8月，龙游县政府因为他曾在北洋政府任职，而将他定为“官僚反革命分子”，将他在龙游、衢州和杭州的所有房产充公，全部文物没收。经过其后人多方申诉，直到1985年才将这顶帽子摘下，这时他已去世三十多年。

余绍宋一生都有写日记的习惯，从17岁开始直到65岁去世，之间没有间断过，这样的恒心真让人佩服。而今，他的日记只剩余1917年至1942年之间的25年，这部分日记在2003年底由北图出版社影印出版，那时正赶上余绍宋诞辰120周年。因为是影印本，所以在使用方面略有不便，于是龙游的文史专家劳乃强组织相关人士，将这部分日记全部点校了出来，在余绍宋诞辰130周年时，由中华书局出版了点校本。可惜，这部分日记无法看到后半部分，也就无从知道他后来的遭遇给自己带来的是怎样的伤痛，当然，我也想从后半部分日记中了解到他藏书失散的具体过程。

这场遭遇影响了余家后代很多年，在我来到寒柯堂，遇到余绍宋的次子余遂先生时，深深地体会到造化对人的轻蔑，历史漫不经心地开了一个小玩笑，人们却要为它付出意想不到的代价。民国十九年（1930），余绍宋买下杭州菩提寺路旁的一块空地，建起了寒柯堂。当时寒柯堂占地约五百平方米，主楼坐北朝南，后面还有一排附属用房。由于寒柯堂附近还有许多空地，逐渐吸引其他名流也来此购地建起别墅，日久形成里弄，慢慢热闹起来。但是这里一直没有名称，杭州市政府于是请最早来到这里的余绍宋为里弄拟个名字，适逢余绍宋母亲七十大寿，余绍宋于是将这一带命名为“萱寿里”，这个地名一直沿用到今天。

寒柯堂现状

我来到萱寿里的这天，杭州刚刚下过一场大雪，里弄的墙上有介绍标牌，名称为“萱寿里建筑群”，介绍文字为“民国时期的里弄住宅建筑，包括萱寿里1-12号，12-16号，反映近代城市住宅建筑的演进历史”。可是怎么看，这里都不像是民国建筑，两边都是新式的楼房，虽然不高，但最早也不过是20世纪80年代所建。我找到萱寿里16号，是两扇半开着的铁皮门，其中一扇铁皮门上贴着大红的“囍”字，门后是黑黝黝的通道。我弯下腰穿过通道，后面是一个小天井，院中立着一块保护标牌，上面写着："成乐堂。20世纪30年代独院式住宅，系著名书画家余绍宋故居。"显然成乐堂也是余绍宋的堂号，可是我不明白为什么标牌上要写成乐堂而不是寒柯堂，因为提起余绍宋，人们脑海里浮现的一定是寒柯堂而不是成乐堂。拍完标牌，我才注意到天井里其他的建筑，面对标牌左侧的小楼显然是民国建筑，二楼的栏杆仍然是早年的木格拼花。檐下两位大妈正在笑呵呵地聊天，我向她们问过好之后，冒昧地请问她是否姓余，因为我想知道如今住在这里的是不是余绍宋的后人。其中一位大妈说自己不姓余，但她是余绍宋的儿媳妇，并告诉我她是余绍宋的三儿媳妇，余绍宋一共有三个儿子，大的过世了，老二如今在养老院里，今年91岁了，老三就是她的丈夫余遂，如今这个院落的正房就是由他们住着。

我提到曾经看过余绍宋后人写的一本书，专门讲余绍宋的生平，她说："哦，那是我侄子写的。"又指着楼上说："他（余绍宋）儿子就在上面，要不你找他聊聊？"这让我非常意外，又极高兴，马上跟着她进了小楼。楼内光线极暗，一楼堆满杂物，无法住人，楼道中间铺着几块废木板，走过时吱吱作响，楼梯是老式的木梯，踩在上面颤颤呼呼的，可见其经济条件颇为艰苦，无力维修。踏着这些废木板，走进黑黝黝的楼道，仿佛穿过时间的隧道，回到余绍宋时期的寒柯堂，但是这寒柯堂已经变得令人极为心酸。楼道的两侧也堆满了杂物，转过弯儿，接近二楼正房时，光线顿时亮起来，周围的物件也收拾得较为整齐。二楼的正房是一间大约三十平方米的客厅兼书房，屋内陈设都是20世纪80年代的旧式家具，因为房间空间有限，所有能往高处堆的东西都尽量往高处堆去，但整个房间能收拾的地方也全都收拾得干净而整齐。一位老先生端坐在书桌前，看见我进来，还不待大妈介绍，就马上站起来和我打招呼，从他站起来的敏捷程度，以及说话的声音观察，老人家似乎比实际年龄要小得多。

今年86岁高龄的余遂先生看上去精神不错，见有人专程来访，非常意外，看来历史捉弄了他们之后，又将他们抛弃至遗忘。大概被"文革"折磨得太苦，又被人们遗忘得太久，突然有人来访，令两位老人家极为感动。老人家告诉我，他叫余遂，毕业于华东军政大学预科，所学的专业是社会发展史，毕业后到第六航校工作。说到工作时，老人家摇了摇头，很随意地说："我们余家，差不多所有人都受到了影响，工作方面都不太顺利。"他简单地讲述了一些"文革"中余家的遭遇，在讲到那些痛心的往事时，老人家语调平静舒缓，我听不出其中有任何悲愤，只是透着一丝丝的无奈和接受，但是大妈没有忍住，偶尔背过身去抹掉眼泪。我知道她是不想被我看见，于是我只好盯着余遂先生，继续听他讲述，以免大妈尴尬。最后说到父亲的平反时，余老反复强调是因为邓小平的批示，这时我才感觉到，在老人家的心里，有些事件仍然是非常在意与耿耿于怀的。在说到父亲时，老先生脸上浮现出骄傲，我想他是理解与爱戴父亲的，他向我仔细地讲述着余绍宋的一些往事，说父亲曾经出任参议院副议长，当时的选举是以年龄为序，有一位比余绍宋年龄大，于是就当了议长。从他的谈话中，我觉得他最看重的是父亲曾经担任浙江省通志馆馆长的一段经历，也许这是诗书世家的传统吧，更看重的是著书立说而非仕途。

谈话期间，余老先生让老伴从柜子中取出一本画册，是浙江省博物馆所编的《余绍宋书画集》，八开精装本。老人家翻到第 48 页，是余绍宋所绘的棕榈树，极简单的水墨大写意。余老告诉我，当年父亲画这幅画时，自己就在旁边，并讲述当时父亲作画时的情景。因为寒斋藏有余绍宋小品，因此也曾留意过余绍宋其他的作品，我觉得眼前这幅画跟余绍宋惯常用的小写意画风完全不同，也许与作画时的心情有关。我把自己的看法说出来，老人家听完非常高兴，使劲地夸我有眼力。我话题一转，说自己其实更看重的是其父亲在藏书和《浙江通志》方面的成就，绘画和书法仅仅是余绍宋学问之外的余事。老先生听完更是兴奋，极力赞我所言极是，并感慨父亲的学术成就被画名所掩，又主动告诉我他的电话，要与我多多交流。说完，他合上画册，要将它赠送给我，我想想接下去的几天我还要辗转多个城市继续寻访，而随身携带的相机和资料等已经将背包塞得满满的，实在装不下这么大一本画册，但这些话又不好意思说出来，只好客气地推辞，说家里已经有许多其父亲的资料了。一直在旁边沉默聆听的大妈此时开口了，强调这本书无处可买，并且只印了一千册：“这是余绍宋后人编的，里面有他的照片，你看，他的照片，别处没有这张的。”我觉得自己如果再推辞下去，就有些不近人情，于是认真地感谢了他们的美意，把这部大画册装入书包，

余绍宋绘《棕榈图》

背了回来。

其实余绍宋的照片我在其他的书中也看到过两张，确实如大妈所言，他的画册中所收是其他地方所未曾见到者。关于余绍宋的长相，林志钧在《龙游余君墓志铭》中有这样的描述：“君为人，倜傥有大志，长身岳立，目光炯炯照人，豪饮未尝见其醉。”我读到这句话，能够感觉到余绍宋威风凛凛的身姿，尤其林志钧说他酒量极大，豪饮都不会醉。不知余绍宋有没有“酒仙”之号，至少放在今天，能够豪饮则是一大优点。李白斗酒诗百篇，那么余绍宋豪饮之后，是否也会意兴大发？我还真不知道画家喝醉之后是否能够创作出极具神采的作品，可能林志钧也觉得我等俗人会提出这样的疑问，于是他继续说余绍宋：“作书画，则虽酒后，必精严有法度。其画别出机轴，圣处几自名一家”。

余遂先生

临走时，我希望能够给老人家照张相，余老欣然同意，站起来摘下帽子站在屋子的正中间，这时我才注意到两位老人家都穿着厚厚的棉衣，天气如此之冷，屋内却没有任何取暖设备，而即便是日常家居，他们也都穿得整整齐齐，仿佛随时准备接见客人，这可能也是旧家的遗绪吧，我佩服这种不论到任何境地，都依然保持着做人的尊严的精神。藏

千目庐钩沉

王　朋

我在支部更得多读新书，多学习文件，觉快乐的人生前途，有伟大的光辉，有照耀美丽的远景。

——张镜夫民盟档案《小传》

一世界的鹅毛大雪，谁又能听见谁的呼唤。

——迟子建《群山之巅》

一

读书和藏书，一直是令人羡慕的事情。

青岛建置时间不长，读书氛围和藏书规模难比那些历史文化悠久地区，但在短暂的进程中也出现过不少有影响的大家。特别是民国时期的那批文人，传统功底扎实，又有新潮思想，赵孝陆、孟昭鸿、郑爰居（再时）、黄孝纾、王苍就是其中的代表。民国时期，也有一位重要的藏书家——张镜夫。

千目庐旧址

张镜夫先生名鉴祥，字铮夫、镜夫、镜芙，以字行，笔名有张甡、向学、岱海、仁朱、长寿、敬佛等，原籍青岛市胶

张镜夫先生像

南县大台村，今为青岛市青西新区隐珠办事处大台社区。千目庐即为张镜夫先生的藏书楼，今位于青岛老城区的平原路8号，毗邻青岛大学附属医院。现在，这个曾经拥有花园、祠堂的院落早已失去昔日的辉煌，横七竖八的建筑、广告、电线和杂物充斥其间，让人有种透不过气来的感觉。楼前那几棵柿子树，目睹了大院的兴衰，一根伸向天空的枝杈，好像一个大大的问号。千目庐富藏山东乡邦文献和书目类文献，其中以百余种抄本比较珍贵，不少是已经失传的孤本，还有许多流传不广的珍本及六十种张镜夫先生自抄本，另有《御书目录》《御请来书目》《新请来经目录》等和刻本书目，刻印时间相当于我国的元代，弥足珍贵。

我关注张镜夫先生有一段时间了。其缘起，主要是那份丝缕不断的情结。这些年獭祭诗书、妆点山林，书没有读进去多少，对本地藏书家的行迹却了解了一些。张镜夫先生的学问人品，自己仰慕已久，自然也就对其生平史料格外关注。

王绍曾先生主编的《山东藏书家史略》云：

> 张鉴祥（？—1955后）字镜夫，诸城人，酷嗜山东文献及目录之学，尝遍访南北书肆，收藏山东先贤遗著颇丰，复穷毕生之力，购藏公私簿录凡一千零四十一种，三千五百九十七册，名其室曰千目庐，自号千目庐主人，镜夫卒后，其书散出，山东先贤著述大都归青岛市图书馆，青岛市博物馆亦得十数种，书目多半归山东大学图书馆。

张镜夫和其弟弟张培祥的少年照

该条目概括了张镜夫先生藏书的情况，特别是对收藏《刘氏天一阁见存书目》的介绍非常细致，但也有瑕疵。一是没有给出明确的生卒时间，出生日期空缺，去世时间标注为1955后，有不少不明就里的人引用时直接简化成1955年，和真正的去世时间相差太多。二是有点想当然，张镜夫先生的藏书实际并不像其介绍“卒后，其书散出”，而在其生前就差不多散失殆尽了。

山东大学图书馆李艳秋女士在《张镜夫及其千目庐藏书》中说：

> 我国历代藏书家很多，但是专门收藏书目或收藏书目较多者并不多见……私家收藏书目逾千种者，据我们所知，唯有张镜夫千目庐一家。

张先生对书有种近乎痴狂的热爱，不遗余力地搜求各种古籍，这从其为所藏古籍的题跋中可窥一斑。其题跋或记得书之不易，或述研究之志向，或慕先贤之雅行，或考典籍之源流。

1935年，撰《苏溪渔隐读书谱》跋，云：

> 余自民国八年习治目录之学，即欲购耿氏书读之，征访及十五年之久……始在杭州艺文书局以五金购得。

又撰《山阴先生题跋》跋，云：

> 共和二十四年八月二十九日，函日本东京琳琅阁，购得书五种，值极廉而书品优，予征访目录类书，国内已不易得新刊，乃求之海外，予可谓痴之甚亦！

1939年，撰《艮斋笔记》跋，云：

> 予十二三岁时从李季方先生读于家塾，尝闻道李渔村先生应博学鸿儒科中式留京，学者引为荣遇，并知先生著述等身，学品兼优，然遗著不易获见。后二十年逢村刘少文表兄始赠我《渔村集》一帙，藏之箧笥，如得宝珍，而《艮斋笔记》八卷邑人亦无闻之者，今夏阅北京《文殿阁书目》，子部中有抄本八卷，急函索来，惟五卷缺一番也，予访求卅年，精力耗而志愿达，因以志幸。己卯（1939）七月朔胶州张镜夫记。

1935年，其在《传书堂善本书目补遗》跋中云：

> 余平生之愿，拟将古今四部书籍作整理而统计之，以流通孤本之罕传者，保全现存已刊行者，并详考某书之成于何时，某籍佚于何代，迄至今日，萃全国公私书目，较其存佚异同，究竟留存人世间共尚有若干函卷，但斯事体大繁赜，恐一人之私力所不济，于是分作数步阶段，循序收拾，首聚天下古今书目，以立基础，然而十数年来，所获极微，精神经济，两相交困，虽然，余志不少馁，勤勉始终，辗转征访，约近千家，每得一书，则撰为提要……

可见，镜夫先生于目录学有着宏大的研究规划。

1945年，其于胶州法伟堂《历代四不朽传》稿本上跋云：

> 此胶州法伟堂先生著述稿本也，先生著作甚富，因无子，身后皆散佚，

此书亦不全，盖赵孝陆夫子受业于先生，先生受业于诸城臧升滩，臧受业于曲阜孔顨轩、桂未谷。经史家法渊源有自，朴学授受不绝如线，夫子尝言，承前继后，在尔一身。每思及遗教，悚然而惧也。乙酉（1945）秋九月十七日向学谨志，时年五十三岁。

镜夫先生对乡土文献犹如家传珍宝一般热爱，倾注了很多心血，尤其跋中所说夫子遗教时的焦灼之情，让人怦然心动。

1946年，镜夫先生通过青岛本地名家胡峄阳的一篇序言考证出明代已有“二崂艺文志”一书，其文云：

镜夫案，胡公此序系作于明代，非为黄氏而作明矣，予抄录于首，是为知明代曾有“二崂艺文”之书，至于书之义例内容，因其书不传，无由得其梗概，或书尚在人间，予陋简未曾得见，并未闻先辈言及，后晤黄秋岳先生，当问其究竟也。丙戌（1946）二月十三日。

其为《刘氏天一阁见存书目》写有两篇长跋，云：

谨按：《鄞县天一阁书目》，范氏在明时已有刊本在，今日已不易见。清季罗振玉刊于《玉简斋丛书》，然亦流行未广。现行于世者，以嘉庆十三年阮文达公文选楼本为最先。阁书屡经兵燹，既多散佚，但窥目录所载善本尚复不少。迄光绪十五年薛福成编刊《见存书目》时，而阁书亡佚已夥。其族氏典藏规例虽称严密，恐亦不免有所盗窃。汉季移京，卷为帏幕；绛云一举，山鬼昼哭，盖其中有气数在也。予于甲戌春间由诸城旧家获一天一阁旧目四册，既无岁月，亦无撰人，惟卷首有例言一篇，相传为刘燕庭先生登阁观书，随手所记录者。然无序跋印章，未能遽信。书中所依据原目云云者，系指阮氏目而言，而薛氏目或未及见。予复以薛目详校，内多有异同，此目较薛目为详尽，且于原目不载之书，额外著录颇多。予因疑此目在薛目之前，盖阮、薛二目之刻相距已八十年，其间岂无好事者？设此目果出二目之间，至可宝贵。至于燕庭手定本，或谓李方赤先生收藏本，因无序跋印章之实证，殊不敢加以武断，言其必是，要亦读书者之有心人为之者也。人民建国之二十四年九月重阳日，张镜夫跋。

又识云：

《书目》抄录毕事，详校一过，忽于末叶左角下发现白方小印“嘉荫簃”三字，乃知为燕庭先生故物，既而刘少文表兄自诸城来，叩以燕庭先生与天一阁观书事。兄云，道光二十七年秋，先生升浙江布政使署，浙江巡抚曾倡修天一阁及刊阁中藏书目，未果而罢官。此或阁目底本。少文兄是先生嫡孙，言必可信，留待博雅君子证之可矣。二十五年夏六月下浣卧病初起，张镜夫再识。

首篇书跋分析了天一阁书目制作流传历史和刘燕庭辑录该书目的可能性，基本可以断定是刘燕庭的旧物，然无印章题跋等证据，“不敢加以武断，言其必是”。次跋是因于书末叶左发现刘燕庭小印“嘉荫簃”，又经咨询表兄刘少文，感觉“言必可信”。即便这样，仍不轻言必是，“留待博雅君子证之”。从两篇题跋可以看出镜夫先生严谨的治学态度。

散落在古籍上的大量题跋充分体现了张镜夫先生的学养与精神，可惜难见全貌。听闻山东大学图书馆研究员张长华先生曾奔走济南、青岛两地，抄录、校订成《张铮夫先生题跋辑注》一书，遗憾至今未见出版。

未见出版的还有张镜夫先生留下的著述多种，据说有《增修胶县艺文志》一卷，《即墨县艺文志》一卷，《山东艺文志考证》《潍县艺文志金石类补正》各若干卷，还有《簿录通考》稿本两册。在网上曾见到一篇名为《藏家张鉴祥与〈古籍书目考略〉》的文章，称张镜夫先生撰有《古籍书目考略》一书，注录古籍书目 105 种。当是张镜夫先生藏书的见证，是他治目录学的重要成果，但不知现藏何处？

张镜夫先生生活的时代，是一个狂飙突进、玉石俱焚的年代，加上地处青岛，偏于一隅，能够在如此境遇中坚守藏书旧业，实属不易。

二

能够从事自己喜欢的事，就是人生最大的幸福。1924 年来青之后，张镜夫闭门自修，完全生活在自己的小天地里。

是冬（1932）十二月，瑞安陈绳甫先生寄抄本一部，系其小女所抄，鲁鱼难免，正以大雪天寒，不克出门访友，于是研朱详校一过。（《书钞阁行箧书目》跋）

《萧亭诗选》六卷，邹平张宾公实居所著，渔洋先生为选者，宾公与渔洋为内兄弟而不务声华娱乐，山水诗亦有仙气，予访山左先哲遗著，十年仅得百种。此集久访不可得者，杭州宋经楼访而寄下，可喜也。又寄《韵香阁集》。廿八年（1939）十二月圣诞节张镜夫记于灯下，时伤右手指。

癸未（1943）春三月献五自琅邪来，携明刊《汉魏丛书》一部，百金易得者，今之善本也。又王子光君诗集、文集三册见赠，均乡先哲之遗著钞稿本之未刻板者。夫一朝而获三先哲之书，特志之以记庆幸。张镜夫识。

癸未（1943）小阳月防空日，杭州汇古斋寄至十三种乡先哲遗著，二种均为单册，书面破烂，不敢检视，乃以硬纸加敷面上，他日当另行装订，使单本一律齐整，藉保久远。桑梓文献访求亦苦心十年矣。

字里行间可以看出张镜夫先生那种专注的态度，那种从容、自得的心情。

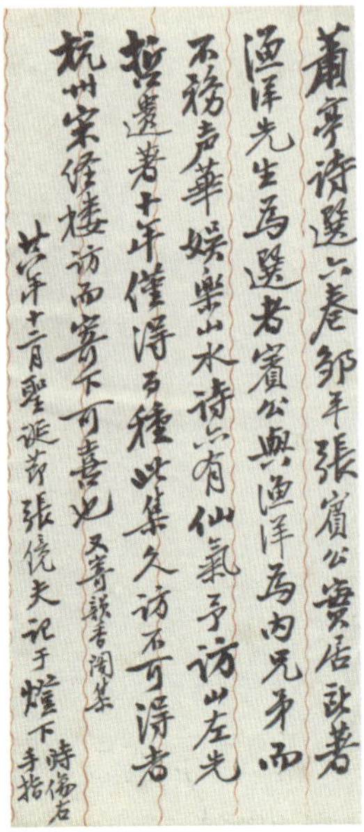
蕭亭詩選六卷 鄒平張賓公實居著
漁洋先生為選者賓公與漁洋為内兄弟而
不務聲華娛樂山水詩亦有仙氣予訪山左先
哲遺著十年僅得五種此集久訪不可得者
杭州宋經樓訪而寄下可喜也 又青藜香閣集
廿六年十二月聖誕前張鏡夫記于燈下 時傷右手指

《萧亭诗选》张镜夫题识

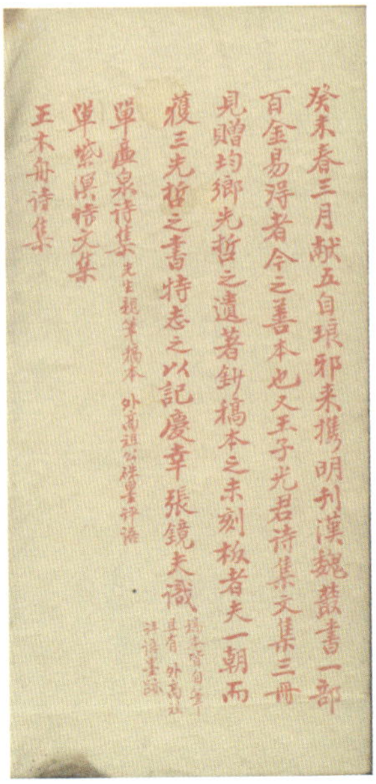
癸未春三月獻五自琅邪來携明刊漢魏叢書一部
百金易得者今之善本也又王子光君詩集文集三冊
見贈均鄉先哲之遺著鈔稿本之未刻板者夫一朝而
獲三先哲之書特志之以記慶幸 張鏡夫識
單西泉詩集
單紫溟詩文集
王木舟詩集

《单紫溟先生文集》张镜夫跋

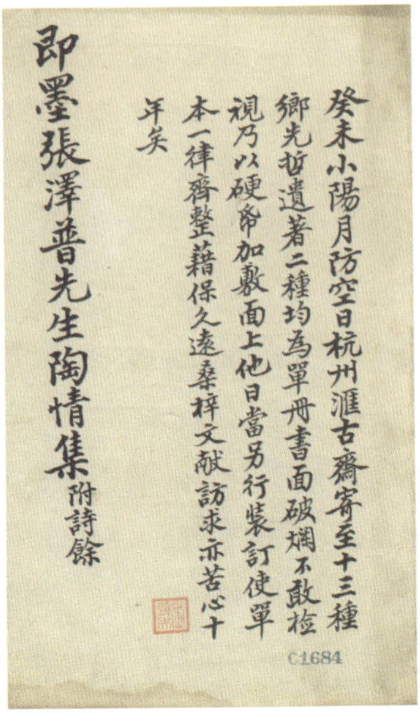
即墨張澤普先生陶情集 附詩餘
癸未小陽月防空日杭州滙古齋寄至十三種
鄉先哲遺著二種均為單冊書面破爛不敢檢
視乃以硬紙加敷面上他日當另行裝訂使單
本一律齊整藉保久遠桑梓文獻訪求亦苦心十
年矣

《陶情集》书衣题识

然而，焦虑也是经常有的：

余自三十岁后专治目录之学，志在将古今典籍做严密之整理，首目录一类即用十七年力，稍有统系，但无二人精楷书记，佐我誊清稿本，恐亦不克。近年杀青，著书之难令人太息，刊传一层更为遥远，先哲抱恸如余者，复不知有若干人噫嘻伤哉。戊寅（1938）秋，校《白虎通》毕。镜夫记。

更多的烦恼来自经济方面：

此八册一函乃最后所得，北京宝铭堂寄来作价三十金，虽贵，而系罕见之本也。又有明代《实录》五百册，千伍百元。《玄览堂丛书》百二十册，四百元，皆系难得之书，因妙手空空，只好太息作罢，他日追悔，亦无可奈何，穷困如余，既不能生财有道，可惭！可惭！镜夫识。

烦恼当中也有自鸣得意的小聪明：

今夏来青阁邮《传书堂善本书目补遗》四卷至，索值奇昂，装写亦劣，乃命儿子永昌雪铅录副，匆匆三小时而毕事，原书即寄还之，阅五日余墨眷此目。

随着经济每况愈下，张镜夫慢慢从买书发展到卖书了。《木犀轩书目》上面有镜夫先生的两次题跋：

李氏藏书甚富，随其先公官湘时所得为多，袁漱六家书多归之，然曾不示人，予以重金录得此目，杂乱无法，盖随手所录者，近闻黄公渚云，李氏书已胥归北京大学图书馆，代价四十万元，其中多有善本，待经济少苏，当抄录副本。

看来抄录副本也是要付钱的。又跋云：

前岁悲李氏家藏书以易米，今予亦以生活困难，祈估友让于他人，现正议价未成，但衣食用急，先售十种，六千五百万元，适启昌在上海，嘱其易米带归，言之亦可叹也！

从上面提到六千五百万元可以看出时间是在20世纪40年代末。之后，情况并未好转，张镜夫不得不再次筛选卖书，而现存青岛市博物馆的宋元明递修本《魏书》，经历也真够传奇的：

吾妻之先祖在明世世为高官，诸城五大家以臧氏为首。清兵破城杀戮最惨，其先祖朝服坐班荆堂，兵以为神而罗拜，公大笑骂贼，兵怒，加之刀矛，公愤起欲夺矛杀贼，以血手扶书架而就义，书上血迹至今犹存。余宝藏已三十八年矣。今将以书易米，而此《魏书》不敢售去也。妻故已五年，视此书悲从中来，今昔之感不觉泪下，我子子孙孙应知此书历史，世世宝之。戊子（1948）四月二十五日张镜夫挥泪识于青岛。

一套书，承载着多少苦难，蕴含着多少希望。然而，在一个连生命都难以保障的年代，文化自然失去了它应有的价值：

呜呼！贫穷之困难也！老病无能，生产无力，四野歉收，八方不静，贫困更难矣。处此，不得已只好出售古籍。弓失弓得，昔者易主而已。今则还原投入水池以造纸。每斤得米半斤，宣纸白棉不及报纸之半，洋纸更贵，且古书好纸者轻，一架不及洋书一束，真古今奇闻也。予生活不继，三月来售约十架，重仅二千余斤，洋纸本杂志有千斤，尚待售于学校，稍为多价，善本似（拟）寄北京，而邮资亦不克办，奈何？愁闷不堪，夜不成寐，秃笔记之。己丑（1949）冬月朔张蛙识于岛上。

这是只曾听说、未曾见过的天下奇闻，出售的古籍用来化浆造纸，古籍不如报纸、洋书值钱，而且，家里穷到连点邮费也拿不出来。我也是一个收藏爱好者，我知道与自己心爱的东西割舍的那种心痛的感觉，我也了解一点藏书史，我还没有听说有哪一个藏书家困窘到如此地步。呜呼，我无话可说。

接下来的事大家都知道了，卖书！1954年张镜夫将书目类书籍1041种、

3597册，售与山东大学图书馆，价1600元。随后，张镜夫又将山东文献类书籍捐献青岛市图书馆。至此，一个梦想破灭了，那个曾经“勤勉始终，辗转征访”，“拟将古今四部书籍作整理而统计之”的梦夭折了。哀莫大于心死，对于一个嗜书如命的人来说，这是比剥夺生命还残酷的事实，我不知道一个人能够承受多大的痛苦，我不知道在将这些多年相伴的古籍送出的前夜，他内心有着怎样的感受。

然而，事情并没有到此结束，还有更大的不幸在等着。

1947年，国民党在城市里面也实行保甲制度。居住在平原路、观海路一带的诸城籍人士较多，因为张镜夫在青岛定居时间长，又有一定的社会定位，所以大家就推举他担任保长。张镜夫悠闲散漫一生，厌恶政治，不想干这个差事，可又不敢直接拒绝，找到老友侯芝庭希望能够解脱。后经侯芝庭的儿子、地下党员侯健民向当时的中共青岛市委书记宋子成汇报，决定让张镜夫干保长，并由侯健民担任其文书，以掩护其地下党的身份，保公所的事都是侯健民打理，张镜夫从不过问。侯健民曾在“文革”后专门写材料证明此事。除去家庭出身这种“原罪”外，这就算张镜夫历史上的一个污点了。不知是否因为这个问题，1966年“文革”一开始，张镜夫就被遣返回了老家。

三

在浏览张先生的资料时，有时感觉不仅语焉不详，而且歧说纷陈，十分期待有说服力的材料来匡正谬误。说来也巧，两年前意外收藏到几份张先生在民盟时的档案，使前面的想法有了实现的可能。

在民盟所填的一张登记表中，年龄栏填写58岁，填表时间为1949年8月21日，按照此表推算，张镜夫先生应为1891年出生。另一张表，没有填表时间，表中年龄填写的是59岁，社会关系填有老友张公制，职务是副市长。查张公制当选副市长是1950年9月，也就是说，该表填写肯定在1950年9月之后，借此判断，镜夫先生出生肯定在1891年之后。其自传中说，19岁，辛亥革命爆发。按照此说法，应该是1892年出生，前面所引《历代四不朽传》题跋末落款云“乙酉秋九月十七日向学谨志，时年五十三岁”，说明其出生时间也为1892年。根据当地人生日之前少说一岁、生日过后多说一岁的习惯，我推断其出生时间为1892年，其生日很可能在9月至11月这个区间。

档案中又有在民盟登记时所写的自传，是其前半生的概括。原文不长，今将其全部录出：

张铮夫，年五十八岁，山东胶县大台山庄人也。先世务农，且耕且读，勤俭年久，成为地主。予三岁丧父，移居诸城县。四岁学蒙，入外祖家私塾，十岁毕四书五经，习作策论文，翌年科场废，阅《资治通鉴》及小学等书。十六岁入德华学堂，系德国教会附设者。十九岁，辛亥革命起义，从前辈王心园、马卓章参加诸城独立。腊月，满军破城，残杀二百馀人，予仅免于难。旋满奴退位，建立民国。民国元年，即同弟侄求学青岛，予考入黑澜大学预科，康生侄考入礼贤书院。吾家本是地主，三人在外求学，而经济尚不困难。民国三年，德日战起，日兵围攻青岛，吾等离开青校，各自转学。予往天津，由德文改习英文一年，考入南开学校。民八，学生之五四运动，我以山东旅津同学会会长被推为学生会代表，奔走呼号，热血填胸，只知爱国，不知利害。省长署全体同学请愿，死伤数十人，逮捕学生三人，我身受两刺刀，同学扶往医院，止血治疗，及创愈归校，则校长以胡闹半年，功课荒疏，命令退学，与代表马骏、黄通同时出校，众同学窃集欢送，然而皆泣涕而别，我复考于河北大学，毕业后任教半年，任大总统府秘书九个月，始知政治腐败，军阀跋扈，盗国贿赂，不以为耻。直奉战起，我乃辞去，自感学问浅薄，经验幼稚，于是鬻产购书，并订阅全国新文化刊物，居移青岛，闭户自修，但理论与实践分离两件事，故二十余年，毫无进步于实用，期间在礼贤中学任教数年，因有心脏病，辞教静养，病未痊愈，转瞬衰老，回忆过去，完全在旧书橱里生活，吃多不消化，胜利后，儿女侄孙辈秘密带给我各种解放区的新书，始觉恍然大悟，这真是救中国、救世界之唯一光明道路。薛、侯二同志谈话间，知我思想改变，乃约我参加民主同盟。及盼之青岛解放，民盟公开登记编组。我在支部更得多读新书，多学习文件，觉快乐的人生前途，有伟大的光辉，有照耀美丽的远景。

结合了解的情况，我对张先生的这份小传作一点解读。

关于出身：镜夫先生所在的张家，是当地有名的大户，其家产遍布诸城、高密、胶州等地，其祖父张锡祺为大台张氏第二十一世，三大家之一，堂号为环山堂。父亲张复元，在兄弟中排行第六，张镜夫为其老来得子，深受宠爱。据曾和张镜夫一同工作的中共地下党员侯健民的证明材料，张镜夫的母亲是其父亲晚年收房的奴婢，其父殁后，遭族人嫉妒，欲剥夺其和其弟弟的继承权，经过一场官司后才争得相关权益。从自传的上下文来看，张镜夫的生母不是正室应该是事实，但说其母为收房的奴婢则可能性不大，因为小传中说“四岁学

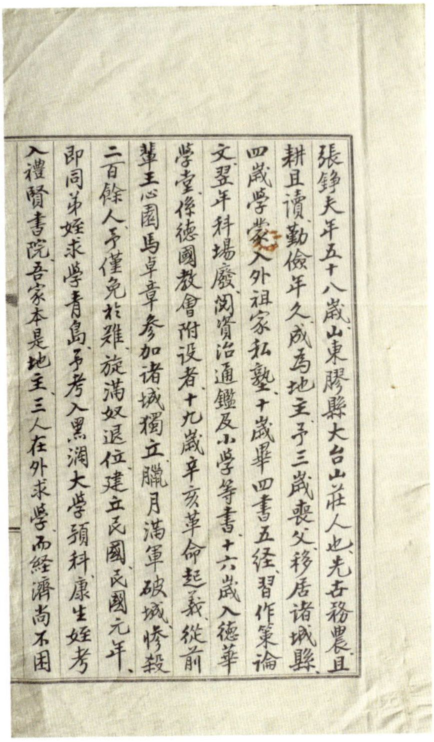

張鋝夫年五十八歲、山東膠縣大台山莊人也、先世務農且
耕且讀、勤儉年久、成為地主、予三歲喪父、移居諸城縣、
四歲學蒙、入外祖家私塾、十歲畢四書五经、習作策論
文、翌年科場廢、閱資治通鑑及小學等書、十六歲入德華
學堂、係德國教會附设者、十九歲辛亥革命起義、從前
輩王心園馬卓章參加諸城獨立、臘月滿軍破城、慘殺
二百餘人、予僅免於難、旋滿奴退位、建立民國、民國元年、
即同弟姪求學青島、予考入黑澗大學預科、康生姪考
入禮賢書院、吾家本是地主、三人在外求學、而経濟尚不困

张镜夫自传

蒙，入外祖家私塾”，感觉其外祖家能请得起私塾，应该不会让自己的女儿给人家当丫鬟的。如果是利用继承张镜夫父亲的家产办私塾，一是时间对不上，二是情理上也说不通。

关于和康生的关系：张镜夫的祖父张锡祺和康生的曾祖父张鸿义是亲兄弟，按辈分，康生应该叫张镜夫为叔。辛亥革命后，张镜夫和其弟培祥、其侄康生来青岛求学，是否相约同来不很清楚，但在青期间过往一定是有的。1924年，康生去上海求学，就是从张镜夫家中去码头乘船的，赵曾先生的母亲当时在楼上亲眼看着康生、孟超还有一个姓祝的诸城人三人一起离开平原路8号的。后来，康生的原配夫人和其子女来青，就住在离平原路很近的观海一路，也得到了张镜夫不少帮助。

关于求学：张镜夫十六岁所入的德华学堂，应该是德国基督教信义会传教士昆祚在青岛设立的教会学校，地址在城阳路，后为青岛市中医院，和后来考入的德华大学不是同一所学校。张镜夫去天津求学的时间为1916年，张镜夫和其母亲、弟弟、夫人、孩子全部搬了过去，据孟昭鸿先生《笨鸥日记》记载，其住在天津法租界同德里二号。[1]

关于参加五四运动：除了此小传里的介绍，民盟登记表中也有和周恩来、马骏、时子周一同参加五四运动的记录，我从网上购买一本很厚的《五四运动在天津》，虽然没有查到张镜夫的名字，但小传里所说的演讲、省长公署请愿等事都是有的。当时，张镜夫以学生会宣传负责人的身份，编写了一本《演讲学》，经时子周、赵公瑾修改，作为各校演讲人员的辅导。1948年张镜夫还在此书稿上题写了一篇跋，讲述此书稿的来历，发出时间流逝、一事无成的感慨。[2]此书稿现存青岛市博物馆。

关于家庭：镜夫先生的夫人姓臧，诸城四大家族之一，她和镜夫先生生了四个孩子，分别是长子张永昌（振中）、长女张惠昌、次子张启昌、次女张兰昌。臧夫人于1945年病故。续娶高密王云先，无子。

关于藏书：我见到的张先生题跋中，谈及藏书最早的文字是 1918 年。“民国七年渡弟寄赠山东先哲著作三种，此其一也，因破败而重订之，胶州张镜芙记于津门。”1950 年之后的题跋没有见到。

关于青岛置业：1923 年前后，张镜夫同其母亲和弟弟联合购置平原路 23 号地块和观海一路 6 号地块共计 6.5 亩，建三层楼和二层楼各一座，平房 28 间（以后还有改扩建），1924 年，举家迁回青岛，就在青岛定居下来。

关于社会工作：张镜夫回青后曾干过礼贤中学教员，但时间不长，就以心脏不好理由辞职，之后一门心思都在藏书上。中华人民共和国成立后，张镜夫受市长王少庸的邀请出来工作，职务是青岛市文管会文物保管组组长。1955 年文管会解散后，继续在图书馆、博物馆工作。

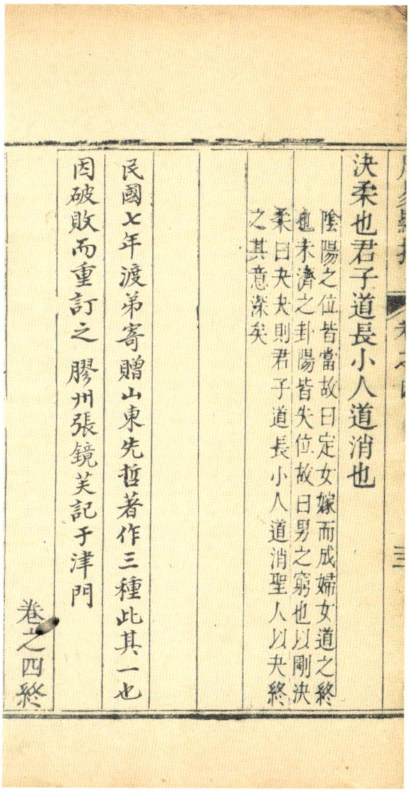
決柔也君子道長小人道消也
陰陽之位皆當故曰定女嫁而成婦女道之終也未濟之卦陽皆失位故曰男之窮也以剛決柔曰夬夬則君子道長小人道消聖人以夬終之其意深矣
三
民國七年渡弟寄贈山東先哲著作三種此其一也
因破敗而重訂之 膠州張鏡芙記于津門
卷之四終

《研经堂周易显指》张镜夫题识

刚开始，我对镜夫先生的印象是一个传统、木讷的书痴，以为他不会交际，更没有什么朋友，其实不然。据张家后人讲，张镜夫很愿讲话，也很善于交际。他与徐世昌的儿子为大学同学，他和徐家的联系保持了很长时间。在天津，他结识了不少名士，在青岛也和不少遗老有交际。孟昭鸿先生的日记记载了不少张镜夫和诸城文人之间的通信、互访等活动。

在《涵芬楼志书目录》跋中，先生言及和黄公渚和刘承幹的交往，“共和第一庚午（1930）夏六月，识黄公渚先生于青岛，并约予往南浔嘉业堂为刘翰怡先生整理藏书，翰怡于前年来青岛，和蔼长者，以家变而懊丧过甚”。《求恕斋书目》及《续编》题跋又谈到黄公渚：“黄公渚兄不见面，瞬息十年。离乱南北，把晤倍觉亲爱。欢谈半日，悲伤身世，前辈凋零，文化斯堕；茫茫大地，浩劫未已。吾辈文弱书生，衰病老大，设弗转手沟壑，亦归天然淘汰。抱残守阙，更何暇及。公渚持赠《刘氏目录》二册，怆然拜受，铭感志之。”睹物生情，感伤时事，读之令人犹如身历其境，顿生哀伤。

在《万木草堂目录》中，张镜夫记录了和康有为在青岛的交往：“（康有为）先生晚年隐居青岛，小子侍先生晚，趋谒不过二三次，每见先生凭几挥毫，老而弥勤，窃窥尽属题跋文章，拟请稿录副，终以冒昧，未敢启齿。不久，先生即归道山。”

镜夫先生是如何同康有为结识的已经很难查清，但这段跋文解决了过去康同璧每年到青岛给康有为扫墓，都是由张镜夫陪同的疑问，看来，张镜夫同康家不少人都熟悉。

但为什么1957年郭沫若来青也是由张镜夫陪同就不得而知了。他曾经陪郭一起游崂山并鉴定华岩寺所藏《册府元龟》，要知道，郭来青时已经地位显赫，如果仅凭镜夫先生的职务，是轮不到他的。

傅增湘1932年游崂山时，张镜夫邀其参观自己的藏书，傅增湘欣然前往并为其题写“千目庐”斋号。当时，傅已是著名藏书家，他对张镜夫的藏书大为赞赏，并讲：“藏书之道，在于目录之学。”多少年来，张镜夫咬定目录学不放松，同傅增湘的鼓励不无关系。

四

2016年春节后，我在网上看到了一则博文，博文的内容是记录一次朋友的雅集，参加雅集的人都是一些名人之后，有陈介祺、陈干的后人，孟庆泰先生和赵曾先生。孟先生的祖父就是著名的鉴赏家和藏书家孟昭鸿先生。赵曾先生是刚从市博物馆退休的一位专家。让我高兴又意外的是，赵先生的外公就是张镜夫先生。

我和赵先生不熟，但共同的关注可以拉近彼此的距离，很快我就和他接上了头。几次长谈，赵老师向我介绍了许多张镜夫先生的轶事，还提供了张先生的照片和一些资料的复印件。

赵曾先生提供给我的材料里有这样一则跋文的复印件：

余近辑中国古代书目总录，自汉至清，得两千零七十二种，其中许多种尚非专书，亡佚者亦复不少，张镜芙以一人之力，收得一千余种书目，其用力之勤可知也，前些时候去青岛，知青岛市馆亦有张氏旧藏目录书十数种，张氏于目录之学虽无专著，其收藏之功有益于目录学之研究，不可忘也。

跋文虽无落款，但基本肯定是山东大学的王绍曾先生。他是从治学的角度去评价张先生的，可谓是知遇之言。过去的书目，基本属于私人档案，好多是写本、抄本，就是印刷也是少量自用，加上过去的交通资讯状况，要收藏一千多种书目，谈何容易。王绍曾先生写此跋文时，已是国内目录学大家，以他的名望和图书馆的体系，也只征得书目两千多种（应该包含山东大学自身的藏书，且只是征集书名简介），张镜夫先生所藏书目在全国的位置可见一斑。

赵曾先生提供的材料还有一封王献唐给张镜夫信件的复印件，信中王献唐称镜夫先生为“学长”（王献唐和张镜夫是德华大学的同学），除了谈及和其他同学联系情况，还对郑爰居病况“感念不已”，也介绍了郑爰居《西昆酬唱集校注》出版筹划设想，还询问了镜夫先生的现状和文物捐献情况，并请其转达对郑爰居的问候。

据说，镜夫先生和郑振铎也是因书结交的好友。

让人有些感伤的是镜夫先生的《忆夫子》组诗：

不信一为别，千秋无见期。每忆遗编托，愧痛泪沾衣。

知己可生死，交谊廿年深。倾尽平生泪，难酬昔日恩。

坛坫文星落，铭旌暮雨残，无子井宪孟，今古漫同观。

授经仅一录，所传惭非人，休题名山事，遗珠已成尘。[3]

这是我第一次读镜夫先生的诗，该诗不知写于何年，诗里所说的夫子是指赵孝陆先生。赵孝陆（1875—1939），名录绩，是青岛民国时期的又一位名士。山东安丘人，清光绪三十年进士，曾任清内阁中书、民政部主事，其堂叔葵畦、堂弟录绰皆为中国近代著名藏书家。孝陆工诗词，有《丁丑秋词》《模鬯阁词集》传世。赵墓原在青岛万国公墓，毁于“文革”。

从诗中看，他们之间的交际很深，孝陆先生似乎对镜夫先生有知遇之恩，镜夫先生对于所托之事有愧疚之心，从字面看，好像和“遗编”有关，但具体是什么事，则无从得知了。

赵曾先生提供的复印件还提及张镜夫先生撰有《崂山艺文志补》一书，其书稿现存青岛市博物馆。

五

为了更真切地了解张镜夫先生，2016 年 4 月 12 日一早，我搭乘一位老同事的车踏上了去张镜夫老家胶南大台村的寻访之旅。

大台村是张镜夫的老家，也是他度过生命最后时光的地方，原先我曾想自己到村子里转一转，了解点情况，可又听别人说，那样不行，人家接不接待另说，就是接待也不一定知道情况，必须有人带。我有位退休的老同事原先曾在胶南工作，对胶南的情况很熟，我曾问他能否帮忙联系一下，他答应了，但一直没有回话。4 月 11 日晚，我突然接到他的电话，说事情联系好了，明天一早他要到胶南办事，我最好一同过去。于是，一次突如其来的访问就开始了。

到胶南后，老同事去忙他的事，他帮我联系的青西新区第二中医院卫生科的王培明主任带我去大台村，王主任多年负责大台村卫生室的督导工作，村里的好多人他都认识。

进村后，我们直扑老村长刘桂庭的家，可能是王主任提前打了招呼，在刘村长家还有两位老者，一位是原先干过村委的杨正森，另一位叫王进连，两位也都八十多岁了。

一交谈，我发现，他们对我的来意理解错了，包括王主任在内，他们都以为我是来了解康生的情况，看来，康生在村民心中的位置要远远高于在村里呆了六七年的张镜夫。

左起：王培明、刘桂庭、杨正森、王进连

“如果不是上边不让搞，那个纪念堂早就建好了。”老村长说起来还是一脸遗憾，他说的纪念堂是十几年前村里为了搞活经济想借康生这个招牌而想出的主意。“康生在的话就好了，一会把大台就弄起来了。”康生从十几岁离开此地，就再也没回来过，尽管没有给这个村子带来大富大贵，但村里出了个中央副主席，也足以让这个偏远小村的村民心理上得到极大满足。三位老人开始向我讲述张家的一些往事，还讲到康生的哥哥曾去北京，见不上康生的事情。

左起：王进连、张炳林、王培明

为了节省时间，我不得不强行将话题拉回到张镜夫身上，然而，三位老人显然对其了解不多，而且老村长的记忆有些问题。当听说老村长的母亲给张镜夫家当保姆三十多年，中华人民共和国成立后才从青岛回来时，我满心希望可以了解更多的事情，谁知再也问不出更多来。问起张镜夫遣返的事，老村长也光知道是“反革命”，其他都记不清楚。另外两位老人虽然思维比老村长清楚，但当年和张镜夫没有什么接触。在经过一段断断续续的对话之后，由王进连带我们去找张炳林。

张炳林是大台张氏“三大家”之后，他介绍了一些情况，可是对于关键的张镜夫的墓地在哪里，也说不清楚。于是我们只好又去找张守圻，张守圻已过世的父亲张炳珍曾是民办教师，和张镜夫一家接触最多。在张守圻家，我们还碰到了当年为逃避歧视而出走新疆的张守圻的弟弟张守在，听我们说明来意，一家人非常热情，非要让我们在这里吃饭，当我们坚持不吃提出在外头等着

张守圻指张镜夫埋葬处

时，张守圻饭也不吃了，陪我们来到好几里之外的村南，给我们指认了张镜夫和张振中的埋葬地，我心中最大的悬念落了地。

为了方便，我把从各方了解的张镜夫遣返的情况合并叙述。

要说张镜夫被遣返的情况，必须要说一下他的大儿子张振中。张振中，也叫张永昌，1911 年出生，山东大学毕业，后在青岛市市北区干部学校任教，1958 年，因为“反动”言论被定为右派，在 1962 年左右遣返大台村，和妻子离异，无子。张振中的情况知之者很少，赵曾先生提供的资料中，有一则张振中写在一本大学讲义上的跋语，可以让我们管窥一下他的人生：

忆少从丁山先生学史，有远古文化及商周史二科，时余方一力为诗，未遑多务，虽领订讲义，而淬厉殊少，遗之箧笥，匆匆廿载，其存其亡盖久忘之矣。比行年渐长，性癖嗜古，进而研求考据，参证陈编，虽以海陬迂生见闻谫陋，既失良师并稀益友，坐穿藜床，苦乏建树，然向往之情，初未能已。

顷者，偶捡求学时之旧籍，忽睹此册，封识宛然，幸无残损。乃重加拂拭，详读一过，念古之情油然以生，夙之不屑一顾者，今则视如拱璧矣。

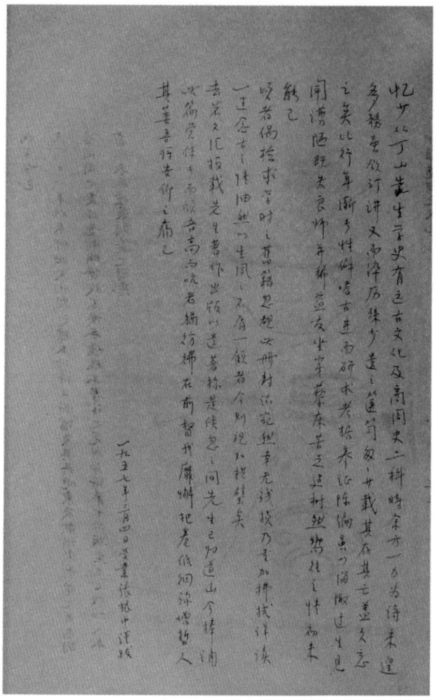

张振中跋语

去岁《文汇报》载先生著作出版，以遗著称是，倏忽之间先生已归道山，今捧诵此篇，觉体长而颀，音高而吭者，犹仿佛在前，督我靡懈。把卷低徊，弥增哲人其萎吾将安仰之痛已。

一九五七年三月四日受业张振中谨跋。

从此跋可以看出张振中和其父亲一样，是一个有着浓郁儒家情结的知识分子，尊师重道，博雅好学，富有道义和责任感。据赵曾先生回忆，其大舅古体诗词写得很好，“但不太会讲话”。

大台的杨正森和王进连对于张振中的印象还比较深：“（遣返）进村后，就住在场院边上的两间小屋里边，经常看着他上井去弄水吃。”“是个睁眼瞎（高度近视），一摘下眼镜来什么也看不见，石头（指多块石头连续抛接游戏）

耍得挺好。”“书呆子，连地瓜是在哪长的也不知道，也不知道怎么吃，什么活也不会干，只好让他背着个筐子拾粪。”

在大台村的村民眼里，张振中是一个异类。他四体不勤、五谷不分的种种笑料，成了枯燥乏味的农家生活的调味剂。然而，大家就像躲瘟疫一样离他们远远的。“谁敢靠着他们，谁靠着就是反革命”，老村长说这话的时候非常认真，让人们感觉这是一种必然的逻辑。所以，在村里张振中总是孤零零的一个人，有时可以看到他在自言自语，没有人和他讲话，没有人关心他的一切。

1966 年，张镜夫和他的妻子王云先也被遣返回大台，执行遣返的是北京政法学院的造反派。[4] 这是张家后人至今有些疑惑的地方，是不是和江青有什么瓜葛？因为当年江青在山大图书馆任管理员的时候，张镜夫已是小有名气的藏书家，和山大图书馆联系不少，还有诸城老乡这层关系，没准也知道一些逸闻，遭到了江青的忌恨？当然，这些现在只能是猜测。

张镜夫夫妻遣返后，就和张振中挤在那两间场院屋子里，尽管拥挤不堪，可毕竟有了可以说话的人，也有了可以一起讨论的话题。赵曾先生告诉我“有时，他们两个人会因为对历史问题持不同意见而争论”。

精神生活比过去丰富了，可生计成了最大的问题。过去的生活太优裕了，按照王进连的说法“吃饺子都要掰了角去”，到现在没有饭吃，这落差太大了。张振中 1962 年回老家时，尽管也很困难，可当时张镜夫有工资，还可以接济一下。现在都回老家之后，张镜夫因为年龄大，不下田劳动，收入完全没了。王云先和张振中则必须参加扫街和下地劳动，可是一没技术，二没体力，所挣工分都是最低的。在那时，一个整劳力也只是勉强糊口，他们三个人连基本口粮都难保证。所以，三人把希望都寄托在张镜夫的小女儿张兰昌每月 5 元至 10 元的汇款上，稍微晚一点，就得饿肚子。

随着时间的推移，挂牌批斗的事少了，但监督和歧视并没放松，他们继续在村里人异样的眼光下，过着离群索居的生活。只是在别人看不见的时候，张炳珍等人才敢和他们说句话，给他们一点吃或用的东西。

我曾经问赵曾先生，像你姥爷这样的情况，康生知不知道？你姥爷不会向康生求助吗？要知道，“文革”时期的康生，可是举足轻重的人物。赵曾先生沉思了一会儿，苦笑一下说：“不会的，就是这个性格。”又说：“大家都认为，这就是革命嘛！”

那些艰难的日子是怎么过来的，谁也没有记录。然而，大限终于还是来临了。1972 年深秋的一天，出去拾粪的张振中发现了一只被别人（后来了解是生产队养猪场）丢弃的病死猪，这对于已经饿了好几天的人是一个很大的诱惑。于是，他便把这只死猪扛了回来。极度的饥饿已经使他的思维失去了判断力，而常年未见油水更使他有一种近乎疯狂的欲望，他把这只已经肿胀变形的死猪草草收拾了一下，就下锅了。那时是用柴草做饭，火不足，煮的时间又不够，饥饿难耐的张振中就迫不及待地开吃了。这是他这些年来为数不多的一次饱饭，那已久违的猪肉味使他仿佛又回到了童年，衣食无忧，心情快乐。他感到前所未有的轻松：他想写一首诗，记述这收获的季节；他还想重拾大学的课本，把那些已经忘却的功课重新温习一下……结果，他不同寻常的行动最后一次成了村民的谈话佐料。第二天，张振中因食用病死猪中毒而死，终年61岁。

过去曾有张镜夫和张振中都因吃死猪肉中毒死亡的说法。经了解，张镜夫吃死猪肉并不多，虽然也有中毒迹象，但不至于危及生命，他是在失去相依为命的儿子，哭了整整8天之后，才追随儿子而去的。

就这样，一个80多岁的老人，一个参加过诸城起义、五四运动的耆老，一个熟读四书五经，读过德华、南开、河北三所大学的饱学之士，一个担任过总统府秘书、文物征集委员会组长，曾经和康有为、傅增湘等诸多名士交往的社会贤达，一个真正意义上的藏书家、卓有成就的目录学家，老来丧子，在哀子与自哀的极度悲痛中，哭泣了8天之后，死去了。

因为他们的身份，没有几个人来给他们送葬，张守圻的父亲张炳珍是这几个人之一，张守圻也曾经参与。“两个人是分两次下葬的”，“就是用秫秸捆了捆，挖了个坑”。我问：“是有人安排吗？怎么你们来管？”“没有！谁叫咱是一个阶级的来。”在说起这些事的时候，张守圻一脸平静，他的身材不高，脸上布满了岁月的沧桑。

赵曾先生曾听说，镜夫先生在处理完自己的藏书之后，还留有少量的古籍，“大约有总藏书量的十分之一左右”，这些书在遣返时，被一起带回了老家，据说，在张振中、张镜夫死后，别人问这些书怎么处理，其妻王云先悲从中来，说：“都是这些书惹的祸，不要了！”于是，这些书便和张镜夫葬在了一起。

这次在大台，我就这个问题专门问过张守圻，张守圻答复此事记不清了。张守在告诉我，张镜夫在世的时候，曾经送给他一本古书，名字叫《绿牡丹》，现在还在他新疆的家中。看来，张镜夫带一部分书回老家应该是肯定的，我曾想努力厘清这些书的下落，可惜最终也没有一个确切答案。好在这些书是葬在坟里还是被别人拿走已经不重要了，因为那个最痛、最爱它们的主人，已经不在这个世界了。

张镜夫墓地（桃花处）远景

4月12日，清明节刚过，青草开始吐绿，迎春的花儿已吐蕾欲放，我站在青西新区隐珠办事处大台社区村南，和尚山东麓，向两个被放逐的灵魂致敬。张镜夫，一个藏书家，一个本应是我们这个城市明星级的人物，已经从我们的视野中消失了50年。现在，他就静卧在这片没有坟头的土地里，那些失去载体的思想，已经随风散去。他曾经的藏书，有的已经化为灰烬、化为泥泞，滋养着这依然贫瘠的土地，还有的静静地躺在图书馆的书架上，在需要的时候，会给我们装一装门面。50年，没有人理会那个爱书如命的人哪里去了，更没有人来给一场本不该发生的悲剧负责。

“不信一为别，千秋无见期。”“休题名山事，遗珠已成尘。”这就是一代大家张镜夫的一生，过程也许平淡，但每一步，都交织着希望和幻灭，聚合和散失，崇高与卑贱，喜悦和哀伤，看似无常，却深深刻录着时代的烙印。我们无法选择自己的生活，但我们可以用自己的方式诉说，生命之所以有意义，就是因为它已成为历史的一部分。

注：

1.《市南人文历史研究》总14期。

2.张镜夫在《演说学》书稿后跋语曰：“这本小册子，看见它就觉着惭愧，自问三十年来，究竟做了些什么？享受了些地主生活。回想五四运动，被推为代表，又负宣传总责，各校同学们分到街头宣传时，感觉态度不合式，乃通过代表团，叫我作统一的练习小册子，两夜的东凑西拉，才能完卷，经时子周、赵公瑾两先生的修整，与各校宣传同学们才互相研究。咳！眼转间三十年已过，他们都存亡不明，已入朽老径界的我，真是到大不成材的荆条！1948年2月9日。”

3.赵曾先生抄件。

4.见侯健民的证明材料。藏

陶湘考略三题

王勇则

一、传经书社及其社址

梳理民国年间旅津藏书家、刻书家陶湘（字兰泉，号涉园）的生平事迹，可知传经书社与之关系密切。此书社详情鲜有记载，今人偶及传经书社社址，又有京、津两说。笔者查找史料认定，此书社即为陶湘在津所创刻书发行机构，社址设在陶湘在津寓所或寓所旁。

《中华图书馆协会会报》1925 年第 1 卷第 2 期第 14 页《新书介绍》预告：“《营造法式》，三十六卷，八册……（民国）十四年后，天津传经书社发行。”第 18 页《新书介绍》又载：“《儒学警悟》七集四十卷十册，十三年天津传经书社刊本，价二十四元。宋俞鼎孙、俞经编，计七集……全书成于宋嘉泰元年辛酉，较《百川学海》先七十二年，实我国丛书之鼻祖云。”据以上所载可知，天津传经书社 1924 年已经存在。

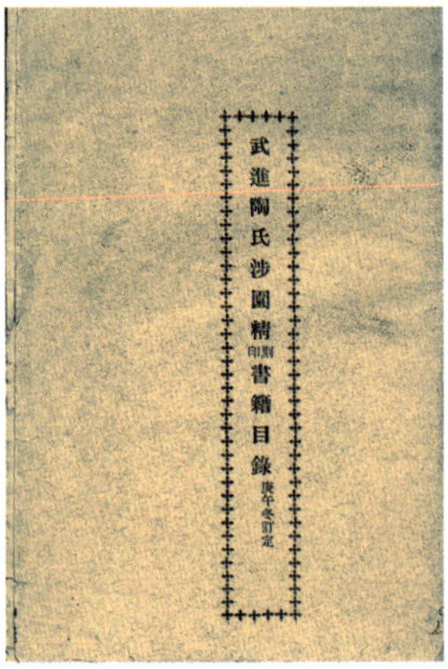

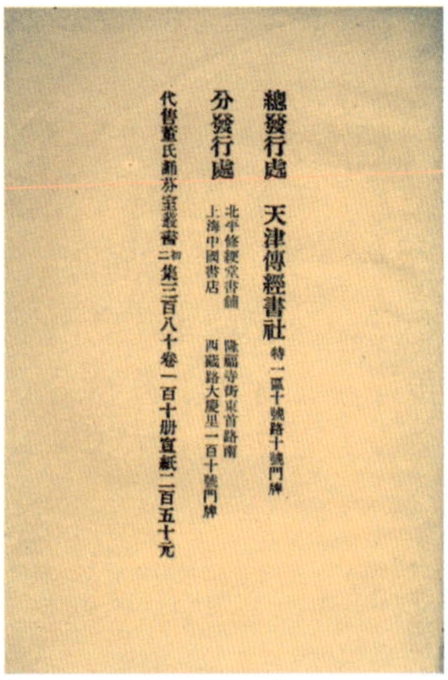

《武进陶氏涉园精刻精印书籍目录》（庚午冬订定）

《中华图书馆协会会报》1925 年第 1 卷第 3 期第 30 页《影印善本书出版预告》载：“陶君兰泉喜购藏善本书，又精鉴别。年来，精选孤本多种，摹刻影印，以广流传。近复影印《宋本会稽三赋》《明本童蒙训》《元本程钜夫集三种》，年终出书。欲购者请径向天津特一区十号路传经书社预约可也。”此文又载“陶君刊印各书书目”八种，即《钱叔宝手抄陶九成〈游志续编〉两本》《朱氏仿宋本〈营造法式〉》《金石苑》《影元本〈辍耕录〉》《〈儒学警悟〉七集》《影元本〈太平乐府〉》《影汲古阁写本〈宋金元词〉七种》《影〈宋元明四十家词〉》。

《图书馆学季刊》1926年第1卷第2期第214页载《善本书出版预告》开列陶湘所刊书籍11种，与上文所载无异，并载“发行处：天津特一区十号路传经书社”。

《政府公报》1927年10月17日第4124号第11页载《内务部批（第二五一号）》，公布“原具呈人传经书社陶涉园呈一件，呈送朱氏创制设色详释重刊李明仲《营造法式》，请注册给照由”及内务部准予注册给照的批示。

《北京图书馆月刊》1928年第1卷第2号第128—129页载傅增湘《影刊宋本〈百川学海〉预约券启（〈儒学警悟〉附）》。文曰：“以上两书特备预约券贰百部，每部各按纸张，定价七折实收，一起交足。到期如不出书，准将所收预约之价，按收款之日起，加年息八厘，如数缴还，以昭信实……是书影写锓木，由天津特一区十号路传经书社承办。总售券处：天津法界中街大生银行。分售预券处：上海大庆里中国书店、北京隆福寺街修绠堂、济南县学旁聚文斋。预约券以戊辰年八月底为截止期。”

《中华图书馆协会会报》1928年第3卷第4期第24页《新书介绍》载有1927年天津传经书社精印本、影印本，共计三种：《天工开物》（三卷三册）、《墨海》（十卷六册）、《喜咏轩丛书》（十册）。

此后，天津传经书社编印过一本《武进陶氏涉园精刻精印书籍目录（庚午冬订定）》，即包括以上所载书目。查“庚午”为1930年的干支纪年。“庚午冬”所指，也有可能是1931年初。此目录扉页载：“总发行处，天津传经书社，特一区十号路十号门牌”，并载有位于京沪的四处“分发行处”。天津传经书社还“代售董氏《诵芬室丛书》”。

另外，20世纪二三十年代，陶湘在“天津特别一区十号路”确有住宅。这一判断亦有文献依据。

日本人仓石武四郎《关于购买陶湘藏书情况的报告》载：“昭和四年（1929）七月廿六日，我奉东方文化学院京都研究所长狩野博士嘱托，前往天津，调查天津特别一区十号路陶氏兰泉所藏汇刻类书籍。京都帝国大学院学生水野清一做为助手陪我同行。关于此项书籍，陶氏曾经提交目录。此次调查，即根据该目录进行核查。”

1929年9月14日，陶湘函复商务印书馆董事长张元济：“现在尊处《续古逸》《再续古逸》均已印出，可否照预约券价让弟各一部，即请示知，并嘱贵津馆，就近送至天津特别一区十号路十号门牌陶兰泉手收不误。”因陶湘在沪亦有寓所，所以，张元济回函称此门牌为“津邸”。

“天津特别一区十号路”这个路名，为因袭天津德租界时期的旧称。1919年天津德租界被中国政府收回后，原德租界十号路改称苏州路（抗战胜利后更名绍兴道）。交通部天津电话局1936年编印的《中华民国三十六年份天津电话号簿》载：“张省三，特别一区苏州路8号”（即“张鸿庆堂，特别一区10号路8号”），“齐少芹宅，特别一区苏州路9号”，“恩德厚灰煤厂，特别一区苏州路10号”。莫非天津传经书社1936年之际已改成了灰煤厂？对此尤应探究。

《青鹤》1936年第1期刊载陶湘《涉园藏书第一编记（一）》时，配发《编者按》称：“武进陶兰泉先生藏书极富、刻书尤多，世无不知涉园者。”陶湘缘何取名传经书社？清代沪上陆氏“日涉园”曾建藏书楼“传经书屋”，传经书社取义或与之有些关联。总之，天津传经书社实乃陶湘刻书传布的重要载体。

二、《营造法式》陶刻本的影响

天津传经书社发行大量陶刻精印本、影印本。其中，1925年精刊套印的《营造法式》影响最为深远。

陶湘《武进陶湘字兰泉号涉园七十年记略》载：“十二年癸亥……仿宋崇宁本校刊宋代李明仲《营造法式》三十八卷，乙丑告成。”《营造法式》刻本一函八册，署“武进陶氏刊印”。其“校字绘图增式彩印，时阅七年，稿经十易”，史称“陶本”。

《中国营造学社概况》载，朱启钤1918年“道经南京，于江苏省立图书馆浏览图籍，发现宋李明仲（李诫）《营造法式》钞本。乃商取当局同意，以石印本刋行。嗣与陶兰泉先生集《四库》文渊、文津诸本，悉心校雠，于民国十四年重刊仿宋本《营造法式》。海内学子始渐知我国古代亦有营造之学”。

陶本甫一出版，即受追捧。“陶本刊行之后，引起世界研究吾国建筑之兴味，开创之功，自不可没，后人踵事而研治之，其便已多。”《胡适日记》载，1926年12月3日其在英国为汉学家耶茨（Yetts，也译为叶慈）口译陶湘《识语》，19日改译时称：“Yetts译了《营造法式》的陶湘序，托我给他改正。其中错误甚多，费了我大半天的工夫……晚上改 Yetts 的译文，到两点始睡。却使我知道了《营造法式》的历史。”胡适对《营造法式》版本兴趣盎然，连夜绘制沿革表，并发现了值得研究的问题：“陶湘跋中称引及瞿氏铁琴铜剑楼本，而不曾说他们曾否用此本校过。故用虚线，又加‘？’号。”

梁启超则比胡适早一年获赠陶本，且于 1925 年 11 月 13 日在此书扉页题记：“其书义例至精、图样之完美……一千年前有此杰作，可为吾族文化之光宠也已……校印甫竣，赠我此本，遂以寄思成、徽因，俾永宝之。”梁思成、林徽因时正留学美国。梁启超遂转赠此书，殷殷寄语。梁思成后又将其携回国内，“书内朱批累累，更有铅笔、朱色墨色圆珠笔迹，批注细致精良，当为梁思成笔记，并对《营造法式》订正、讹误甚多”。陶本堪为梁思成专研《营造法式》重要起因。

1927 年 10 月 17 日《内务部批（第二五一号）》载，陶湘呈送“朱氏创制设色详释重刊李明仲《营造法式》，请注册给照”。内务部收到“样本一份、注册费银五元”后，“核与《著作权法》第二十二条之规定尚属相符”。内务总长胡惟德遂准注册给照。内务部还要求补送样本一份。估计是内务部长官对陶本爱不释手之故。

1929 年 2 月 1 日，商务印书馆董事长张元济函陶湘：“蒙商将所存《营造法式》壹佰部，让归敝公司流通，并属每部加价叁元。当经转达在事诸君，勉如尊命……以前此书在北京内务部注册，所领执照，务祈检出，一并交与天津敝分馆寄下。”商务印书馆后刷印《营造法式》陶本，1933 年收入《万有文库》。

三、陶湘卒日再考

陶湘 1939 年著《武进陶湘字兰泉号涉园七十年记略》载，其于 1932 年辞任天津北洋纱厂经理，“闭户家居，专理刻书之事”。《申报》载其 1935 年仍在津活动。《张元济日记》载其 1937 年 3 月已居沪。陶湘卒年有 1939、1940、1941 年三说。

一是 1985 年版《高吹万先生年表》载，高吹万于 1941 年“□偕程伯葭访陶兰泉，不及一月，兰泉物故”。1991 年版《张元济年谱》却载谱主 1939 年“2 月 20 日赴陶湘宅贺新春，悉陶已殁于旧历除夕（2 月 18 日）”。此据 1986 年版《张元济诗文·挽陶兰泉（一九三九年）》诗注：“君患偏中，为日已久，余频往问疾，甚为忧虑；君殁于旧历大除夕，时已移灵大陆殡仪馆矣；旧历新正二日，余往贺春，讵启门即闻噩耗；翌日大殓，余曾往瞻遗容。”大陆殡仪馆位于上海海格路（今华山路），1940年2月1日才正式开业。《挽陶兰泉》岂能作于1939年？

二是1998年版《冒鹤亭先生年谱》则载谱主与张元济1940年2月“赴大陆殡仪馆，送陶兰泉殓”。2000年版《近代江苏藏书研究》又载陶湘“1940年12月29日去世”。2009年版《近代藏书三十家》（增订本）还载为“民国二十九年（1940）旧历十二月二十九日逝世”。

三是2008年版《张元济全集》第4卷改《挽陶兰泉》作于1940年2月，出注称此“诗稿未署撰写年月。陶湘（兰泉）卒于已卯年十二月三十日，即1940年2月7日，可据以推定”，且指“记1939年，误”。2011年版《张元济年谱长编》遂依此说。陶湘卒于此日依据若何？此说惜未言明。迄今出版的相关著述仍多以1939年为据，已知不下10种。

笔者搜寻以下文献资料，可确证陶湘卒日。

一是《申报》1939年8月25日至31日均载陶湘亲友启事及上海灾童教养所谢启：“国历八月三十一日，武进陶兰泉先生七十诞辰，诸公子谋奉觞上寿，先生以国难未纾，力戒弗许”，“公子辈仰体亲心，将筵资移赠上海灾童教养所”，“同人闻之，至深钦佩，爰商诸先生，将亲友祝寿礼物，一并折资移赠，先生亦欣然乐闻”，“用特敬告先生各地至亲好友，除诗文外，乞将寿礼之现金寄交灾童教养所”，“该所缮具收条，连同陶氏谢简，一并寄呈”。这表明陶湘当时还好好的。

二是《徐兆玮日记》载，1939年8月25日“陶兰泉古稀称庆，拟送屏一，但为期甚迫”，转天改作《陶涉园七十寿诗》，称陶湘“迟暮雄心未肯降”，亦有“涉园巍峙鲁灵光”“珍藏明椠世无双”“君是我乡毛子晋”“独树书城大将幢”等赞语。9月23日又记，瞿凤起“于陶兰泉处，假得《东皋杂钞》三卷”。这表明陶湘欢度寿诞后仍能会客。

三是2005年版《清代人物生卒年表》载，陶湘卒年出处据《毗陵名人疑年录》卷五。是书由张惟骧（字季易）辑、常州旅沪同乡会1944年版。查知：“陶兰泉湘，七十。生同治九年庚午，卒共和二十九年夏正已卯十二月三十日。”此日即1940年2月7日（除夕）。陶湘卒日因以为证。藏

扬州岑氏惧盈斋刻书考略

曾学文

岑建功，字绍周，监生，清代扬州府甘泉县（今扬州市江都区）人，道光间著名的藏书家、刻书家，为惧盈斋主人。他自称是唐代著名边塞诗人岑参的后代，因自号“嘉州后人”（岑参曾任嘉州刺史，人称岑嘉州）。光绪《增修甘泉县志》卷十三有其简传云：“性勤谨，好儒雅，颇善居积。每谓天之所厚，不敢自私，凡死丧孤寡无告者，咸周给之。每得异书，必鸠工重刊，如《旧唐书》《舆地纪胜》，皆见珍于世。”仪征汪鋆《扬州画苑录》称其“以刻《旧唐书》名闻艺苑”。惧盈斋是道咸时期扬州藏书刻书的名号。惧盈者，顾名思义，乃害怕充盈、戒惧自满之意。关于惧盈斋，当时仪征籍篆刻名家吴让之曾于咸丰九年（1859）为岑氏刻“惧盈斋主”朱文印，题款云：“惧盈斋者，甘泉岑君荼伯藏书所也。君既刻《旧唐书》及《舆地纪胜》，艺林珍之，信其必传。旧有钤书印已佚，今为补刻，归之令侄仲陶，以钤旧藏，俾来者见之，知有主名尔。”可见其对岑氏藏书刻书的欣赏与推崇。

岑氏所刻书，以《旧唐书》和《舆地纪胜》影响最大。

道光时，扬州学者张宗泰潜心校勘二十四史之一的《旧唐书》，成《旧唐书考证》稿本，惜未刊行。道光二十二年（1842），江都学者梅植之因《旧唐书》虽已列入正史，然“阁本但缮写而未发刻，读者既艰于传钞。殿本列于二十四史之内，坊肆间罕有单行者，寒素之家购求匪易。而闻版久亡，其书尤为难觅”，乃劝其友人岑建功重新刊刻此书。岑氏既师事张宗泰，对于《旧唐书》一书素有关注，即全力主持此一校勘刊刻之宏大工程，一方面延请本地学者甘泉罗士琳，仪征刘文淇、刘毓崧父子，句容陈立共同校勘，另一方面组织刻工校字刊刻。诸人全力以赴，多方搜求散见于典籍之《旧唐书》逸文，编纂成《旧唐书校勘记》和《旧唐书逸文》，对《旧唐书》做了一次全面、深入、细致的整理。

此次集中整理《旧唐书》，一是体例严谨，“是书之例，以宋人所引《旧唐书》为主，或据刘昫所本之书，详为考证，不沾沾于新、旧书之异同。其有引证《新书》者，亦必参考群书，显有证据，然后引用”。二是征引资料繁富，参考了大量相关文献，订正了不少原书存在的差讹。三是参与者各有专长，分工合作，由刘文淇校勘诸帝纪、地理志，陈立校勘礼仪、舆服、刑法等志，刘毓崧校勘音乐、职官、经籍等志，罗士琳校勘历、天文、食货等志，列传则由几人分别承担，几人都在各自领域有精深研究和独到见解。其中刘氏父子用力尤多。刘文淇、刘毓崧父子以游幕、授徒为生，致力于经学研究与古籍校勘，有《左传旧注疏证》等巨著传世。刘文淇除了湛深经学外，尤擅长于校勘，刘毓崧《通义堂文集》卷六《先考行略》中说：“精于校雠之事，为人校勘书籍，不啻如己之撰述。”他们博学多识，校勘严谨认真，经验丰富，成果丰硕。

此次校勘，共撰成《旧唐书校勘记》六十六卷，上百万言，以单书校勘而言，的确是空前盛举，集清代《旧唐书》校勘、考证、研究之大成，“为从前校史者所未有”。据岑建功《自序》称，道光二十三年（1843），完成该书之校勘并梓行以后，“复思诸书所引《旧唐书》，颇有累牍连篇，与今本不相附丽，无须悉载于《校勘记》者。窃不自量，为之荟萃成书，一一整比编排，而加以考订。共得十有二卷，即名之曰《旧唐书逸文》”。岑氏以实事求是为据，博览载籍，竭力搜罗，匡谬补遗，条分缕析，纂成《旧唐书逸文》十二卷。逸文未及开雕，而岑建功去世，由其子岑淦和侄岑镕刻成。各卷卷端下方镌“甘泉岑建功辑”，版心下方镌“惧盈斋”三字。时在扬州退休归养的名宦大儒阮元特为作《序》，其中云：“甘泉岑绍周提举建功重刻《旧唐书》，延其友分纂校勘记，书成之后，并授诸梓。余于癸卯秋曾为作序，以汲古阁毛氏比之，盖深喜古籍之复行也。继而绍周复就诸书所引《旧唐书》与今本不相比附者，荟萃参考，为《旧唐书逸文》十二卷。戊申夏，甫经写定，而绍周遽亡。其子秋舲淦及其从子仲陶镕为付剞劂，复乞序于余。余取其书阅之，所载事迹，有关系者甚多，就其最巨者言之，有十善焉。”“十善”即有关于经学、有关于史法、有关于君德、有关于相业、有关于国典、有关于世教、有关于政绩、有关于节义、有关于掌故、有关于艺文。阮元又说：“其书之有裨实用，洵可与正史相辅而行，以视彼搜聚琐言、无关大义者，奚啻霄壤之隔哉。若夫编次之精密，辨证之周详，观其书者必能知之；去取之谨严，校订之慎重，观其《自序》者必能识之。”以阮元的德高望重，对本书可谓给予了极高评价。

南宋王象之所著《舆地纪胜》，是一部地理总志，也是一部名志。此书凡二百卷，自南宋绍定时初刻以来，元明间传本稀少，至清乾隆朝编纂《四库全书》时，因未征集到书而未能收录。阮元任浙江巡抚时，从当地藏书家手中借来罕见的影宋钞本《舆地纪胜》，影抄两部，一部献呈内府，一部藏于老家扬州的文选楼，并撰写《舆地纪胜二百卷提要》一文，对其书作者、内容、刊刻情况等作了扼要介绍，后收于《揅经室外集》卷五。阮元自称“深重此书，望好事者为之重刻”（《舆地纪胜序》）。此时岑绍周方完成《旧唐书》，即向阮元表达出资校刻《舆地纪胜》全书的愿望，遂商借阮元家藏影宋钞本，着手刊刻，而不久阮元旧居福寿厅失火，其中所藏书籍焚毁殆尽，《舆地纪胜》因借钞之故，竟得幸免。岑绍周仍延请刘文淇父子纂辑校勘记，绍周自补钞本阙文，皆据群书所引原文裒辑成编。不久岑绍周去世，至道光二十九年（1849），由岑涂、岑镕主持刻印工作，延请江都沈棨、凌镛校对，陆续刊行，即今存岑氏惧盈斋刊本《舆地纪胜》及校勘记五十二卷。阮元得以亲见刻本问世，欣然为其作序，感慨道：“余以壮岁所得之书，越五十余年，竟得见其锓板；海内读书之士，畴昔欲见而不可得者，今乃一旦盛行，洵衰年之快事也。”其后不久阮元亦去世。从此《舆地纪胜》这部舆地名著得以流布于世，在地理学界产生了广泛影响，成为学术界一大幸事，也是版本界一段佳话。近年中华书局曾据以影印，浙江古籍出版社亦据此本点校整理。另据陈光贻《稀见地方志提要》介绍，此书上海图书馆藏有旧抄本外，“《台湾善本书目》著录，清道光二十八年扬州岑氏惧盈斋抄本，存一百六十六卷，此书《四库全书》未收，《存目》亦未见著录”。

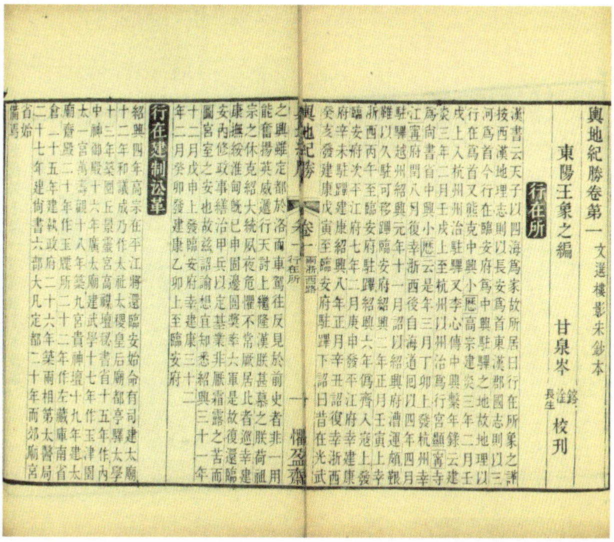
輿地紀勝卷第一　文選樓影宋鈔本
東陽王象之編
甘泉岑 涂 鎔 校刊
行在所
行在建制沿革
輿地紀勝　卷一　懼盈齋

惧盈斋刻本《舆地纪胜》

除了上述两种史地名著以外，岑氏惧盈斋还校刊了一些其他书籍，如道光十九年（1839），岑建功曾刊刻清明安图编著、罗士琳校正的《割圆密率捷法》。该书四卷，为清代著名天算学家明安图关于数学研究的代表性著作，初稿完成后经其弟子整理，一直以抄本传世，经岑氏首刻，遂得以流传，是中国数学史

吴让之印

吴让之印（款记：仲陶世二兄属刻，熙载，时庚申四月朔，同客于海陵）

上具有重要影响的一部著作。

甘泉岑氏为道咸间扬州著名的文化世家，在战事动乱的环境下，坚守学术文化，留下了足以传世的典籍，惜于今知之者已甚少。岑建功之侄岑镕，字仲陶，又字铜士，号陶父，为晚清著名藏书家，收藏金石甚富，号称“商周吉金之馆”，书画藏品包括扬州八怪画家高翔所绘《溪山泛舟图》等。岑仲陶与咸丰兵祸时同寓居泰州的姚正镛（字仲海）并称“二仲”，都和吴让之交好，让翁为岑氏刻印颇多，今所见有“岑镕之印”“岑镕私印”“嘉州后人”“岑仲陶经眼记”“岑仲陶书画”等等。咸丰十年（1860），吴让之又为岑仲陶镌刻“甘泉岑氏惧盈斋珍藏印”一方，古朴浑茂，著录于《中国篆刻丛刊》中。岑建功之子岑淦，字秋舲，与仲陶刻《舆地纪胜》，续其父未竟之业，“工花卉，惜不多作”（《扬州画苑录》）。藏

·新书目

文字起源图典

吉佐棠著

齐鲁书社 2016 年 6 月版

16 开 精装

定价：360.00 元

书号：ISBN 978-7-5333-3482-6

本书是吉佐棠先生晚年古文字研究成果的汇总，书中收 3000 余字，是一部颇具规模的古汉字研究专著。

本书具有比较鲜明的特色：一、为了形象地说明字形的起源，文中配有大量的插图，这些插图均为作者手绘，虽略显潦草，但饶有情趣，十分有助于读者对造字的理解。二、按照古代社会的生产生活进行分类，共分为人文、天象、山川风物、建筑、农业、工艺、经济、战斗狩猎、舟车、刑罚、丧葬、宗教、服饰、仪仗、动物、婚姻姓氏及方国等大类。三、根据古文字造字和演变的相关性，把文字归类分组解析，特别有助于对文字起源的理解。

柳堂及其《笔谏堂全集》

王江源

自古以来，读书、藏书就是文人士大夫所不可或缺的生活雅趣之一，尤至清代，大藏书家几乎都是学问渊博能写善论的著述家，生活于晚清的柳堂便名列其间。柳堂早岁科名，淹博经史，嗜书成癖，年近花甲之时已是小有名气的藏书家、金石家、学者，著有大量的诗文及反映当时社会面貌的著述，这些著述多被收入已编《笔谏堂全集》（十六种，八十六卷）中。《笔谏堂全集》的存世，既为山东地方文献增一源泉，又为近代学人提供了丰富的学术研究史料。

一、柳堂其人

柳堂，字纯斋，号勖庵，河南省扶沟县人，其先世籍河东，与柳子厚同宗，后徙陕西朝邑。道光二十三年十一月二十六日（1844 年 1 月 15 日）柳堂生于扶沟县吕潭集一个经商家庭，祖父殿鳌、父相林均无功名。少年柳堂生性好学，学识渐丰，咸丰十年（1860）始应童子试，同治元年（1862）院试补博士弟子员，十二年癸酉（1873）拔贡，同年联捷中举，后屡次赴京会试不第，为家境计，曾坐馆于河南项城莲溪书院四载。光绪十六年（1890），终中进士，以知县分山东，时柳堂四十八岁，可谓大器晚成。

光绪二十一年（1895）九月柳堂赴任定陶县，次年（1896）五月赴惠民，下车伊始即张示"严禁差役需索安班铺堂和息等费"，又笃行诸多养民惠政，颇受山东巡抚赏识。光绪二十七年（1901）二月柳堂因擒获济宁玉皇庙戕官案首而擢东平州知州，上任东平，治之一如惠民。时和议甫定，州内教案四起，柳堂依次处理，未料次年九月因被恶绅控告"正耗浮收"，随即被撤，后居济南南马道，借以养病。光绪二十九年（1903）四月，柳堂赴任德平县，购置图书百余种以资诸生，又增设蒙学十余处，士习为之一变。次年六月，柳堂复惠民任，三十一年（1905）正月调乐陵。三十四年（1908）四月，柳堂再调济南府章丘县，自念时局动荡，不赴，致仕，时年六十有六。

自柳堂致仕后，归里闲居，寓居于济南西关二道虹桥，民国十八年（1929）春无疾而终，享年八十六岁，归葬吕潭。子一，曰翰华，光绪二十九年癸卯（1903）举人，直隶候补同知。

柳堂十三年间任山东七地州县官，他在任期间恪尽职守、造福百姓，因而获得两任山东巡抚（李秉衡、袁世凯）荐保，至赏戴花翎、四品衔、大计“卓异”、开缺以知府班用，颇有政声，而平日又自奉俭约，好客礼士如不及，酷爱善本古籍及金石碑帖，所得廉俸，除救济戚友外，不遗余力，尽以购金石图籍，遂列当时华北藏书名家及金石名家，为时人所称道。

二、“笔谏草堂”及《笔谏堂全集》的成书

柳堂任官山东十余载，终是地方小官，这也使其有充裕时间付之纸笔，存世文集名《笔谏堂全集》。“笔谏堂”，又称“笔谏草堂”，为柳堂书堂名，柳堂在著述中也多以“笔谏堂主人”自称。“笔谏”一词由来已久，其最早可追溯至唐代大书法家柳公权（778–865）“笔谏”事。据《旧唐书·柳公权传》载：“穆宗政僻，尝问公权笔何尽善，对曰：‘用笔在心，心正则笔正。’上改容，知其笔谏也。”柳堂六十大寿时，山东东平州学正姚子云曾为柳堂作诗：“笔谏遗风启正臣，历经宦海阅艰辛。筹添南极增双寿，篆摄东原庆六旬。”（《六十寿言》卷四）这一定程度上也体现了柳堂所秉承的“笔谏”精神。柳堂意欲列河东柳氏之后，有“家于赵都镇相隔仅一河，或亦由河东而徙欤”之语，取柳氏公权“笔谏”，无疑也是向世人展示扶沟柳氏乃河东柳氏一脉也。

民国《山东通志》又著录柳堂藏书目录《笔谏堂书目》，并以其校订时之山东文献九部，如卷之一百四十五下《艺文志第十》“孔昭焜撰《利于不息斋集》四册”条云：“《利于不息斋集》四册，孔昭焜撰，《笔谏堂书目》载是集云诗三卷，文无卷数。”足可见其学术价值。然此书已亡佚，殊甚为憾。

柳堂著述

光绪十六年（1890），柳堂终中进士，以知县签分山东，这段时期可称为柳堂著述创作上的黄金时期，《笔谏堂全集》中的著述多为此时期内撰成。这在好友李擢英[1]于光绪三十二年（1906）五月所作《笔谏堂全集》序中有言：

（柳君纯斋）洎其捷南宫，宰东海，文章经济所至有声，其于地方利弊民间疾苦，无不体会入征，有时笔之于书，以备考证，或作为歌咏以遗同人，久之积成卷帙，颜之曰《笔谏堂全集》，所以纪政事也。

书刻成后，柳堂曾寄数种于擢英，擢英受而读之，评价道：“意在记事，殊不美观。觉纯斋之性情、政事历历在目，依稀联床夜雨时也。……夫纯斋之文，纯斋之心也，纯斋今日之心即当年之心也。”《莲溪吟草》书前另有《笔谏堂全集》总目，鉴于目前学界诸多论著对《笔谏堂全集》收录书目存疑，现将《笔谏堂全集》总目列出：《莲溪吟草》十四卷（四册）、《北上吟草》三卷（一册）、《史外韵语书后》八卷（二册）、《宦游吟草》十二卷（三册）、《仕余吟草》四卷（一册）、《舟行吟草》一卷（一册）、《六十寿言》四卷（二册）、《惠东颂言》二卷（一册）、《宰惠纪略》五卷（二册）、《灾赈日记》十五卷（二册）、《牧东纪略》四卷（二册）、《东平教案记》二卷（一册）、《宰德小记》一卷（一册）、《书札记事》四卷（二册）、《周甲录》六卷（二册）、《蒙难追笔》一卷（一册）。

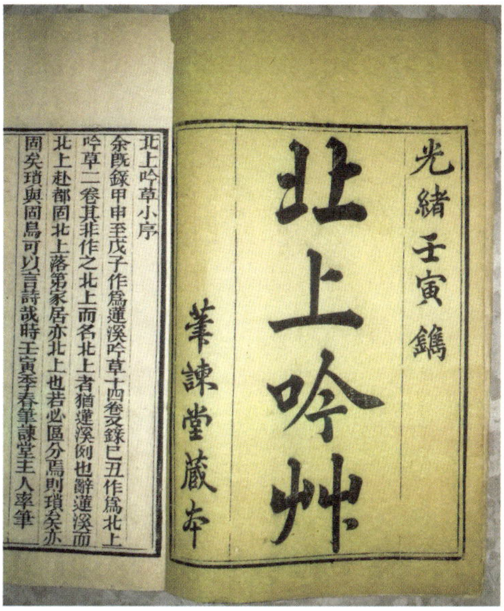

北上吟草

据总目，前六种十二册四十二卷，均为诗文集。柳堂性耽吟咏，笔耕不辍，几于无日无地不诗，门生故友、山河风景、字画器物、风俗人情等亦无不入诗，共得诗作一千五百三十余首，其中既有古体诗，又有近体诗，既有绝句，又有律诗，且通俗易懂，新意迭出。他的人生经历在这些诗作中也展现得淋漓尽致，如光绪十五年（1889）柳堂北上会试落第，其心境很糟，只得以诗排遣，“年年两鬓暗添丝，身已衰残不自知。犹复强颜谋北上，应忘当日败军时”为当时之写照。光绪十六年（1890）柳堂中进士，一改前之出仕不遂的苦闷，“每奉檄出省，遇山水名胜，触我吟怀，不能自已，往往连篇累牍，犹觉不尽意”，所作有“流水鸾環绕绿田，一鞭叱犊夕阳天。突出数峰分外奇，当前好景有谁知”等，柳堂在饱览风光之余，亦觉心境为之一开。

《六十寿言》《惠东颂言》由柳堂弟子陈铭、邱光瀛，子柳翰华等编校，前书为柳堂寿文集，后书为柳堂门生故吏、乡里旧知“综其生平、懿行、美德、善政、循声”而成的柳堂“德政录”。两书对柳堂的生平事迹、交游之况等多有涉及，对认识柳堂这一人物形象有着一定的作用。

后八种十三册三十八卷，均为记事类，为柳堂著述中最重要、最具学术价值的部分：

《宰惠纪略》《牧东纪略》《宰德小记》分别为柳堂调署山东惠民县、东平州、德平县的施政纪实，这类著述在学界多以“官箴书”称之（如《宰惠纪略》被收入《官箴书集成》）。正是由于柳堂独特的宦游经历（十三年间任山东七地州县官），成就了他对州县吏治各环节敏锐而细微的观察力，使得《宰惠纪略》等“官箴书”传授的为吏之道也颇具实践操作性。同时，从当代学术研究来看，《宰惠纪略》等为柳堂亲力亲为的治理州县纪实，它们详细记载的晚清地方州县有关行政、司法、教育等方面的内容，也为当代学人提供了较为丰富的研究史料。

《蒙难追笔》《灾赈日记》《东平教案记》主要记载的是有关地方州县治理的内容。咸丰八年（1858），少年柳堂被捻军所虏，后追忆其事著《蒙难追笔》一卷；光绪二十四年（1898）山东济阳县桑家渡黄河决口，灾及惠民县，时任惠民知县的柳堂亲临河工，查灾放赈，并著《灾赈日记》十五卷，涉及晚清河工管理与灾荒赈济；《东平教案记》则据发生于1900年至1901年的山东东平教案所撰，记载了东平教案中的一系列民教纠纷，对研究晚清教案中的官民教关系亦多有裨益。通过此类著述，吾人可以从地方官柳堂这样一个视角，细致、审慎地了解晚清的中国社会及其一系列重大问题。

《书札记事》为柳堂任官山东以来与亲友交往的书信汇集，自第一封《复虞礽夫（煊，浙江人）孝廉书（初到山东）》到最后一封《复东平范实斋（中秋）等书（二次在惠民任）》，共书信七十二封，不仅真实地展现了柳堂的仕宦轨迹，而且其中有十余封涉及柳堂求友购书事，如在致信新城先令史恩培时云：“再，省城购《渔洋全集》颇不易，乃零星收买，已有二十余种，所未得者开单附呈，祈留意焉，并节录张汉渡书，如能照购，书值少昂，无妨也，不胜盼望之至。”致信潍县令王天培时云：“弟近有书癖，又爱搜山左著作，查潍县柳氏有《山左古文钞》……祈代购一部，顺便掷下，以慰渴怀。”诸如此类多有记载，无疑是关于柳堂藏书的重要史料。

《周甲录》为柳堂自定年谱，起道光癸卯（1843），止光绪癸卯（1903），所记谱主“甲子一周矣”，故名之曰《周甲录》。据柳谱凡例载：“此录首重表扬先德，一以使知缔造之艰，一以使知起家有由，非同无本之木，无源之水，庶子孙观感兴起，不坠家声；此录为示后人，质而不文，然法戒具备，有望子孙当自领略，否则故纸弃之、听之而已。”可见，是谱是为“‘留示子孙’和‘知起家之不易’而作”（谢巍《中国历代人物年谱考录·代序》）。除按年次记载谱主生平行迹外，是谱还真实地记录了扶沟柳氏家族的发展史，是目前柳堂研究最基本的资料来源。

三、《笔谏堂全集》的影响及流传始末

除《笔谏堂全集》外，目前可见的柳堂著述另有清光绪二十五年（1899）校订补刻本《补正惠民县志》三十卷、清光绪二十七年（1901）尊经阁刻本《惠民县志补遗》一卷（国家图书馆藏）等。柳堂著述众多，其著述在当时文人群体中最有影响力的是《宰惠纪略》，当时的文人多通过此书而认识柳堂。如乐陵生员潘锡珍有诗云：“挥毫传纪略，著作久推君。（读公《宰惠纪略》一书，可知公其心其政矣。）”四川进士毛澂[2]也有诗：“见之纪略（时公有《宰惠纪略》一书）如见人，名添洛社画图中。”江苏进士庄纶仪[3]诗云：“廉吏可为期上寿，雄文不朽庇孤寒。（先生著作等身，士林咸被沾溉。）”光绪十七年（1891）徽举人姚鹏图[4]在给柳堂的诗中也说：“岁在庚寅，公成进士，鸿篇即出，遂识大名，十里看长安之花，一日贵洛阳之纸。”此些话语虽有揄扬成分，但在某种程度上也可说明，至少在山东的“文人圈”中，柳堂已彰彰在人耳目。

《续修四库全书总目提要》（上海古籍出版社2014年版）对《宰惠纪略》的评价也颇高，认为“是书为柳堂任山东惠民知县时的施政记录……如黄河窝铺改设调夫局，疏浚徒骇河淤塞，筹修城费……诸如此类，皆柳堂治理惠民所行政绩，颇可考见当时县官行政之详”。《历代日记丛抄提要》则认为，《灾赈日记》“记有著者到各地勘查受灾地段、安抚灾民的措施、政府派员赈灾事宜等，还有大量当地民众如何抢修河堤的记载”，其关于清末黄河决堤灾难的真实记载，“为研究清朝山东河患史等方面提供了珍贵的资料”。

柳堂虽生于晚清，但由于其著述本就刊刻不多，故存世流传情况并不理想。具体到《笔谏堂全集》的藏书地，据《中国丛书综录》所载，国内有三家图书馆藏：北京大学图书馆、山东省图书馆及辽宁省图书馆。其中可考证其来源的

仅有山东省图书馆。

山东省图书馆所藏《笔谏堂全集》之来源，当为柳堂长孙柳式古所捐。民国二十一年（1932），柳式古遵其祖父遗嘱，将柳堂生平所藏图书一万四千六百七十四册（其中柳式古取回一百四十三册），捐于山东省立图书馆。据时之《申报》所载：

> （1932年6月27日）鲁图书馆点收柳堂藏书，一千余种一万余册。……集书居多，最佳者有《天目先生全集》，明万历刻本十六册，《王纵山先生文集》，明万历唐振吾刻本十册，《龙汉集》，明尚论斋刻本八册……第三十三箱内有柳堂本人所著之《北上吟草》、《书札纪事》（按当为《书札记事》）、《惠东颂言》、《周甲录》、《宦游吟草》、《舟行吟草》、《灾赈日记》、《笔谏草堂诗文集》等书。柳式古以为其先人手泽，仍取回收藏，每种留图书馆一部，以作纪念，计共取回一百四十三册，留存图书馆一万四千五百三十一册，完全无条件捐入图书馆。……运到图书馆后，即单辟一室，将书完全置于其内，因柳号"寿余"，即名其室为"寿余书藏"，另取柳生前遗物一部，藏于室内，以作纪念。

1933年3月4日，《申报》刊发教部"褒奖捐资兴学人员"，柳式古因此获一等奖状，足可见柳堂藏书价值之大。另，《山东省图书馆志》、民国《山东通志》、《山东省志·文化志》等对柳式古捐书情况亦均有记述。无疑，包括《笔谏堂全集》在内的柳堂遗书自民国二十一年（1932）时即入藏山东省图书馆。柳堂万卷藏书虽未运回扶沟，但存于山东省图书馆，既避免了兵燹之祸，又对山东文化的发展起到一定作用，可以说藏书家文化心态之一——保护好作为民族文化主要载体的图书，这一目的已经达成。

注释：

1. 李擢英（1844—1941），字子襄，河南商水人，清光绪三年（1877）进士，曾任江南道监察御史、内阁侍读学士、太常寺少卿、大理寺少卿等要职。李自称与柳堂"癸酉拔萃乡闱，同榜而同谱者也"。在柳堂写给李擢英的书信中，亦以"同年"相称。

2. 毛澂，字叔云，号瀚丰，四川仁寿人，光绪六年（1880）进士，曾任山东益都、滕县等县知县。

3. 庄纶仪，字经郛，江苏阳湖人，光绪二十年（1894）进士，曾任山东莱阳、泰安等县知县。

4. 姚鹏图，字柳屏，江苏太仓人，光绪十七年（1891）人。曾任山东沾化、聊城等县知县。藏

叶启勋及其《阙的简史》

尧育飞

近代以来，湖南藏书事业异军突起，涌现出曾国藩、何绍基、袁芳瑛、方功惠、叶德辉、叶启勋、王礼培等一大批著名藏书家，这些藏书家为湖湘文化的瓜瓞绵延作出了卓越的贡献。然而在历史的长河中，有的藏书家却逐渐为人所遗忘，其藏书事业和学术成绩也逐步淹没不彰，叶启勋就是其中颇具代表性的一位。笔者新近获得叶启勋最后著作《阙的简史》，良有感慨，故撰此文，以纪叶氏生平大略并简要阐述其最后的著作《阙的简史》。

一、叶启勋其人及其著述大略

叶启勋是湖南现代著名藏书家。关于其生平大略，《长沙市志》已有记载，云其生于1900年，卒于1972年，“系叶德辉侄。毕生从事版本目录之学，以藏书为己任。新中国成立后在中央建工部情报研究所搞文物考古工作。著有《〈说文解字〉引经系传》《拾经楼紬书录》《书林馀话》等。……经30余年之努力，得善本300种、10余万卷。1951年，其子叶运闿代表父亲将拾经楼珍善小书100余种、3000多册、2.3万余卷，悉数捐赠给湖南省文物管理委员会，现绝大部分珍藏于湖南省图书馆善本书库”。

这个记载颇有些简略，实际上，叶启勋之子叶运奎曾撰有《怀念父亲叶启勋》（见《叶德辉年谱》，学苑出版社2012年版，第490—494页），记载叶启勋事迹较为详细。再通过查阅相关资料，知悉叶启勋1900年农历五月十七日生于湖南长沙苏家巷，字定侯，谱名永勋，号更生居士、定父居士等，早年就读于湖南私立积诚中学。该中学校长刘肇隅为叶德辉得意门生，此中学也由坡子街乾元宫（即今长沙火宫殿）赞助。叶启勋有许多印章，如“叶定侯”“定

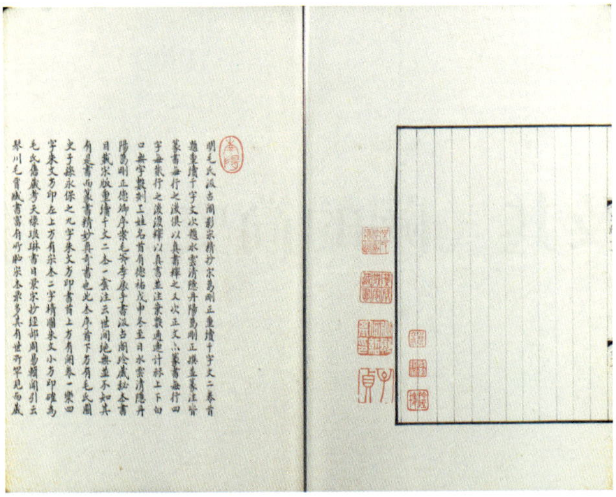

汲古阁影宋本《重续千字文》叶启勋跋

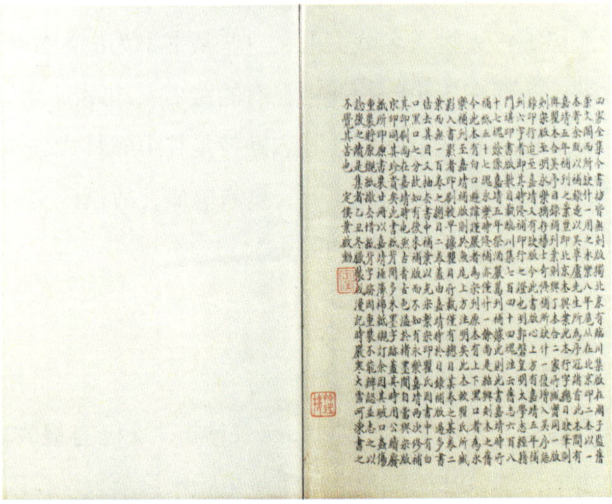

宋刊明印本《临川先生文集》叶启勋跋

侯流览所及”“玉磵后人”“拾经楼主人”“拾经楼”等等。他少时即跟随伯父叶德辉学习版本目录知识，15岁时即开始拥有自己的藏书。他的藏书楼名“拾经楼”，与其弟叶启发“华鄂堂”藏书楼相邻。二人与大哥叶启藩有不少共同藏书，故合刻有一方藏书印云：“中吴叶启藩叶启勋叶启发兄弟珍藏图书。”受叶德辉影响，叶启勋兄弟三人都酷爱藏书。其中叶启勋少年读书时就常出入长沙玉泉街旧书肆，先后获得道州何绍基家、湘潭袁芳瑛家、岳阳方功惠家等湖南藏书家散出的善本和珍本，很快其藏书就颇为丰富而精彩。1921年，叶启勋因事奔赴上海，在叶德辉的引荐下，结识张元济，获观涵芬楼藏书，此举令其眼界大开，大大提高了其鉴赏宋元珍本古籍的水平。1927年，叶德辉蒙难之后，叶启勋举家避难上海，改名“更生”，名其居所曰“寄庐”。据叶运奎回忆，在上海避难期间，叶启勋经常拜访叶德辉的故交、著名书商李紫东。1928年，从上海回湖南老家之后，叶启勋发现伯父的观古堂藏书大量散佚，自己的藏书也遭遇了不小的损失，由此感慨“书自我得之，自我失之，命也”，以为藏书无法世世保有，因而开始将从前所撰的题跋统名“拾经楼藏书题识”，从1928年开始，陆续发表在《图书馆学季刊》等刊物上。1930年，红军攻入长沙，叶启勋再次避居上海。自上海返回长沙后，湖南中山图书馆馆舍和藏书大部焚毁，在叶启勋友人黄骏德和朱稚莼等人的努力下逐步恢复，叶启勋因而写下《中山图书馆观书记》一文，并捐赠《说文籀文》给中山图书馆。此后，叶启勋大力收购观古堂、东洲草堂等流散而出的书籍，经过几年努力，其藏书数量和质量都更上一层楼。这一时期，叶启勋兄弟的藏书之名已渐闻全国，各路书商常登门收书。叶启勋每得一珍本，即邀请长沙名士雷恺、雷恪、雷悦、徐崇立、徐闳立共同鉴赏。叶运奎称："一月数聚或连聚数日，习以为常，始终不懈。来则清茶一盏，素食一餐，姨母亲自下厨烹制红烧面筋、冬菇菜心、红烧豆腐、油焖冬笋等。秋季则有寒菌、冬苋菜汤等苏式素食以飨宾客。"其中提及的姨母，即叶启勋侧室王启淑。

1934 年，著名藏书家傅增湘携徐森玉等南游衡山，返程时道经长沙，特地到拾经楼访书。考《藏园游记》中 1934 年 4 月《衡庐日录》中记载有云："（初十日）夜叶定侯来，奂彬同年之侄，富藏书，精鉴别，于目录版本考订颇勤，约游南岳回时观所藏善本。"又云："（十六日）同森玉诣苏家巷访叶定侯，兼晤其弟东明，皆奂彬同年之侄。定侯昆仲出藏书见示，琳琅溢目，美不胜收。元本有《韵补》《古史》《宣和书谱》，影宋本有《重续千字文》，校本有叶石君《旧唐书》，毛斧季之《春渚纪闻》，钞本有小草斋之《猗觉寮杂记》、雁里草堂之《广川书跋》、旧钞《自堂存稿》，稿本有王鸣韶之《鹤溪文稿》。其他旧椠名钞，盈箱溢笥。余自入室，略话寒暄，即抽笔展卷，撮其大要，记于册中，凡兀坐三小时，卷不辍览，笔不停挥，仅阅五六十帙，然已烛屡见跋，目眵腕脱，疲不可支矣。其中最铭心绝品如《宣和书谱》《重续千字文》《自堂存稿》当推为海内孤本，雁里草堂秦氏钞书尤生平所未见。惜为时苦短，不及从容校录，尽抉其佳胜以归，良用惘然。……今睹定侯插架，则精本秘籍犹能世守勿失，若芙川之于月霄然。余以诸书题识不及遍录，定侯允于异时汇写相寄，兹择其罕秘者胪于后幅，亦此行之眼福也。"在这则日记中，傅增湘盛赞叶启勋的藏书，以为他能继承叶德辉（字奂彬）的学术。1935 年，

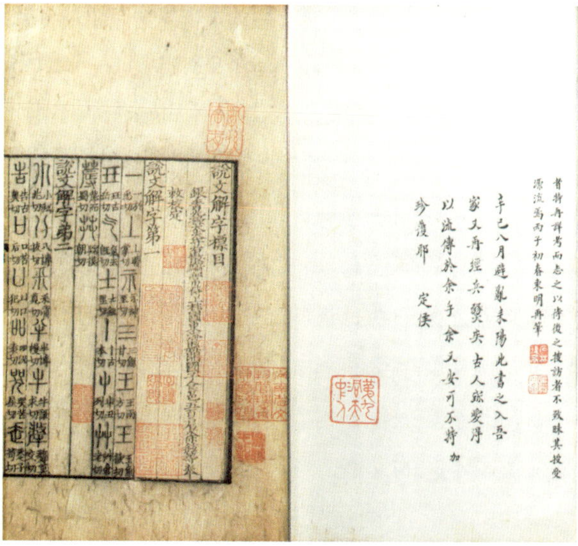
宋刻元修本《说文解字》

傅增湘欣然为叶启勋《拾经楼群经题识》（即后来的《拾经楼紬书录》）作序，云："长沙叶君定侯余同年生奂彬吏部之犹子也。吏部君硕学通才……与余契合无间。尝数数为余称道定侯之贤，谓其劬学嗜古，克绍家风，余固已心识之……方惧学术之衰微，怅知交之寥落。今定侯乃能衍其世父之绪业，且骎骎光显昌大之，窃幸清芬之世守，更私喜吾道之不孤矣。"傅增湘去后不久，叶启勋获得北宋太平二年大徐所刻《说文解字》，又电请傅增湘和商承祚作鉴定，此书今藏湖南省图书馆。叶启勋获得此书之后，引来不少麻烦。国民政府司法部长邵元冲夫人张默君强行来观此书，叶启勋以是否宋本还有待商定予以拒绝。又日本文物收藏家山本悌二郎许诺以三千元影印此书，并开出携带叶启勋之子叶运闿、叶运奎赴日留学的条件，但叶启勋迫于当时抗日形势，也予以拒绝了。

1937年，叶启勋将其所藏110余种珍贵古籍的题跋录汇成《拾经楼紬书录》，由长沙叶氏拾经楼刊行，是书流传较广。1967年，台湾广文书局曾加以重印。2008年，此书收入《湖南近现代藏书家题跋》，由岳麓书社出版。2014年，此书列入"中国历代书目题跋丛书"第四辑，由上海古籍出版社出版。此书的流传，外加湖南图书馆近年入选国家珍贵古籍名录的图书多有叶启勋旧藏，因而不少人仅仅将叶启勋目为湖南现代著名藏书家，而往往忽视了叶启勋的学术贡献。

事实上，早在刊刻《拾经楼紬书录》之前，叶启勋已经在《图书馆学季刊》《金陵学报》等刊物上连载《四库全书目录板本考》。在这部书中，叶启勋绍承叶德辉的版本之学，对《四库全书》中所收的"经部""史部"书籍进行版本考释，详定优劣，给古籍研究者和整理者带来极大方便。遗憾的是，是书虽在1937年前已经完稿，但由于叶启勋生活逐渐困窘，无力进行刊刻。嗣后，叶启勋曾将手稿交给金陵大学图书馆馆长李小缘，但李小缘也四处颠沛流离。中华人民共和国成立后，此稿也无下文，或已全佚。此外，据《长沙市志》记载，可知叶启勋还有《〈说文解字〉引经系传》，而早年他曾补遗叶德辉《说文籀文考证》一卷，这些足以证明叶启勋在《说文解字》的研究中卓有建树。他对《说文解字》有着如此深的造诣，无怪乎他经藏了宋本《说文解字》。从叶启勋的学术兴趣，再看叶启勋的藏书，我们发现，他不单是一个藏书家，还是一位了不起的学者，可惜是被世人逐渐遗忘的学者。

1937年，全面抗战爆发，叶启勋兄弟预感到藏书的危机，决定分批将书寄存农村，叶运奎回忆："第一批二十箱计二千余部、一万多卷，均为珍本、善本，有宋、元刻本十余部，明刻本近百部，明清抄稿本几十部。”先押运到湘潭易俗河，又转运长沙河西马头坝（今属长沙市岳麓区雷锋镇）杨姓亲戚家，因为这里距城区仅30里，叶启勋觉得不安全，又转移到莲花桥曾家湾（今属长沙市岳麓区莲花镇）一黄姓人家中，这里距城中约一天路程。叶启勋一家人也居住于此。由于日军进犯武汉，长沙城中已不太平，因此其余藏书无法运出。1938年，长沙“文夕大火”，其家藏书连同苏家巷的祖屋全部化为灰烬，二十余年心血毁于一旦，叶启勋为之痛哭。1941年8月，叶启勋还曾避难至湖南耒阳。1944年日军占领长沙后，曾四处派人稽查叶启勋。此时，叶启勋携带少量珍贵古籍随经商的姐夫杨澄度迁移至益阳安化、兰田一带。1945年2月，叶启勋成为迁移至该地的湖南省私立文艺中学国文教员。文艺中学校长为长沙文化名人曹典球，曹与叶德辉有旧，故叶启勋得以在此任教。这一时期，叶启勋与商承祚、李小缘等人仍时有通信。长沙光复后，捉汉奸等运动兴起，有人乘机寻衅，想得到叶家藏书。叶启勋因而将藏书置于皮箱中，埋在长沙登隆街宏济堂药铺草药库中。宏济堂创始人饶菊生（1873—1944）为长沙商业巨子，旗下还有九如斋南货店、华昌木器店等。叶家与饶菊生家族世代通婚。叶启勋岳父与饶菊生为至交，其弟叶启发更娶饶菊生之女饶世新为妻，其长女叶运珍嫁给饶菊生长孙，因此往来相当密切。此后，叶启勋改行当会计，先后在长沙市轮航管理处、长沙市税捐征收处工作，并继续兼任文艺中学国文教员。

1949年长沙解放以后，叶启勋兄弟深感购书难、收藏难、保全更难。镇反运动中，叶启勋被人检举曾加入国民党，被内定为“历史反革命分子”。1951年，全家商定将藏书全部上交湖南省文物管理委员会。临捐献前，为免言词招致祸事，叶启勋带着叶运闿、叶运奎兄弟，将叶启勋所写题跋、后记悉数扯下烧毁。不久，叶启勋离开长沙，在武汉一家建筑公司任会计，曾参加荆江分洪工程。1953年，调入中南建工部设计处，从事古建筑研究，1956年，调入北京建工部建筑科学研究院，奔赴北京建筑工程部。“文革”初，叶启勋年老，且患病在家，未受冲击，后随建工部职工下放到河南修武县。1969年底，其历史问题查清，并非国民党员，因而予以平反，叶运奎随即将父亲接到其工作的郑州市建委。1970年春，叶启勋曾短暂回到阔别二十年的长沙。1972年元旦，这位一辈子与书为伴的湖南现代著名藏书家在郑州去世，享年72岁。

二、叶启勋最后的著述《阙的简史》

1949年以后，叶启勋的藏书事业基本停止了，但是他的学术研究还有没有推进呢？《长沙市志》仅仅记载叶启勋曾在建工部工作，至于其著述，没有论及。笔者通过查阅文献，发现叶启勋此期虽无书可藏，也因为工作需要，不再做版本目录学及小学研究，却进入了建筑和考古领域的研究。1956 年第 12 期的《文物参考资料》有叶启勋的《长沙楚墓出土“雕刻花板”名称的商讨》一文，该文讨论了 1953 年长沙仰天湖战国楚墓出土的“雕刻花板”问题。通过文献和实物比照，叶启勋认为这个“雕刻花板”是盛放死者的木板。这是中华人民共和国成立后叶启勋为数不多的作品，由于不久之后“反右”等运动接踵而至，有人据此以为这是叶启勋生平最后的传世著述。的确，笔者曾走访过叶氏后人，了解到在历次运动中，叶启勋曾将自己的著述销毁，以至于无片纸留存。这是湖湘文化的一大损失，令人遗憾和唏嘘。

不过，就此认定《长沙楚墓出土“雕刻花板”名称的商讨》一文为叶启勋最后著述，显然还略显草率。近日，笔者在孔夫子旧书网购得油印本《阙的简史》一册，此书作者叶定侯，出版单位为建筑工程部建筑科学研究院，时间是 1957 年 10 月。叶定侯即叶启勋，他早年在《图书馆学季刊》上发表文章时也常用这个名字。该书有红蓝图书章 6 个，从图章看，此书曾藏于陕西省建筑设计院、陕西城市设计院等单位，可知当年曾在建筑系统内部单位广泛使用。油印本《阙的简史》正文内容共计 25 页，附图 18 张，占 5 页。正文内容分三部分，第一部分讲述远古时期的“阙”的概念，第二部分陈述战国以迄于清代的“阙”的演变轨迹，第三部分为结尾部分，呼应当时“推陈出新、百花齐放”的号召，对这本小册子的价值做了一个基本的总结，并恳请大家批评指正。从现存材料看，《阙的简史》乃是中华人民共和国成立以后学术界关于“阙”的第一篇系统性的论文。这本小册子文字内容仅 15000 余字，但征引的文献就达 80 多种，附图达 18 张，几乎囊括了当时可见的文献画像和出土材料，这可见叶启勋的博学和深厚的学术功底，也可见他治学的严谨。当然，也从另一个方面反映出叶启勋早年所受的小学教育是何

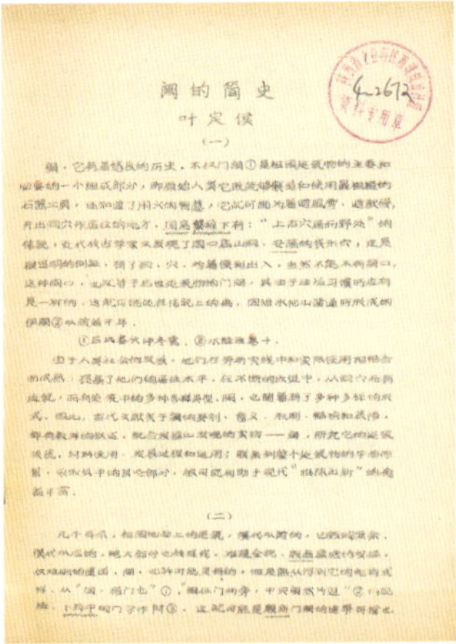

《阙的简史》

等了不起。叶启勋追随叶德辉，对考据学兴趣颇大，早年著作几乎也全是考证性质的文章。有人以为叶启勋不过是书蠹，但是从中华人民共和国成立后叶启勋转到自己并不熟悉的中国古代建筑和考古领域看，叶启勋并非榆木脑袋，也非“移动的书橱”，而是能够充分利用自己博览群书的优势，外加自己所受的严格学术训练，从而开辟出新的学术领地。

正是因为有着深厚的学术造诣，叶启勋这位仅有私立中学文凭的长沙人，才能够在建工部立足，并成为“中国古代建筑史编委会”成员，与陈明达、戴念慈、杨耀、单士元、宿白、徐苹芳、陈从周、刘致平等人一道，去审定刘敦桢、傅熹年等人修订的《中国古代建筑史》第七稿。可以说，1950 年之后，叶启勋已经不再是一个藏书家，甚至不再是目录版本学家，而已经变成一个古建筑学家，这由《阙的简史》等著作是可以证明的。而这一点，也应该引起研究者注意。另外《长沙市志》提到，叶启勋在建工部情报研究所工作，并不准确，从目前披露的材料看，叶启勋在 1957 年肯定是在建工部建筑科学研究院工作。而 1958 年，建工部与建材部合并为新的建工部，这时候成立的机构是技术情报局。1965 年，建工部与建材部又分家，且分别成立技术情报研究所。也就是说《长沙市志》的记载并不准确，准确的记载应该是，叶启勋于中华人民共和国成立后在建工部建筑科学研究院工作，1958 年在技术情报局工作，1965 年在技术情报所工作。

作为旧派人物，叶启勋因家庭成分等原因，外加自己性格较为懦弱，因此，1958 年之后，他不但不再有著述，反而还把从前写的手稿等都销毁了。由此看来，1957 年 10 月出版的《阙的简史》应当是叶启勋最后的著作。不过，关于叶启勋在新中国成立之后的行踪和履历，还有许多值得研究的地方，如湖南图书馆现存叶启勋旧藏究竟有多少，叶启勋晚年的交游情况等等，都有待研究者进一步关注。本文权当抛砖引玉，尚请湖南文史耆旧和爱好者不吝赐教。藏

读书清华园　钩玄古文献
——刘蔷先生访谈录

刘　蔷　王　锷

王锷与刘蔷老师交谈

求学经历

王锷：刘老师，很高兴您能来到我们学礼堂做客，并接受我们的专访。首先，请您给我们讲讲您求学的经历，以及您是如何走上文献学研究这条路的。

刘蔷老师：说来也简单。我小时候的理想是学历史，学考古。我是天津人，一九八六年上大学时，北大历史系和考古系在天津都没有招生，小时候也不太懂，觉得图书馆系就是天天看书，于是报了图书馆学系，本科就这么过来了。九零到九三年，我在武汉大学图书情报学院，跟谢灼华先生读硕士。谢老师出版过《中国图书和图书馆史》《中国文学目录学》等，有比较大的影响，他是我们国家最早的图书馆学专科学校——湖北私立武昌文华图书馆学专科学校（简称“文华图专”）毕业的。文华图专是我国最早开设图书馆学专业的高等教育学校，一九二七年建立，所以，可以说谢老师是老一代的目录学家。我跟谢老师读硕士的时候，他在做明代图书馆史方面的资料，图书馆史是现代的叫法，其实就是对公藏机构或者私人藏书的研究。我跟谢老师做了几年藏书史料的搜集，其间读了一年多的《明史》，把《明史》里和藏书有关系的全都找了出来，做过不少卡片。

九三年毕业，我被分配到清华大学图书馆，先是安排在自动化部做了大概半年多的数据库建设。正好九三年成立清华大学科技史暨古文献研究所，我被调到这里工作。在清华原先有几位老先生主持编写中国古代科技史，分不同的方向，比如说农业技术史、工程技术史、机械发明史等。图书馆有个组叫工程史料组，就是为清华编写科技史服务的，专门从古籍里头去抄辑那些和古代科技有关系的资料卡片。九三年将工程史料组和图书馆的古籍部合并，成立我们研究所，请了一位我们清华的老校友、中国科学院自然科学史研究所的副所长华觉明先生担任第一任所长。他是青铜器专家，正好那年退休，就被聘请到我们学校来。

研究所平常办公和管理归图书馆，但事实上它是校级研究所。我们有硕士点，有历史文献学和科技史两个方向，教学管理是在人文学院，只是资源和办公都在图书馆这边，有一定的独立性。管理上都是按照学校研究机构的标准考核，这些事情图书馆不管，一直是这样的状态。我们所里的人分两部分，有做科技史的，而像我就纯粹是做古文献的。所以，我从九三年工作到现在，已经二十三年了。

刘老师在书库

王锷： 您本科从北大图书馆学系毕业，然后就到了武大去读硕士。在（二十世纪）八十年代末九十年代初，读硕士的人还是很少的，那时候的硕士还是相当受重视的，所以才能进清华吧？

刘老师：是的。所以那时候到图书馆还比较受重视。不像现在，好像能留在学校的最起码都是硕士，有时你要想是个研究岗位的话，还得是博士。当时我们那个所刚刚成立，我跟当时的副所长赵子富聊了聊，他是北大历史系明史方向的博士，许大龄先生的博士，他一看我基本的背景、专业，就说你应该到我们所来，所以很顺利就把我调过去了。因此我只在图书馆自动化那边建库建了半年。

清华图书馆古籍收藏及善本书目编纂情况

王锷：刚才听您讲，在清华图书馆自动化部那边时间不长，就到科古所了，到那以后，大概就开始接触古籍了，那请问清华大学图书馆古籍的收藏情况如何？

刘老师：是的。其实这么多年一直坚持做古籍，也是跟清华图书馆这些“老家底儿”有关系。可能一般人会觉着清华是以理工见长的学校，而且更偏工科，偏实用，像文科都是八十年代中期才开始陆续恢复的，怎么会有这么多的古籍呢？其实大致来说，我们总体量有差不多二十八万册，不到三万种古籍。这些书基本上都是从清华建校开始，在这将近七八十年时间里陆续收藏的。一九五二年，国家高校院系调整的时候，像我们清华的文科院系取消了，连学生带老师，被合并到北大的相关院系去了。比如说我们第一任所长华老师，他和李学勤先生一样，都是上学的时候是在清华，但是因为五二年院系调整，所以他们又都是北大哲学系的前后届毕业生。清华的人调走了，但书没走。这是当时的老校长蒋南翔校长的远见。虽然还是拨走了一些东西，但是书和文物这些资料基本全留下来了。比如说文物，我们有数量还蛮大的一大批甲骨资料，在全国有甲骨收藏的单位中，我们排到第十一位。这以前很少被提到，外界也不是太清楚。我们古籍这边，数量听上去好像不太大。全国高校图书馆的古籍藏量，北大是一百五十万册，遥遥领先，谁也比不了，是能和国家图书馆、上海图书馆相提并论的。但是再向下一个层次，像复旦、清华是三四十万册，人大号称四十万册，北师大也说是四十万册，还有华师大、中大、武大、山大这些学校。在数量上，大家都差不多。但如果要从质量上来讲，我们是属于很靠前的，和复旦差不多。这个质量可以拿它著录到《中国古籍善本书目》里的数量做标准，因为这是比较硬的一个标准，清华被著录到《善本书目》里有两千多种，虽然人大也号称四十万册，但是它著录到《善本书目》的只有九百种。

王锷：从《中国古籍善本书目》看，清华的善本数量还是很多的。当时你们那边做《清华大学图书馆藏善本书目》，大概也与《善本书目》有关系吧？

清华图书馆

刘老师：嗯。我们馆从八十年代初开始参加编纂《中国古籍善本书目》，当时留下了一些《善本书目》的相关材料，比如说按当时的标准和做法整理的著录草片。曾经在八五、八六年的时候，想把《善本书目》中收录的我们清华的这部分辑出来出版。当时有一个初稿，这个初稿完全按照《善本书目》的收录标准，是个简目，包括书名、卷数、版本几项。因为《善本书目》是联合目录，它没有册、函数，我们也拘泥于它的体例，甚至连索书号也没有，更没有行款、版式这些，是非常简单的一个简目。当时把《善本书目》草片中的清华藏本抄辑出来，便形成了大概三十万字的初稿，手抄在四百字一页的稿纸上，很厚一摞。还请姜亮夫先生题写了书签，因为姜亮夫先生是清华校友；顾廷龙先生题词，顾老写了个两行的题词；请魏隐儒先生作了不长的一个序，因为魏先生是《善本书目》编纂组里负责给清华核查的，所以他比较了解清华的藏书情况。但是后来资金没落实，从八十年代中期，一直搁置到我工作的那个年代。那时我们古籍库里的线装书还没编完，所以刚开始的时候，我先是参加编目，其实我那个时候最主要的工作还不是做编目，我调到我们所，就赶上一个大事情，九四年编纂出版《四库全书存目丛书》，这个待会再说。到九六年，我在《存目》那边的工作结束，差不多是九七年初，二三月份那个假期，我们所和图书馆决定要出版馆藏的善本书目。正好《存目》那边的工作结束了，馆里就让我编这个善本目录。

刚开始的时候，大家觉着编目录是比较容易做的事情，只是把原来的初稿核查一遍就能出版，但是一看，初稿的质量不行。因为和以前相比，大家已经有了更好的范本。比如北京图书馆的五大本目录，早先赵万里先生编的目录，加上后来出版的五大本蓝皮目录，还有比如说像高校善本目录里，早于我们的人大的目录就很好，人大的目录即《中国人民大学图书馆古籍善本书目》，是宋平生老师他们做的，虽然说不太厚，但是它是详细著录，包括行款、版式、钤章情况、批校等等，而且版本的鉴定也比较准确。当时我看了这个情况，就给馆里提了个建议，我说现在已经不是八十年代的那个水平，如果还只是简单地核查一遍去出版的话，揭示的深度、广度都不够。既然要正式出版，那借这个机会，我们就做一个更好、更全面的。那时，因为我之前做了将近三年的《存目》的工作，而且那三年我在《存目》那边做的也是目录版本调查这些事情，加上和杜泽逊老师、罗琳老师等在一个办公室里，受大家熏陶，我也有点自己的想法。另外，我也跟杜老师他们都聊过，说既然让我做这个事情，怎么才能做好，杜老师给了我不少好的建议。后来馆里就说既然年轻人愿意做，那就做呗。那时候确实是年轻，其实现在想想，经历了那么一段做目录的过程，对自己的锻炼也挺大的。虽然你看我们目录上有其他几位同事，但是始终如一的就我一个人。我在库里看书就看了两年多时间，把所有东西全部核查一遍，该补的补，该加的加，该重新增订的增订，该删的删，所以整个过程前后加在一起是六年。全部的编和校，包括排版这些事情全是我自己一手做的，等于我们这个目录做了六年，我一个人做了六年。

王锷：我那几年还关注目录，这几年关注得没有那么多了。在我印象中，大概就高校图书馆馆藏目录来说，中国人大宋老师编的那个和您做的这个，我觉得如果从版本目录学角度来讲，可能体例是最完善的。宋老师编的书目，当时还题字送我一册。当时杜泽逊介绍我送他一本《三礼研究论著提要》，后来他回赠我一本《中国人民大学图书馆古籍善本书目》。现在好像其他高校图书馆没有人把馆藏目录做到这样的一个水准。

刘老师：目录是揭示馆藏的基本手段，能让学术界了解你藏书的基本情况及价值。但是八十年代以前，其实大家的思想还没有那么开放，特别是为学界服务，说我这个馆藏是天下公器的这种思想，其实还不是那么普遍。跟我国大规模的编古籍善本联合目录，这种调查有关系吧，慢慢地我觉得好像大家更重视，也更愿意花精力去做这个事情了。做目录其实很难，首先难在你要准确。其次，如果是大单位的话，这个事情可能时间会拉得比较长；小单位的话，又没有专业的人来做。这个问题直到现在也一样，例如上海图书馆、复旦等，到现在也都没有出版书本式目录。但还是有其他办法来弥补，不一定出书本式目录，可以在网上检索，也算是把他的馆藏揭示出来了。可是按我们传统的做法，总是一书在手更加直观清晰，有目录的体例、基本情况，很

刘老师在工作

容易就可以看出来这个馆的收藏特色是什么。比如说像我们馆藏的书，就是经部和集部好，而且我们馆里的抄稿本很多，特别是未刊的稿本，一些还是名家或小名家的稿本，这种比较多。你拿着目录书一翻，就很容易看出来这种特点。某个类目基本的情况怎么样，善与不善，全与不全，一目了然。可大家现在都习惯在电脑上去检索，当然是方便，海内外都可以看，但总还不是像书本式目录那么直观。

王锷：当年我一个老师给我讲，这种工作是能者不为，不能者欲为而不能为之事。从现在的情况来看，很多高校图书馆包括您刚才讲的，不出书的原因当然多了，但恐怕能胜任其事者少是重要原因。

刘老师：原因有很多方面吧。像我的学弟学妹，他们有时候会觉着在图书馆工作，如果说做古籍工作，能像我这样，有机会做自己的研究等等很好。我说你们都是只看到后半段，没看到前半段，前半段其实都是冷板凳，苦不苦是自己感受，但都会有那种积累的阶段。我当年在书库里看书的时候，每天早上起来，把茶水晾上，然后就是全天在书库里。那时候书库里也没有电脑，都是用手记，几盒的卡片，都在书库里放着。我就在书车上看，随着书架顺着看，一架一架的，把原来收的，后来编出来的只要是够善本标准的，都看一下。特别是补那些著录项，看似简单，好像就是把行款版式等补一下，难是难在什么呢？一个是藏书印的辨识，还有一个是批校题跋，到底是谁写谁批的，还有就是八十年代版本鉴定这一块，毕竟不如我九十年代工作的时候能看到的东西多。按照我在《存目》的训练以及我自己原来的专业基础，可以看出很多问题，那就不断地记下来，然后出了书库再查资料，逐一去补。所以，我觉得到后来，我对很多的工具书非常之熟，和这几年编《善本书目》工作有很大关系，真是自己就锻炼出来了。

王锷：就是，工具书你用得多了，翻得多了，自然就熟了。即使遇到问题，也知道从哪儿去解决。

刘老师：当然还有更好的一点，就是鉴定版本方面，我工作的时候虽说也做过编目，但是我们未编书大部分编完了，余下数量不多。我编过方志，也编过一些按我们清华分类法来讲，甲类总类的一些书，但是不会像做善本目录那样，看得那么系统，各个时期的版本都看。所以后来沈津先生请我去哈佛写书志，也是相信我基本的版本鉴定素养，因为在那里是各干各的，各写各的，不会再有人去给你把关，你就是要独立地去做事情。所以那几年的工作是很锻炼人的。

王锷：也就是说通过做《清华大学图书馆藏善本书目》，您目验了很多书，在这一块儿打下了很坚实的基础。

刘老师：可以这样讲，因为清华的古籍藏书量不大不小，没有像北大、国图那么厚实。但是呢，也还算是四库齐全，而且我们有各个时期的代表性的东西，宋元版书我们有，各类型的比如说包括套印本、版画等我们也有。从目录的丰富性来讲，我们也足够。我把我们整个书库里的善本书都看了一遍，还是挺难得的一段经历。我自己有一个结集出版的小集子《清华园里读旧书》，那里面的文章，几乎是我工作头十年的文章。工作以后，总是看见好玩的东西嘛，觉着有意思，就陆陆续续写了一些。那时候我有几个硬皮本儿，就跟杜老师当年在《存目》里一样，他是好几个硬皮本儿，我好像硬皮的软皮的都有，有那么几个本儿，随看随记，那里头要是挖掘的话，可写的东西还很多。后来慢慢地兴趣转了，但有时听别人说他做什么研究，我能特别快地告诉他们，我们馆藏有个什么书你可以看看。我昨天和南京艺术学院的薛龙春老师聊天，他做过王宠研究，王宠的文集叫《雅宜山人集》，王宠岁数不大，他的很多想法，在他跟他的哥哥王守之间的书信里头讨论到了，我一下子想起来了王守的文集叫《石湖集》，这部《石湖集》没有刻本，都是传抄的，我说我们馆里有部抄本。他就特别惊讶，说他一直想找，原听人说国图有，但就是找不到，他说你们怎么能有？我说我们还就是有，这书我肯定没记错。我对清华馆藏的那种熟悉，都是源于那些年工作的积累。也是自己有兴趣吧，多少还算用心地记了一些东

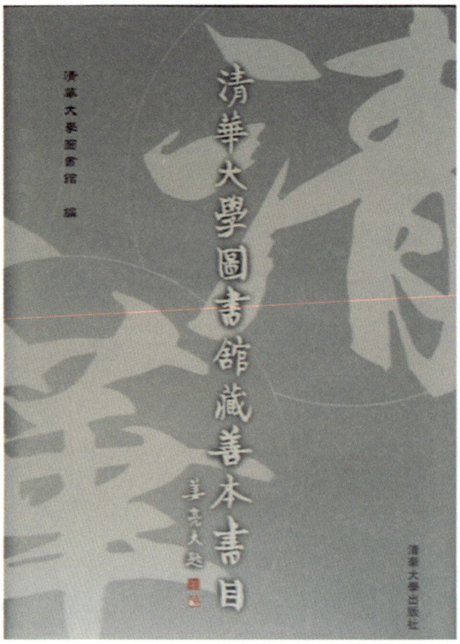

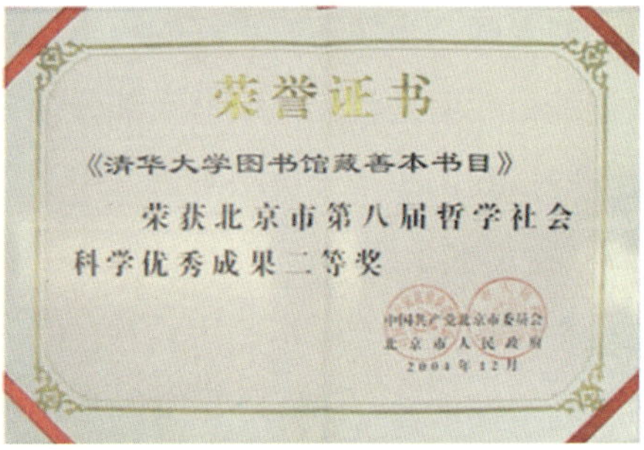

《清华大学图书馆藏善本书目》及获奖证书

刘老师为学礼堂题名

西，有些就陆续地写成文章了，有些还有点记录，后来也是忙得顾不上，将来要退休的话，我就把这些都给整理出来。

王锷：其实还是平时材料的积累吧。因为您刚才说这个我就突然想起来，我刚到南师来的时候，招的第一个硕士叫万丽文，当时我让她做孙希旦的《礼记集解》。她查了之后，说是孙延钊给孙希旦编过《孙敬轩先生年谱》，在《瓯风杂志》上发过，那个杂志清华有。我说这事好办，就给您打一个电话，三四天您就把东西给我寄过来了。我一提您就说知道，有。也就是说您在那待时间长了，那儿东西摸得很熟，不光是古籍的，包括与古籍有关的刊物上的文章，您都很熟。所以也就说，做任何事情，如果不去下这么多功夫，要想达到您现在的这个程度是不可能的。

刘老师：做什么事儿你要是不用心，不用功，可能都没什么收获的。

《四库全书存目丛书》编纂情况

王锷：您参加编《存目》，是刚工作就去做了。现在外界可能还是对《四库存目丛书》了解得不太多，其实我知道最多的还是从您和杜泽逊老师那里了解的，其他人讲得好像也不多，请您来跟我们介绍下《四库全书存目丛书》的编纂情况。

刘老师：如果您想了解得更详细、准确一点儿，前两年复旦的吴格吴老师写了一篇文章，讨论九十年代这些大规模的古籍整理影印出版的意义，就是九十年代那几大套书，他的记述，会更准确一些。杜老师也写过一些文章。就我了解的情况，《存目》这个事情开始其实是蛮早的，九二年、九三年就有这个动议，包括季羡林先生、顾廷龙先生等。当然后来大家有分工了，顾老他这边做的是《续修四库全书》，季先生做《存目》的主编。但是刚开始的时候，九一年、九二年，据说最早是胡道静先生提议的，好像还是政协会什么的提案，说要影印出版《四库全书存目丛书》。大家都知道《四库全书》的编纂过程，大概真正抄到《四库全书》里的书，就是三分之一而已，其余三分之二的书只是留了个书名和提要保存在《四库全书总目》里，同时还禁毁了很多书。这些都和乾隆修《四库》有关系，等于是《四库》的不同体系。

以前做古籍影印，大都是由出版社来做，由出版社出资，或是通过国家的一些专项经费。八十年代以来，既有国家古籍整理规划小组，就是原来在国务院的古籍整理规划小组，还有高校古委会，即全国高校古籍整理研究工作委员会，就是安平秋先生他们那边。古委会做得更多的是整理，“十全一海”都是标点整理的，而古籍小组做影印书比较多。可是真要做到《续修四库全书》《四库全书存目丛书》这个规模，资金从哪里来？这两大套书，正好是九十年代这种大套的影印书的两种运作方式。《续修四库全书》基本上是上海古籍出版社自己出的钱，当然，它是边发行边弄起来。《存目》是民间集资，最早好像是深圳市南山区政府出了一百万，之后合作不好，他们就退出了，再到后来就以集资的名义筹款。这个集资是在他们编委会内部的。

编委会的成员都是大学里的一些老师，主任是刘俊文先生，是《存目》实际的主编，他本人是一位唐史专家，北大历史系教授，后来从做《存目》开始，学校里教学什么的基本上就不怎么做了，全部精力都在做这个。先是做《存目》，后来注册了爱如生公司，“基本古籍库”就是他做的，据传闻他是拿《存目》挣的钱成立了这个公司。我们那时候都叫他刘先生，他也是天津人，特别聪明。所以当时《存目》编委会中，大家都不是专职在做，是兼职在做。成立了一个编委会，还有一个顾问委员会，比如说季先生是主编，像刘乃和先生、王锺翰先生等好多人，很大的一个顾问委员会，同时还有一个工委会，工委会包括其他的事情，比如它的发行、印刷等这些。编委会的成员就包括您熟悉的杜泽逊老师、罗琳老师、当时还在北师大的倪晓建老师等这些人，还包括刘先生自己的老同学、老朋友，大都是大学里的老师，还有几位像中华书局的张忱石先生、冯宝志先生。那时大家都是风华正茂最年轻的时候，你想象一下，二十几年前啊。九三年底、九四年初成立编委会，我加入他们工作是九四年底。我为什么会去呢？他们本来是邀请我们所长赵子富先生去参加这个编委会的工作，但他因为有行

左起：杜泽逊、刘蔷、罗琳、刘荣
（摄于颐和园听鹂馆，《存目丛书》编纂工作研讨会上）

政职务去不了，所以就派我去了。每天有半天时间在那边工作，因为工作地点一直是在北大周围，所以也很近。我们这些人的工作情况都不一样，我是每天去半天，可其实我们晚上经常是加班，还加到很晚。杜老师是在山大上课，下了课坐着火车过来，一个礼拜待几天，他是这种形式。罗老师一般是一个礼拜来两个半天加晚上，可能中午来了，一干就干到后半夜去了，然后再回单位。各自情况都不一样，基本上大家都是花了挺大精力。

当时编委会里，有一个工作流程。杜老师是在总编室，所谓总编室，就是杜老师带一个在他们那儿打工的年轻人，还有另外一个编务，给他处理事情，大概也就这么三两个人，真正为主的是杜老师。罗老师是在目录室，所有的目录是由他这儿编出，他是第一流程，杜老师也有一半是在目录室这边，他和罗老师做我们的工作目录。工作目录做出来了，就要征集底本，但是这个底本合不合用，能不能用，要通过我们的调查。我们那叫拍摄室，所谓的拍摄室实际上也就我和另外一个同事两个人。所以那时候，杜老师说就看我成天打电话，拿着目录跟人家联系，那时候参加的单位大概有一百多个，都是藏书单位，然后我们就跟人家联系，问你们那儿有没有这个书，是不是什么版本，给我们看一下，给我们填一个工作单。那时我们那有一套工作单，单子发回来后，罗老师再来审查，他们认可了，就和人家谈价钱，那时候都拍缩微胶卷，少量的是缩微平片，谈好后，就把这个胶卷给征集来。这个过程看似简单，但是他们的目录会有反复，调查回来的情况也各式各样，所以也得很耐心，很细致。可好处是什么呢？就是跟我们的同行，特别是年长我的老一代的古籍界的同行，就熟悉了。有的我都没见过，但就是通过打电话，然后就了解了大家不同的工作风格，不同的专业水准。比如说北图帮我们做版本调查的是冀淑英冀先生，那时候冀老填的那些单子，那字迹写得颤颤巍巍的，虽然她写得不多，可是非常精准，很值得信赖。基本上每个单位，我们会有一个联络人，而这个联络人，我现在要说起来，您肯定都知道，都是长我十岁左右的，当时最年富力强的做古籍的工作者，比如吴格吴老师，比如上海图书馆的陈秉仁先生，比如浙江图书馆的童正伦童老师，基本上都是古籍部主任这一层的，还有辽图的王清原、北大的沈乃文。这些人都是这个行当里头最专业的，然后也是当年来讲最能干的一拨人。所以我自己是觉得那几年的经历挺难得的，大概是别人可遇不可求的一段经历。

我们在编委会，是个大办公室，大家合作得特别好。那时候都年轻，罗老师还不被叫罗老呢，现在他胖了，头发也白了，老开玩笑叫他罗老。那时候杜老师大家都叫小杜，这么多年也是叫他小杜，都改不过嘴来了。因为都年轻，

刘老师工作照

然后做事情都特别认真，配合也很好，编大书这个事情本身也是摸索着在做，而且这种调查，我觉得我们所有参加者在专业方面，都有各自的收获。罗老师此后一直在做四库系列，包括后来我也参加帮他做的这个《四库未收书辑刊》和《四库禁毁书丛刊》，他现在又在做《四库著录书丛刊》，等于是几个四库系列都做过了。然后我自己这边，一方面是我们学校派我去编委会工作，但是那个年代同时另外进行着《续修四库全书》的编纂工作，《续修四库全书》在我们馆的调查也是我在做，所以这几方面加在一块儿，大概跟四库有关系的这些东西，不熟也被迫都熟了。

王锷：就是当时你们互相在一起，大家也都互相见证了各自的成长过程。您回想起来，这也是非常愉快的一段经历，是很重要的一段学习经历。

刘老师：我们大家真是怀着各自不同的目的加入到这里来，比如说杜老师应该要做他的《四库存目标注》，他是借助大项目才能够看到这么多东西。我是馆里派来的。像罗老师，他们那个年代很多人三十岁的时候，正是好像说单位的事情都不在话下，出来做事情也都特别踊跃的时候。所以现在回过头去看这个过程，感觉上其实都有超出于你当时目标以外的更多的收获。

王锷：就是当时大家在一起，合作做的事情做了，自己一些私活也干了，也成长了。

刘老师：特别是像罗老师，他们后来还是用这种运行方式，整理其他大书，给学界直接的好处就是影印了这么多的书出来。有时候我会觉得，现在做古籍影印书这个名目，如果像《存目》这样，有则更好，如果没有，比如说像《续修》那样，《续修》里面其实收了很多晚近的版本，民国的东西都有，甚至像什么《帛书周易》这一类的，它也收了，它只不过是用了《续修四库全书》这个书名，但是乾隆修《四库》以后的，它认为重要的当收的文献，它就影印收进来。所以这种大套书，你不论它编的时候所谓的宗旨是什么，但是客观来讲，都给学界留了一大批化身千百，容易得到的版本。这个是很重要的。

王锷：对。不仅是你们所编的这些书将来要在历史上留下来，你们工作的这段经历，我想也应该留在四库学史里边，这是很重要的一段史料。包括中国的古籍整理，也就是说我们在八九十年代，改革开放初期的古籍整理的工作是怎么进行的，大家做了什么事，这种模式对后代有什么影响，我想都应该留下来。

刘老师： 像现在很多高校，特别是一些比较新的八十年代以后成立的高校，它古文献这方面，不可能像有家底的学校一样有古籍收藏，它就只能去买这种大套的影印书。所以我们单位影印古籍的采购，也是我来给他们勾选，那我就看你是不是重复。你这些大套书和我们自己的馆藏，和已经影印出版的这些书，这个重复率怎么样。如果重复率超过百分之二三十，我就觉着不好。那我们就要看一看你那些不重的，是不是我们一定要收。影印书的版本要选，哪怕同一种书，版本不同，还是有用的，所以后来我也经常给图书馆灌输这种看法，不管怎么样，影印古籍还是易得的文献，如果能够补充馆藏，你花的钱不多，应该还是尽可能地买进来。

我们经历的这段呢，是从九十年代初到差不多零六年、零七年前后，这十几年正是大规模影印古籍的比较高峰的一段时间。现在你再看，大家好像又开始回归，更多的是去选主题性的，比如说《诗经要籍集成》《子海》等等，把主题更加突出一些。而我们是经历了一段四部全包的时间，因为四库本身就是包容性的，你不好讲它重点在哪里，但现在开始慢慢又回落到这种专题的丛书中来。

王锷： 专题丛书的编写，必须是要在前期经史子集全包括的这些书的基础上才能进行。如果说没有你们那段工作，现在专题性工作恐怕是难以进行下去的。

刘老师： 是。像以后呢，大概就越来越细化，然后越来越专业，一定是这么个过程。

王锷： 今天您讲的这些问题，我们把它记录下来，将来就会是四库学史研究上非常重要的文献依据。

《清华园里读旧书》的内容及其编选情况

王锷： 刚才我们谈到的关于《清华园里读旧书》，其实就是您一个版本目录学方面的论文集了。当时您给我这本书的时候，我大概快一个月没有给您回信。有一次您给我打电话，打电话时我正坐在公交车上，在随园返回仙林的路上。在车上我刚好还在读您的书，当时就没和您说什么，还没读完呢，不好给您讲。印象当中那本书分了好像四类还是五类，其实我倒觉得总的来说还是藏书和版本目录这么两大块。我当时说您为什么要编这样一本书，在里边收这些文章，刚才您已经讲了，也就是在图书馆工作过程当中，不断地看到一些材料，就把它记录下来，陆陆续续写成文的。那么显然，这不足以包括您在这些方面的成绩，恐怕还要编《续编》吧。

刘老师：是。那基本上是我工作头十年的一些文章。锷兄，我觉着我们做文献学这一块儿嘛，写的有些文章呢，是有时效性的。大概有些你做过了，别人也就不用再做了。我当时编选的时候，其中相当一部分是属于揭示馆藏的，我觉着那些外界大概了解不够，而我是做第一研究的人，有这样的一个优势吧，所以我就尽我所能把这些都揭示出来。这一类的题目，如果将来我把现在手上的一些专题做完，可能还会陆续不断地进行下去。所以有一段时间，我听人讲文献学想找题目有点难，怎么会这样讲呢？我觉得自己比较擅长这种研究，也更喜欢这样做，就是说我认为文献学最好是以一手文献为基础，从一手文献的研究入手，看别人没看的东西，尽可能地去做一手材料的探究。我一直是这么做的，基本上这也是我自己做研究的路数。

王锷：因为这个很重要，您是近水楼台，揭示出来让大家知道有什么书，我印象比较深的就是其中揭示了一个光绪皇帝结婚的档案。

刘老师：《光绪大婚典礼红档》。

王锷：我最近脑子里边有时候没事会瞎想，我这“学礼堂”微信公众号发什么呢？我还想到您这个，说什么时候把这篇文章要来，我们也可以作为“古礼漫谈”来发布。

刘老师：没问题，没问题。只要您勾选出来的，我就把电子稿发给您。

王锷：这些都是很重要的，但是外界不知道。我看了您的书，如果说我哪一天想用到其中什么的时候，我就知道哪里有这样一部书，这些文章是非常重要的。

刘老师：像《大婚典礼红档》，过去只有皇帝结婚才叫“大婚”，现在演员结婚也叫大婚，叫得太随便了。

王锷：对。你看现在有些称谓也是这样乱七八糟的，河南师范大学吕友仁先生专门在《文史知识》上发文章，谈到这些问题。

清华藏古彝文文献的整理

王锷：您做完这些以后，就去美国哈佛大学帮沈先生做书志了？

刘老师：做《四库全书存目丛书》做到九七年，然后差不多九八年到零一年又做《四库禁毁书丛刊》，是业余时间做的，公家不会给你半天时间让你不上班，跑到人家那边编书。九九至零一年还参与做《四库未收书辑刊》。所以这几套四库大书我都有参与。这段时间在我们馆的主要工作，一是古彝文文献的整理，一是整理我们抗战那批焚余书。清华在抗战的时候南迁，与北大、南开共同成立西南联大，把学校认为重要的一些古籍善本挑出来带走，把最好的东西全带到南方了。这些书在重庆的时候，被日本战机扔下的燃烧弹击中，一把火烧得十存一二，存的一二也是残的居多。我们把这批古籍叫“焚余书”，就是烧剩下的书。焚余书自抗战运回北京，一放就放了六十年，一直没整理。九九年图书馆给学校打了个报告，申请专项经费支持，把这批书给整理出来了，编目、整理、修复，做了两年时间。

王锷：对这批焚余书的整理也很重要，主要有些什么书？

刘老师：很重要。二〇〇七年国家文化部开始倡导“中华古籍保护计划”，在这个计划实施之前，我在清华主持做的两个事情，焚余书和彝文古籍的整理修复，都是被业界推举为重要的古籍保护工作，有一定示范作用。焚余书总共两千多册，其中包括一部清雍正铜活字光绪描润本《古今图书集成》，是一部非常特殊的版本，是光绪年间影印大字本的底本，是《集成》出版流传的重要一环，残余五百多册。还有很多其他善本，我有专文做过介绍。“老彝文”古籍的修复，是针对一批四十年代在西南地区收集的老彝文典籍，是彝文古籍，那批材料也很重要，包括了很多大部头的彝文著作。这是有来历、有价值、很特殊的一批材料，也是在我们馆里一放就放了几十年，后来都说不清楚是什么文字，开始还以为是纳西文呢。

王锷：都编了目录了是吧？

刘老师：都编了目，当时请中央民大一位彝族老师帮我们编的，然后我们全都重新整理出来。我这两个工作都是在零七年以前做的，后来每次国家办重大古籍保护成果展的时候，我们清华的两个修复成果都受邀参展，这在高校里是唯一的。

王锷：这些真的很重要：焚余书那是爱国主义教材，是帝国主义侵略我们的罪证，很重要；彝文古籍这些材料，是民族文献，是研究彝族历史的重要资料。

刘老师：我没有整理那批彝文书以前，以我的认识，老觉着彝文是不是也跟纳西文一样是象形文字，画图的，实际上彝文是高度符号化、高度成熟的文字。而且古彝文还有刻本，里面有一部彝文《劝善经》，应该是明代万历前后的刻本。你都想象不出来，那是彝文刻本。

清华大学图书馆馆藏“老彝文”修补

王锷：也就是说对我们国家少数民族历史、文字的研究来讲，这些是非常重要的材料。

刘老师：非常重要，而且属于有点边缘地带，现在对少数民族的研究，更多的是文化、历史、文学这方面。因为很多没有什么古籍存下来，少量的有，比如藏文古籍有。那像蒙满，都很晚，元朝以后才有少量的保存下来。

王锷：这样来看，清华彝族文献的收藏还是一个特色。

刘老师：是，而且大家在我们没有整理之前都说不清楚其来历。这批材料是当年马学良先生发现的，他是中央民族大学少数民族文学系的创系的老主任，当年是中央研究院的助理研究员。抗战后，四五年到四七年这段时间，他是以中央研究院的助理研究员的身份在彝族地区学彝语、做调查，研究彝风彝俗。在一个末代的女土司家里头，他发现了这批材料。那个时候有好多外国传教士在彝族地区传教，他们传教的做法，一是把我的经典给你带进来，我建教堂，然后给你看《圣经》这些书；另一方面，我把你的书弄走，有的东西他觉得有用的他就带走，没用的他给你烧掉，毁你的本民族文化。所以，这真是抢救性的发现。当时马先生看到她家里头有很多古书，两千多册，就想买下来，但没有钱，然后他打报告给傅斯年先生，中研院也没有足够的经费，就跟当时的北平图书馆商量，两家出资把它买下运回来，不光有两千多册书，还有明代的彝文雕版，十几块雕版，是用一支规模很大的马队运出来的。

马先生晚年回忆，运出来的书分成五份，北平图书馆和中央研究院各取一份，剩下一份给了西南联大。马先生的说法是西南联大以后又分了，应该是清华、北大和南开各取一部分，北大和南开那两份至今没发现。我做这个是零五、零六年的时候，给两家去信，包括通过同行去档案馆、校史馆到处查，没有发现，都没找到。只有我们这份落实了，中央研究院那份在台湾，四九年的时候被运走了，那是马先生特别心心念念、遗憾的事情，因为拿过去也没有人整理。国图的这部分被改装，他们整理的时候没有彝族学者帮着看，所以装错的，切掉天头的，分装的，错装的，各种情况都有。我们是按照彝族古籍的原状整理的，因为之前我是先做调查，看看现在存下来的传世的这种彝文文献是一个什么状态，大家是怎么个做法，怎么能把它尽可能做好？所有的都是先调查，后定方案，然后再实践，这样就比较科学。所以无论他们彝族学者，还是说我们图书馆做善本这一块，包括他们做古籍保护的，方方面面来看，都认为我们是做得很成功的。

王锷：这也是需要从专业文献角度来做这些事情。

刘老师：是。所以我就这个事情还写过一篇文章，后来还写了一个英文版的，发在 IFLA 大会的论文集里，IFLA 大会就是“国际图联”大会，零六年在杭州召开，后来在国外又出版了英文的集子。因为这个事情比较难得，也有它特殊的意义。

王锷：对，有它特别的价值。您不说我不知道，我们没有谈过这个事情。

刘老师：所以我做的事情可杂呢，在图书馆工作是啥事儿都做。

王锷：这个真的不亚于当年天一阁花功夫收了一批考试的卷子，顾廷龙先生带一批人在“文革”期间收家谱之类的，当时大家也没觉得这有什么重要的，但是现在来看都是特色。你说彝族文献这当然是清华的特色了，这是非常重要的。

美国哈佛燕京图书馆访问学者经历

王锷：做完彝族文献整理以后，您才去的美国哈佛大学那边？

刘老师：是在零六年夏天，完成了古彝文文献的整理，就去了美国。哈佛燕京图书馆是一九二八年成立的，沈津先生最早去是九二年。沈先生开始也是以访问学者身份去的，在哈佛燕京图书馆做了两年的访问学者，然后在上海辞书出版社出版了一百多万字的《美国哈佛大学哈佛燕京图书馆中文善本书志》。哈佛燕京图书馆从成立到现在，也八九十年了，总共就三任馆长，现在是第三任，每任馆长都做了二三十年。请沈先生去的是第二任吴文津先生，第一任是裘开明先生，他们两人都是做了三十年以上的馆长，都对哈佛燕京贡献很大。吴先生有个想法，就是哈佛燕京这些书很重要，重要到什么程度呢？你看看是什么人收集来的就知道了。顾廷龙先生帮他们搜集，帮他们采购过。这是抗战前后的事情，那时候顾老还在燕京大学工作，有一项工作就是洪业派他去琉璃厂、隆福寺等书店给哈佛燕京学社买书。买来的书，如果这书有副本，两本，那就哈佛燕京一本，燕大一本；只有一本，就燕京一本，燕大留一个晒蓝本。燕大的书都给了北大，所以现在你看北大馆藏古籍里有些钞本、稿本是晒蓝本，就是这么一个来历。到后来，顾老就不做这个事情了。顾老自己晚年有这种说法，他说他觉着给美国人买书他心里头不如意。但是以顾老当年的眼光，他们这些老燕大的毕业生，都是很有功力的，而且都是学历史出身的，所以说哈佛燕京的书很重要。

王锷：现在来看留了副本还是不错的。

刘老师：还是不错的，而且西方学者他们挑中国的文献和我们传统的经史子集那种正经正史不一样，他们会收我们过去所不取的一些材料，比如说像那些朱卷，少数民族的、宗教的，比如说像缙绅录。我们以前甚至认为像方志都不是正儿八经的收藏，我以前就听中国书店的老先生讲，过去卖方志，都整摞整摞地卖，一拐棍儿高的一摞书，大概一块大洋就拿走了，大家都不重视，家谱根本没人收。

王锷：意思就是正经正史之外的都不太看重。

刘老师：对，都不看重。那些坊刻本的小集子、小词集，现在拍卖会上卖这么贵，过去人家认为这都是细枝末节的，没人在意的东西，都还是更看重正经正史的书籍。可是因为西方学者就是人所不取他取，反倒真的是留下了，而且很系统、很全，各个朝代的，比如缙绅录。哈佛燕京图书馆里的书架也都是几乎到书库顶这么高大的，就差不多您这儿小半面墙，这么大一面墙的清朝缙绅录。

王锷：各个时期都有吗？

刘老师：从雍正一直到清末，每个季度的、不同的缙绅录，官刻本、坊刻本都有，非常全。

王锷：这些东西对研究民族和社会史是非常重要的材料。

刘老师：是的。特别是我们中国经济史的研究，我们只能从古籍里找到很少材料。反倒是在大家认为是一些杂项的，像文书档案那类书里能找到材料。哈佛燕京图书馆里的书是杂在一起，这么排架，这么编的。当时吴馆长就想哈佛燕京的东西蛮重要的，因为它在收藏的数量和质量上，在北美地区应该讲是仅次于国会图书馆的。

王锷：它的地位很重要。

刘老师：地位很重要，确实也一直是服务于哈佛的东亚系和哈佛燕京学社，这么传承下来。但它编目情况很差，因为是西方人做的，不准确。像我们的编目，也是九十年代在做，大家用善本书目的方式去揭示馆藏。那个时候，公藏单位因为量太大了，几乎没有编书志的。可是吴先生就有这种眼光，他觉得我在海外，怎么能够让学术界更多地了解馆藏情况呢，所以他用善本书志的体例。可是写书志那比编书目更难，所以他就请了沈津先生。吴先生那时候在香港遇到沈津先生，沈先生的舅舅是杨振宁。杨先生那时候在香港中大，所以沈先生也被调到那边工作。吴先生在香港遇到沈先生，遇到一个合适的人选，问他你愿不愿意做这件事情？沈先生说那可以啊，然后就把他按访问学者的名义请到哈佛燕京来。沈先生也特别用功，他按照他自己的理解，制定了一个体例。因为书志有多种写法，有版本的书志，比如《天禄琳琅书目》就是版本书志，也有像《四库提要》那种介绍作者和编书情况、评价内容优劣的书志。沈先生的做法是结合这两种，既有作者介绍，也有成书经过，这书是怎么编的，版本流传的情况，特殊的地方等。

王锷：内容的好与坏这些也都有？

刘老师：内容评价不占主体，但他的书志是几段式，也有这一部分。

王锷：就是传统版本学这一块东西他比较全。

刘老师：他比较看重，这也是我们擅长的地方，但是他也没有完全把作者和书的内容这一块省去。您看他的体例，第一段是作者，第二段是成书的情况，第三段是书刊刻、流传的情况，再后面一段是存世的情况，基本上是一些特殊性，一段一段写下来。第一段是一个版本的著录——行款、版式，最后一段是书上面的藏书印，然后就是基本的一个版本的描述。书志嘛，书志是要有一个体例的，有一个定式的。

王锷：他的体例和王重民先生的提要相比，已经是推进了一大步。

刘老师：对，王先生的提要一般就是一段，基本上还是个版本提要。书志这一类的东西，其实有个人的色彩在里头，沈先生把它总结叫“哈佛模式”。其实“哈佛模式”这个词最早不是他提出来的，是严佐之老师提出来的。严老师写了一篇文章，就讲“哈佛模式”书志的撰写，他当时说“哈佛模式”是指哈佛请人写书志的这种做法，这篇文章发表在台湾的《书目季刊》上。他说所谓哈佛模式，一是组织有人，二是经费保证，三是请专人来做，然后就是按照这个单位的需要，所制定的一个特殊的体例，严老师把它总结为“哈佛模式”。到后来沈先生说得更多的是讲他这种区分于伯克利书志，区分于国内现在出版不多的其他体例的书志，包括区分于台北的“中央图书馆”《“国家图书馆”善本书志初稿》，是跟他们相区别的，他把哈佛燕京善本书志的体例和写法，称作“哈佛模式”。

王锷：还是有他一定道理的。因为我印象当中，可能是零一年年底或者零二年年初，沈先生给我回过一封信，也是因为给他寄《三礼研究论著提要》。他说他到了美国，那封信是从上海寄出来，他妈妈在上海住，给了我一个地址。所以大概他完全去那边，就是零一年前后。

刘老师：好像是。所以他那两年做的部分，是为哈佛燕京所藏的宋元明善本写了书志，所有的钞本、稿本、写本等等刻本以外的，以及全部的清代的善本没有写。后来沈先生就留在美国了。清代善本的数量很大，他一个人的力量做不完，然后学社就单出一笔钱，用哈佛燕京访问学者的名义请人来写。沈先生自己写集部，经、史、子三部是请了四个人，因为史部量最大，就请了两个人。头两年的经费是九九年到零一年，先请的是严佐之老师，严老师写经部。紧跟着就是浙江图书馆古籍部的老主任谷辉之老师，谷老师的博士论文是做柳如是的文集，挺棒的。谷老师做了史部的刻本，她写了史部三分之二的刻本，还留了三分之一的刻本。因为史部没有宋元的写本、钞本了，我做的是明代到清代的钞本和那剩下的三分之一刻本，所以我做的史部书特别杂。后来还富余一点时间，从部也是我写的，所以我写的书志是史部和从部。

王锷：大概一年能做多少种呢？

刘老师：两百多。一天一篇，两百多个工作日吧。每天去了，就是跟沈先生进书库，因为他那个库是划卡的锁，不能早于九点，早于九点警报就响了。我跟沈先生在那库门口站着，九点过了两分钟，沈先生就领着我们推一书车进去取书。然后各写各的，他做他的集部，集部量大嘛，我做史部的，顺着架子拿，一种一种拿。基本上一天一种，写一千五百到两千多字。后来越写越快，有时候一天写两种。我应该写了两百多篇吧，最后还加了四十多种从部的书，三十四五万字。

王锷：其实专门做确实很辛苦，一天一千多字是很辛苦的。

刘老师：还好，后来写习惯了就快了。

王锷：熟悉就快。就是有些书比如说熟练拿起来就可以写，有些书嘛总得查查看看什么的。

刘老师：我记得那时候有几个书特别麻烦，比如日记，不知道谁写的，名不见经传，里头净写什么“今天抽大烟了”“明天玩牌了”这些。可是呢，他还是个小文人，有吟诗唱和这些事，还有个小诗社。我们当时的做法是从善本书库里把书推出来，不是只拿一种书，不能老是进库，因为我们进库还不能光我跟沈先生进，还得加上他们Reference Book那边的一位同仁跟我们同时进库，所以得多拿几种。万一有的书不够入善的话，这种书就剔掉。当时沈先生一次拿个四五种，我也是一气儿拿个四五种，反正都顺着架子拿，也不用看号。拿下来的书呢，因为它过去是西方人编的，所以不一定真是善本。你别看它在善本库，并不一定就是善本书。我自己一票，沈先生一票，我要觉着这书根本不够入善，我就说沈先生这书要剔，那沈先生看了觉得对，我们就做个记录，把它剔除，将来它要挪到普通古籍库去。如果可以写，就坐着开始写书志。开始的时候慢，到后来写得就很快了，我们每天九点钟来，我经常两三点就写完了，然后就跑到楼下看书去了。这也是个熟练工种，也不是那么难，所以我说有些基本功还是很考验人，你自己对工具书熟不熟，根据几项要求你能不能特别快地把很多问题落实了，然后把它的价值写出来。我们还好，那时已是在电脑上写作，修修改改反正都很快。严老师都是手写稿，严老师的字还特好看，就写在四百字的格纸上。我特佩服严老师，比如他自己要修改的地方，他就再裁一纸条，把它贴上，你几乎看不出来它是有修改的，就小小的、整整齐齐地粘在上面。

王锷：对。他肯定是老师教的。我那时候抄稿子把这一页写错了，我老师李庆善先生就给我讲，就我和漆永祥的老师，先生说：你不要把稿纸浪费，把写错的再拿下来，你把字写好了，剪切下来，方方正正再贴这儿，完了誊清那稿子你看不出来哪个地方有错字。所以从那时候我就学会了这么抄。他说你要记住，拿给别人看的稿子上面永远不能有墨团，要干干净净。

刘老师：是的，我去的时候，严老师那一摞手稿也是这样。我们差不多每个人都是三十多万字，就按这个规模。沈先生他有个观点，他觉着写得越多肯定越好，因为你能写出来的多，说明能告诉人家的东西多，所以他是鼓励多写的。我写的最长的一篇是一万多字，《清代缙绅录》，那一篇好像写了一万七八千字，就是要把那一大架子书作为一种书志，写明白到底怎么回事。最后大论文一篇，讲了这些不同的缙绅录版本，前后流变之类。我回国后，在湖州开皕宋楼藏书楼国际研讨会，我就把这篇书志改了一改，当文章发表，引用率还挺高的。因为在哈佛燕京我看了这么一架子书，书成规模了，就比较容易讲清楚，到底这些不同是怎么回事，比如谁转刻谁。缙绅录那种书，为什么大家不重视它？官名录嘛，都是你家刻了，我把你家的拿来，稍微挖挖改改，又刻，模模糊糊、乱七八糟、一塌糊涂，基本上都是属于邋遢本那种的，可是它这里头还是有它的一些关系，挺好玩的。当时那篇我是写了一个礼拜，就是连查资料，再一本一本地顺，一本一本给搞清楚，那是写得比较费劲的一篇。

王锷：一万多字一个礼拜，那写得很快了。

刘老师：等到后来再让我这么写东西，我也觉得累得慌。

王锷：您在哈佛这一年，干了不少活。

刘老师：是的。

《天禄琳琅研究》的撰作

王锷：您为什么要写《天禄琳琅研究》？

刘老师：这个说来话长。我是在零四年的时候，又考回到北大中文系，在安平秋先生名下读博士。我后来做的这些工作实际上都是在文献学领域里，已经和图书馆学分得很清楚了，肯定是考回中文系这边比较对路子。所以零四年开始在职读博士，边上学边工作。也简单，第一年就把所有学分课都修完了，然后就做论文，安先生管得很宽松，我们自己想做什么题目就做什么。

我去美国之前，并不是"天禄琳琅研究"这个题目，那时候有点想做《四部丛刊》。我最早的想法还是跟自己的实际工作有关系。就是说，你整理一个什么东西，你做完了以后，这块儿你也会特别熟。因为我后来的工作和研究一直偏版本、偏目录，特别是偏版本这一块，我就很想把《四部丛刊》里的版本情况理一下，因为它里面用到的重要版本太多了。后来发现量太大，大就不好弄。我跟杜老师他们聊过，觉着铺散面太大，然后就收心了，想着做博士论文还得实际一点，不能旷日持久。我想要么就做一个人物，要么做一部书，比如一个重要的文献学著作或目录学著作。在选人物时有点反复，想做名家，例如叶德辉，但要尽量做别人没做过的。后来一聊天，有的老师说，我的学生在做。即便他们是硕士论文，我也不想跟人家重复，那我就换题目。我说过，有的是可做的题目。

当时选《天禄琳琅书目》，是因为我们做版本研究，是会经常用到这部书目，但用到这部书目时，大家会像看待《四部丛刊》一样，认为这里面错误很多。《四部丛刊》是因为它有些东西没有讲清楚，而《天禄琳琅书目》好像反面教材用到得更多一些。尽管这样，大家很多时候还会引用到《天禄琳琅书目》，因为它里面有大量的宋元版书的记载。可又因为大家觉着这个书目里错误太多了，不可信，所以学界不太重视。我那时候也没有想好怎么做，只是觉着得要找学术史上名头比较大的、有意义的，比如说一些起点的、创制的那些书，可能做起来会好写一点。很显然，《天禄琳琅书目》就版本目录来讲它是非常重要的，不管它有多少错，它的体例在乾隆时代是特殊的。大家现在更多的是研究乾隆时代的《四库全书总目》，这俨然是一个很热门的学问，是个显学，大家认为它很经典，繁衍出很多的方向来。《天禄琳琅书目》属于是冷门的，没有一个人去想想到底这个书目是不是有它足够的影响。其实它影响之大，我觉着在当时那个年代已经显现出来了，因为它是收录到《四库全书》里，前编书目是在《四库全书》里的，所以民间有很多人效法。

我最开始的时候从目录学这个角度理了一下，稍微一理就看出来了这里头可做的余地在哪儿了——藏书还在。通过调查梳理，我越来越坚信它其实存世量是很大的，因为毕竟才二百年，没有散失的那么严重。加上我早年读硕士的时候觉得藏书这块是个挺有意思的角度，我们过去没有说藏书是个学问，后来图书馆学系的老师们觉着藏书楼很多是跟古代的图书馆有关系的，所以大家才开始重视藏书研究。藏书和目录其实正好是一对应关系，我想有没有可能把书和目对应起来研究，然后这个思路就比较清楚了。我记得当时跟杜老师打了一个钟头的电话，我问他说《天禄琳琅书目》值不值得做？杜老师说他的学生唐桂艳做过，做的是硕士论文。因为我跟杜老师聊的时候我的思路是比较成熟的，就说了我想怎么做。我就给杜老师讲，我肯定是做最大的两块——版本学一块、目录学一块。版本学这块我不想再做人云亦云的这种，我想做实际的调查，把书和目对应起来。然后目录学这块，我觉得大家重视不够，这是我的切入点，就做这两部分研究。然后杜老师讲，你做，小唐做过的绝达不到你的深度。我基本上就把这个想法定下来了，这是在零八年。零八年夏天我去德国待了三个月，那是以前我们所里做《匠作则例》课题的一个结尾，工作基本上已经结束了。外国学者真的比我们对资料的看法更开放，他们把资料库都放在网上，但因为是英文的资料库，要校对一些基本的概念，所以我在那边工作就是做一下这些名词术语翻译的校对。那三个月比较自由，因为我去之前要做的文献基本上都看过，看得非常快，所以有好多闲暇时间。我当时去的时候就带了一本上海古籍出版社《中国历代书目题跋丛书》中的《天禄琳琅书目》，在德国的时候，没事就看里面提要的写法。回国时我基本上看完了，也把论文框架确定了

刘老师在南京师范大学做讲座

下来。零八年九月份回来后，便开展对存世天禄书的调查，做了不到一年。

王锷：好像就是那一年的十月份还是十一月份，当时在北大，漆永祥喊我们去开会，我听您和杜泽逊两个在聊做这个事情。

刘老师：是。因为那时候，我有一个优势，我本人是在图书馆工作，又和这些公藏单位同仁比较熟悉，所以我可以很快地把基本的目录理出来。理出来以后，一方面我自己去做调查，然后大家也帮了很多忙，有些个别的小书有时候就是一个电话、一封邮件，“你帮我看一下”“上面有没有那个印章”“给我发张书影过来”，等等。基本调查几乎一年就大体出来了，基本调查一出来，零九年我就申请了国家社科基金的课题。因为我有基本的调查，要做什么都很清楚，评审的时候专家看上去就觉得写得很扎实了。后来有老师就问我要当时课题申报的材料，给大家当一个范本，申请社科基金要怎么写，是怎么个思路。所以都很顺，零九年就评上了，评上了就好了，那时候就有充裕的经费去出差。我是一零年博士毕业，做了两年多。

王锷：很快就做完了，这当然也还是与您前期的准备、基础都是有关系的。

刘老师：对，等于调查一年，然后一些复核，所以我零九年开始就经常跑各地去调查，比较集中的几个区域，基本上原书都看到了，但那时候台湾去得少。台湾文献学这块要比我们发展早，特别是文献整理这一块，早年昌彼得先生他们将一些四库学的材料整理出版，这些工作比大陆整早了十来年，我们是九十年代才开始大量出版，他们是七八十年代就出了，八十年代出了好多，包括影印《文渊阁四库全书》。所以他们的目录，比如“故宫”的目录、“央图”的目录、台大的目录，这几家都能看得到，这部分就比较容易做。实际上我去台湾集中调查已经是博士毕业后，《天禄琳琅研究》出版之前，一二年春天去了三个月，主要是把台北“故宫”的书看了一遍。从零九年到一四年，只要有机会去台湾，时间多就多看点儿，时间少就少看点儿，就这么不断地去。我现在做的是《天禄琳琅知见书录》，这本书是个理论性的，是研究专著的这种体裁。现在 word 字数大概有八十万字，放开排版的话就可能得上一百万吧。

王锷：做完了没有？

刘老师：做完了，在进行最后的补充完善。

王锷：从您本人来说，如果总结个一二三，您觉得《天禄琳琅研究》这本书有哪几个特点？请告诉我们。

刘老师：要我自己来看，我觉着我这种研究方法是大家将来可能会借鉴的，其实是超出于书本之外的，有点像做历史研究似的，这也是大家比较认可的一点。我不是纯粹的就书目谈书目，而是把“天禄琳琅”作为一个历史事件，写出它的始末源流、来龙去脉，特别是用书和目结合的这种研究方法，大家是比较认可的，这是一点。第二点，其实跟第一点也是有关系的，大概很少有像我这样就原书来做版本研究工作，很多人可能只是就一种书研究版本、做校勘等，都是针对某一书，而像我这样针对一批书，对一宗材料来做一个整体的研究很少。

王锷：就是对它里边所收的所有书的版本都要去调查。

刘老师：是，目前这种做法的很少很少。

王锷：假如说一般人来研究《天禄琳琅书目》，就是《天禄琳琅书目》的版本怎么样，而您是针对《天禄琳琅书目》所收书的版本怎么样？它的对与错、是与非。

刘老师：是。乾隆时代，有些东西不能说它是错的，它只是局限于那个时候的水准。《天禄琳琅书目续编》的编纂已经到了嘉庆年间了，那么乾嘉年代版本学的成就究竟是怎么样的？我其实有一个自己的想法，做版本研究，如果去看一下版本学的学术史，看它发展脉络的话，乾嘉时代是一个高峰，民国时期又是一个高峰。我为什么以前想做《四部丛刊》，其实跟这些想法也都有点关系。我现在想，往前追溯就是乾嘉时代，乾嘉时代的版本学内容这么丰富，一下子好像张扬起来。明末的时候人们已经开始重视版本了，但是材料不够丰富，也没有能够把它和学术研究搞得这么紧密。因为有乾嘉的朴学、考据学的需要，大家才开始重视版本。另外同时也是因为大家重视古董的这种风气，重视古董的风气是源于这部善本目录的，天禄琳琅是皇家藏书，书目中体现出重早先版本、重名家收藏。皇家认为宋元版书一定是比明版书好，书目中有很多理念，被由上而下倡导。所以我觉得版本学史上有一条学理的脉络，你明白了乾嘉时代人们的认识，才好往后理，才能看到晚清、民国大家又怎么在看待版本、运用版本这些事情。版本学只是个工具，但它和我们的研究有很大的关系。特别是像我们当代又开始回过头来两方面并重，又把它视作古董，觉得古书太值钱了，这个古书怎么怎么样，这是一方面。然后做研究的人也不是随便拿个丛书本就当工作底本开始点校、就动手整理，也开始翻回头去理清书的版本源流。

王锷：其实我们现在大概回顾一下，宋代《郡斋读书志》是稍微带一点版本的。但是尤袤的《遂初堂书目》就比较具体了，可是这两本书目之后，你看整个明代书目带版本的就极少极少。但是到了清代，如果我们撇开私家藏书目录不说的话，国家组织撰写的这两部书目，《天禄琳琅书目》和《续编》，显然它是代表作、是高峰，所以有人如果说它里边错得多、鉴定得不准确，当然这也是它的缺陷，但是如果整个把它放在版本学史上来看，它的地位是不能忽视的。

刘老师：对，它绝对是经典，因为从目录学的目录体例来讲，我们现在的做法是一脉相承的，没超出那个时代的认识，包括我自己编过我们清华馆藏书目，基本就是这些内容。

王锷：对，所以有时候我给学生上课，我说我至今认为像张元济先生给潘宗周编的《宝礼堂宋本书录》，其体例之完善、著录之准确，我们现在学者编的很多书目还超不过它。我至今认为它是代表版本目录学最高水准的。那么如果讨论乾嘉时期的版本目录学，恰恰《天禄琳琅书目》和《续编》也是这样一个概念。

刘老师：它在这一段历史，无论往上延还是往下延都是影响最大的。特别是它之后的书目，有些就是直接继承的关系。说明在乾嘉时代，把古书视同文物，才这么著录。这种做法，大家一下子就接受了，然后一下子就应用开了，而且越到后来著录还更繁密一些。

王锷：它有开风气之先的这么一个作用。

刘老师：是。所以当时选研究题目时，我是觉得要找有重大影响的书目来做。

王锷：这样说来我们的看法还接近，我原来还有时候觉得好像不要说太多，以免别人说你说错了，其实仔细来看真是这么回事。《天禄琳琅研究》其实也是证明了这两部书目它在历史上地位是什么，文献学的地位。那这接下来您要做的工作是什么?

刘老师：我做了一个书录，我叫它《天禄琳琅知见书录》。天禄琳琅书，前编书已毁，续编书六百六十四部，现在能够找到的是六百二十多部，大约三十部是一点线索没有，还有十几本是比如说傅增湘见过，袁克文见过，也有些则一点线索也没有，所以有少量的“知”，绝大部分是我自己亲见，因此取名“知见书录”。

王锷：就是《天禄琳琅书目》曾经收藏的书的知见书录？

刘老师：对。是书志体的。

王锷：那大概再有半年也应该出版了？

刘老师：应该今年内出版，还是由北京大学出版社出版。我自己确定的凡例是关注两块：重版本、重流传。流传是重清宫以后的流传，就是出宫以后的流传，前面主要是重版本，特别是它的版本鉴定为什么错，尤其它的宋元部分判定错的部分，怎么错的？有的是有意地做手脚，有的是编书目的大臣没看到，实际上这个版本的实情是怎么回事？在已出版的《天禄琳琅研究》里只是选择一些例子来写，而《知见书录》是一部书一部书地挨个写。有些天禄书上，比如说它加了什么东西还是删改了什么东西，有些配有书影。所以您问到这个书的价值，特别是后边这一本，当然这两部书可以配套来读，《天禄琳琅研究》像一个综论式的，《天禄琳琅知见书录》都是版本鉴定实例。《天禄琳琅知见书录》可以视作版本学的教材，里头会讲天禄书的版本到底是怎么回事，明代的那些影宋刻本、覆宋刻本，是怎么改头换面后被误认为是宋版书等等。这里头都是实际的例子，所以我觉着是有一定实践性的。

王锷：两个大概应该是姊妹篇，其实现在要出版的是《天禄琳琅研究》的副产品。

刘老师：当年我申请国家社科基金时，计划做的就是上下两编，上编是综论，也拿它当博士论文了；下编是分论，就是即将出版的这一本。我一直是这个思路，看这些书的目的就是弄清楚它们的版本到底为什么错。所以《天禄琳琅知见书录》的体量会比《天禄琳琅研究》大一倍以上。

王锷：赶紧出版，我修订我的《三礼研究论著提要》就可以借鉴了，因为里边有很多《三礼》的书。

刘老师：是。而且因为是讲版本，所以我有些书也做得比较深，就是这书前面是怎么回事，到底为什么是这个版本，然后它后面的版本，比如说明清以后的，再以它为底本的影刻本有哪些，涉及的本子比较多。但是因为我差不多从零八年做到现在，看书可能会疏密不太一致，所以去年、今年都还在补，这事做得我特别烦闷。

王锷：这个是正常，也就是说您之所以觉得前面做得疏，现在做得细，也是一个自己慢慢提高认识的过程，这是自然的。

刘老师：是，特别是去年上半年，我从一四年十二月份到去年七月份，半年多在台北“故宫”做访问，将台北“故宫”所藏的三百多部天禄书又细看了一遍。

王锷：看到很多书，是吧？

刘老师：对。真的也是挺让我感动的一段访书经历。我前些年去台北“故宫”看书老是断断续续的，人家也知道我做得挺不容易的。后来，给我提供了一个机会，说可以申请他们的一个专题访问的资助，可以安安稳稳地看一段时间的书。一申请就申请成了，然后又特配合，所有的原书全部拿出来看，包括被定为国宝级和重要文物级别的几十部宋元版书。这回比以前看得细致多了，台北“故宫”所藏占存世天禄书的一半，这一半都做得那么细，以前呢因为各种情况看得可能没那么细的，看得比较急的，所以又都翻过头来再补。

王锷：那就是所有您经眼过的书，应该手头都拍到几张书影了？

刘老师：都有。

王锷：那将来《三礼》的我就从您这要书影。

刘老师：没问题。但是现在国家古籍保护中心想出一个“天禄琳琅”的图录，据说出好几大本大图录式的画册。它出我就不用随文插入卷端书影了，只有当我讲到这个版本有问题的时候才附一个书影来说明。我就不费劲了，否则一下成本还增加好多，我还不胜其烦，得每书每张地去选图，所以我就把部分工作省了。

王锷：这个下面还有好多的活要做。

刘老师：希望快点干完吧，干完好换个题目。

版本目录学的学习与研究

王锷：刚才您讲二十三年工作期间，做了这么多事，而且还保养得如此姣好。请告诉我的学生们，女性能不能做文献学研究？应该怎么做？

刘老师：还是要有兴趣吧，我觉得最主要就是有兴趣，有兴趣能做得久，做久了积累多了，自己眼界会不一样。这个倒不是我夸口，我觉着有时候大家从学校到学校，可能还是会有些局限，但是你只要踏实下来做，老话说功不唐捐，只要你在做，你总有收获，这个收获当时不一定看得见，但是后来慢慢回过头去看，都有用。只要喜欢就能坚持下来，看你喜欢不喜欢了，不喜欢而勉强做，也挺没劲的。其实我们工作环境也没那么好，书上有几百年甚至上千年的尘土，经常书库里出来时鼻子里头都是黑的。摸书嘛，那手黑乎乎的，鼻子黑乎乎的，我这鼻炎过敏什么的都跟这个有关系，看书五分钟就开始擤鼻涕，也习惯了，无所谓了。

王锷：对。跟您和杜泽逊都熟，他也是有鼻炎。去年十二月份他把我们招

后排左起：李姣、陶晓婷、刘晓咏、王宁玲
前排左起：侯婕、王锷、刘蔷、曹晋婷

呼到北京人大那边开个会，那一天晚上他在那里坐坐，鼻炎犯了，他说他的鼻炎全是扒拉那些发霉的卡片，落的这个病，现在上哪看也看不好。

刘老师：是。我一进我们书库看书，管库的同事都知道，保证几分钟就开始“啪啪啪”打喷嚏、擤鼻涕。但是习惯了也不觉着怎么样，不用担心女孩子怎么样，反正你天生怎么样也就这么回事，好也好不到哪去，坏也坏不到哪去。

王锷：就是只要喜欢、认真做，都可以做出事情来，是吗？

刘老师：是。当然你自己有兴趣的话，才可能让别人觉得你做的这个事有点意思。你自己都觉着没劲，别人再看就更没劲了。

王锷：您今天讲的治学经历很重要，尤其对女学生有教育意义。再次感谢！

王锷、刘晓咏、陶晓婷整理于南京师范大学随园学礼堂
2016年5月22日初稿
2016年6月15日定稿

（整理者按：2016年3月18日，刘蔷老师光临学礼堂，接受王锷专访，时有王宁玲、李姣、刘晓咏、陶晓婷、曹晋婷、侯婕等同学侍坐。访谈稿已经刘蔷老师审定。）藏

蠹鱼都市行

卞东波

东京神保町

买或不买，到了东京神田神保町以后，就不是一个问题了——没有一个爱书人，到了神保町后会不“剁”手的！

尽管混迹于神保町多年的友人说，神保町的书香已经没有往日浓厚了，但东京古书会馆举办的“书窗会”还是每年定期举行，还是有很多书蠹抱着一摞摞的旧书回家。

这个时节正是东京的梅雨季，每天早晨都会飘一会儿雨，但今年（2016）6 月 24 日天公作美，正是“血拼”的好天气。夏季的“书窗会”又在神保町的东京古书会馆地下一层开幕了。“书窗会”揭幕前，参展的书店已经将预售书的目录编印出来，供买家参考。不过，很多书在开卖前，就已经被各路买家收入囊中，所以看到好书，一定要及时出手，套用前段时间房地产开发商的噱头——观望是最大的错误！

书窗会

虽然日本的旧书业早已进入网络时代，只要打开“日本古本屋”网站，很快就能买到你想要的书，但亲自去旧书市场，参加每年固定举办的“古书祭”，仍然是很多书蠹们的热爱。话说在书场上血拼，然后抱得一摞旧书而归，其成就感与胜利感是网上买书不能比的，尽管血拼之后，“止血疗痛”的时间会很长。另外，在“古书祭”现场买书可能会比平日要便宜一点，故而“古书祭”那天，现场依旧人头攒动，一群群的书痴书蠹穿梭其间，目光快速地扫过一列列书架，寻找自己的目标，锁定后，立马出手，绝不犹豫。在这个时候，往往会碰到很久未见的熟人——大家都是书虫嘛！

今年参展的书商有十几家，如乐水书房、小林书店、杉波书林、松云堂书店、玄书房、丛文阁书店、鱼山堂书店、夏目书店、石黑书店等。其中小林书店以出售与佛教相关的古代典籍出名，而松云堂书店则以售卖与中国有关的古籍著称。但神保町名气更大的旧书店，特别是我们熟悉的卖中国善本的名店，如东城书店、一诚堂书店、山本书店、东阳堂书店皆缺席今年的“书窗会”，所以要看到好书，还是要到他们的店里去。

一诚堂书店内景

东城书店在业界以出售中国古籍出名，也兼售和刻本和朝鲜本古籍，其在神保町并没有实体店，只有一家事务所，书店会定期向买家寄送书目。买家看到中意的古籍后，可以联系书店，预约到事务所亲自去看书。事务所很小，只有一张小桌子供读者看书，所以同一时段只能接待一组读者。长期混迹于神保町的 A 君知道我和友人对苏东坡的集子感兴趣，故在几天前就预约了去看该店待售的一部朝鲜古刊本《增刊校正王状元集注分类东坡先生诗》，该本品相很好，但索价实在太高，要 189 万日元之巨。我们也只能过过眼瘾罢了。

中国来的书蠹们去神保町没有不去山本书店的。该店所售之书全部与中国有关，不但有大量的中国明清善本，而

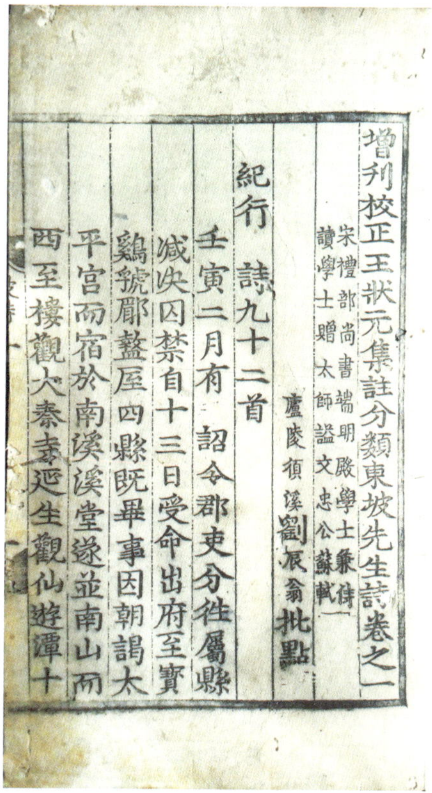

增刊校正王狀元集註分類東坡先生詩卷之一
宋禮部尚書端明殿學士兼侍讀學士贈太師謚文忠公蘇軾
廬陵須溪劉辰翁批點
紀行 詩九十二首
壬寅二月有 詔令郡吏分往屬縣減決囚禁自十三日受命出府至寶鷄虢郿盩厔四縣既畢事因朝謁太平宮而宿於南溪溪堂遂並南山而西至樓觀大秦寺延生觀仙遊潭十

《增刊校正王状元集注分类东坡先生诗》

山本书店内景

且还有很多中国古籍的和刻本。山本书店兼书店与出版社于一体，著名的研文出版社就设在该店，出版品也全部是有关汉学研究的书籍。前一段时间，山本书店上了电视新闻。原来山本书店收到了一部宋版的柳宗元文集，准备出售，庆应义塾大学附属斯道文库的高桥智教授听说后说，如果此书被日本以外的买家买走，日本的文化就完了。话说得非常重，其背后反映的现象是，近年来越来越多的中国书商涌到神保町，不但购走了大量善本古籍，而且还抬高了神保町书价，弄得很多日本书蠹颇有怨言。

一诚堂书店也是神保町的名店，也出售中国古籍。前一段时间，一诚堂书店得到一部宋版洪迈所编的《万首唐人绝句》，售出4.6亿日元的高价。买家是不是中国的土豪不得而知。不过，中国土豪到海外买书总比到处买房地产要好。

山本书店也罢，一诚堂书店、东阳堂书店、东京大学附近的琳琅阁书店也罢，每日的顾客并不是很多。实体书店的生意难做，而实体旧书店的生意更难做。

夕阳西下，川流不息的东京街口，饥肠辘辘的书蠹们抱着一捆捆书满载而归，虽然口袋空空，但精神上比打了胜仗还要兴奋。只要“书窗会”还在继续，就不会是旧书业的黄昏。

纽约公立图书馆

很巧，那次去纽约公立图书馆（The New York Public Library）之前，正好看完电影版的《欲望都市》。电影中有一个重要的情节，女主角专栏作家凯丽（Carrie）有一天去纽约公立图书馆还书，看到正好有人在图书馆准备婚礼，又看到极有纵深感的大厅，立即产生了也在纽约公立图书馆举行婚礼的念头，并且立即付诸实施。这真是个极具创意的想法，如果真能在纽约公立图书馆举行婚礼绝对会成为终生难忘的记忆，也会为这重要的人生仪式增加别样的知性色彩。讵料，情节一波三折，凯丽的未婚夫在结婚当天逃婚，竟然做了逃跑新郎，已经到达图书馆等待婚礼开始的凯丽终究没有等到爱人的到来。纵有良辰美景，竟无法终成眷属，人生恨事如斯。纽约公立图书馆仅是电影中的一幕，却让我记住了这个地方。

几年前去纽约公立图书馆，也是偶然，没有一点准备。纽约公立图书馆就在著名42街与第5大道交界处，本来一直在42街上晃荡的，不想却与纽约公立图书馆不期而遇。纽约公立图书馆所处之地，可谓寸土寸金，旁边就是著名的大都会博物馆。纽约市政府将这么一块风水宝地给了纽约公立图书馆，供市民使用，显示出纽约市政府对文化建设的重视，更可看出政府在城市规划上的高瞻远瞩。如今，纽约公立图书馆已然成为纽约市的地标式建筑。

在纽约这样的国际化大都市中，很多人绝想不到她的图书馆是那样的古朴庄重，与周遭的高楼大厦似乎不协调，但无不透露出她与众不同的气质。罗马的柱式外观，大门外耸立着两只威武的狮子，柱子的顶端与檐间还雕着很多兽首和神话中的人物。特别是右边还有一尊坐像，我没有考证过雕的是谁，但一定是西方文化史上著名的人物，脸上露出痛苦的表情，似乎在为人生或哲学的问题而苦恼不已。

纽约公立图书馆馆藏的中国文献与北美的其他图书馆，如国会图书馆、哈佛燕京图书馆、普林斯顿大学葛斯德东方图书馆当然不能相比，但有的藏品别有特色，特别是该馆收藏了很多中国太平天国时期的文献，而这批文献与清朝的印刷文化有很大的不同，是研究太平天国印刷史的极好材料。

纽约公立图书馆外景

纽约公立图书馆外貌

（参见沈津先生《美国东亚图书馆的历史文献收藏》，载《书海扬舲录》，广西师范大学出版社 2016 年版。）另外，该馆的镇馆之宝还有发现美洲大陆的哥伦布的手卷，以及美国开国元勋杰斐逊撰写的美国《独立宣言》的手稿。可惜行色匆匆，未能一睹真迹。

与电影《欲望都市》中的逃跑新郎不同的是，纽约公立图书馆的日常永远是满满当当的读者和借书人。那天去时正好碰上纽约公立图书馆午休，但门外已经等了很多读者。美国人民对读书的热爱，给我留下深刻的印象。美国人不但积极地钻图书馆，而且坐地铁、坐公交也会很自然地捧着书静读，甚至我还见过有人边走路边读书的，让我感慨不已。这几年电子阅读兴起，所以经常在美国的公交车和地铁上看到拿着ipad、kindle读书的人，对读书的热情依旧不减。美国人民热爱读书与美国图书馆的开放程度、利用之方便是成正比的。只要有合法的证件，就可以去图书馆借书、看书。据说，每天来纽约公立图书馆看书的有八千人次之多。

每去一地，我总喜欢到图书馆逛逛，看看当地图书馆的特色藏书。一个城市文化氛围的浓厚与否，与这座城市是否有好的图书馆息息相关，甚至这座城市还可能因为拥有一座世界著名的图书馆而为世人所知。这几年，中国经济跃升，政府对图书馆的投入也渐多，这是非常好的事；但中国的很多图书馆外表很漂亮，空间也非常宽敞，功能也很现代，总觉得其功能性大于文化性。图书馆建得很漂亮，但很难成为城市的文化地标。换句话说，中国的很多图书馆就是太新，缺乏一种历史的纵深，不知其历史的传承与积淀。宽敞明亮高大而崭新的图书馆，让人看不到历史的厚度与厚重。也许图书馆的书架上总需要一点灰尘的。图书馆古书上的浮尘、虫眼、水渍，是爱书的饱蠹者的日常，更不要说藏书楼中满室的樟木之香了。走笔至此，突然读到 Olga V. Solovieva 为芝加哥大学“大学教授”（University Professor）苏源熙（Haun Saussy）先生的新书 *The Ethnography of Rhythm: Orality and Its Technoloies*（Fordham University Press,2016）所写的序言末尾中的一段话：“Imagine that familiar labyrinth of dusty shelves full of old-fashioned, unreadable, methodologically obsolete and awkward books in different crabbed scripts, among which you got lost for years. But suddenly, a blast of wind raises the dust, a beam of sunlight makes visible forgotten names and titles, and you——while looking out into a green, fresh courtyard and breadthing in cold, crisp air——hear them talking.”（想象一下，在你熟悉的落满尘埃的书架组成的迷宫中，书架上俱是古旧、无法识读的，且在方法论上显得陈腐、笨重的书，而且是由不同抄手用难懂的手写体写成的，面对这堆书，你几年间一筹莫展。但突然间，一阵清风吹拂起尘埃，一缕阳光让那些淡忘的人名和书名又清晰起来，而你——正在远眺外面清新的庭院，呼吸清冽的空气——听到了这些人、这些书正在交谈。）虽然这是 Olga V. Solovieva 描写读苏源熙教授新书的感受，但也是书蠹们在图书馆中埋首苦读、豁然开朗的极好写照。

坐在纽约公立图书馆门前的台阶上，想象着纽约公立图书馆里面的万卷藏书，又想到中国历史上的众多书厄，以及很多著名藏书楼不幸的命运，不禁感慨系之。黑格尔说：“中国历史从本质上看是没有历史的，它只是君主覆灭的一再重复而已。任何进步都不可能从中产生。”历史不是过去的影子，而是一种持续、亘古而可感的存在，书就是历史与文明的遗存。黑格尔的话说得很刺耳，但也揭示了某些事实。在中国“君主覆灭”的“重复”中，祭品与牺牲品往往就是中国人文思想的结晶——书。想想明代胡应麟所说的中国藏书史上的“十厄”，不能不咀嚼出一点历史的苦涩。

· 新书目

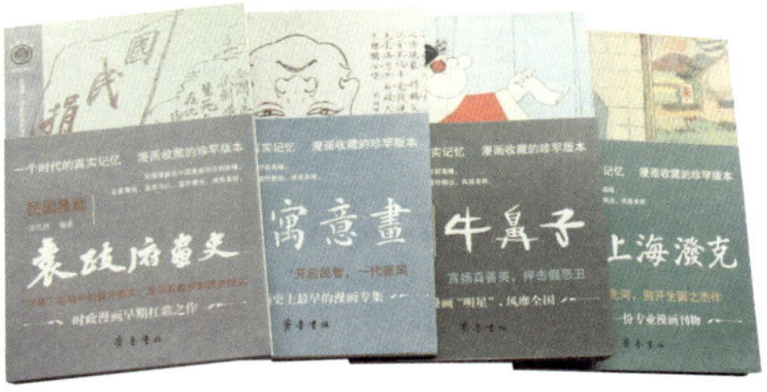

民国漫画（四种）

吴浩然编著
齐鲁书社 2016 年 10 月版
32 开　裸背装
定价（自右）：28.00 元 / 25.00 元 / 22.00 元 / 25.00 元
书号（自右）：ISBN978-7-5333-3641-7/ 3643-1/ 3644-8/ 3642-4

民国漫画是中国漫画创作的高峰，名家辈出，风格多样，杂志风行，著作频仍。

《上海泼克》：漫画期刊之先河，别开生面之杰作。中国漫画史上最早的漫画专集。

《牛鼻子》：宣扬真善美，抨击假恶丑。早期漫画“明星”，风靡全国。

《寓意画》：开启民智，一代新风。中国漫画史上最早的漫画专集。

《袁政府画史》：“讨袁”运动中的战斗檄文，反抗袁政府的历史纪实。时政漫画早期扛鼎之作。

藏书百咏

邢蓝田著　张恩标校点

校点者案：《藏书百咏》一卷，邢蓝田撰。民国二十六年（1937）文安邢氏排印本。一册。半叶六行二十一字，四周单边，白口，无鱼尾。版心最上题“藏书百咏”，下题“鲽研居”。前有王献唐叙、李肇禔序、邢蓝田五言代序。

邢蓝田，字仲采。河北文安县人。嗜好藏书，“先后所获，以卷帙，计近三十万轴”，与学者王献唐交好，长子家骥曾拜王献唐为师。王献唐叙云：“仲采藏书自丱角始，由珂里而津、而故都、而豫、而闽粤、而江浙、而齐鲁，阅三十馀稔，行数十万里。日走冷摊僻市，搜猎典坟，如饥如渴，冒风雨霜雪不顾也。”

是书以七绝形式述其搜书之坎坷、藏书之苦辛，如啖谏果，如探囊橐，以《痴书》为始，以《咏书》作结，共集百篇。

藏书百咏叙

伊昔墨客，怀古揽胜，汇数十百诗为集，流传著录，代有其人。若嫥咏一事一物，论诗自遗山已下，亦无虑十家。书画则米庵《百一诗》《论画绝句》《观画百咏》；金石则《八砖吟馆刻烛集》《清仪阁杂咏》；鉨印则《论印绝句》《绩语堂论印诗》；泉布则《论泉绝句》《古泉杂咏》，骖骧并驾，彪炳艺圃。独书林一科，只长洲叶氏以《藏书纪事诗》掉臂其间，孤纛自张，眇然寡俦。昔欲踵其后尘，为《齐鲁藏书纪事诗》，人事旁午，迄无鲜暇。曩岁偶拈《藏书十咏》布之馆刊，吾友仲采见而兴发，以一来复为百截句，署曰《藏书百咏》，抑诗坛之神勇者矣。仲采藏书自丱角始，由珂里而津、而故都、而豫、而闽粤、而江浙、而齐鲁，阅三十馀稔，行数十万里。日走冷摊僻市，搜猎典坟，如饥如渴，冒风雨霜雪不顾也。清俸所入，半以输入摊肆，日供不足，或典衣缩食，乞闺房之钗钏，用继其后。人啧啧笑为痴迂，亦不顾也。每得一书，必装饰精整。退食之暇，与曼苏夫人坐鲽研居，校读其中。丹黄杂错，一灯荧然，时有曼声长吟，续续发于帘幕。环顾四壁，琳琅十数万签，部别甲乙，如曹仓、如邺架，东武归来堂后，殆廑见矣。昔余尝谓书，必中心爱好、自购自藏者，其情方亲。启凿楹而坐受于人，终无与也。又必日累月积，出以艰辛困苦，其趣方永。斥万金而连楹充栋，亦无与也。仲采嗜书，正从一万四千日中以藏、以修、以息、以游，念念尘尘，千回百折而出。其情亲，故言皆有物；其趣永，故语必中程。周览乎燕齐八闽，间关万里，雪饕风餮，胼胝手足，以与卷轴周旋。悲欢得失之情，沉酣梦寐之状，蓦然返观，一一如啖谏果，如探囊橐，藏之心而谂之审。一触其机，藻思涌发，遂若长江大河，奔腾澎湃，竞赴腕底。不旬日而百首诗成，亦素所蓄积使然也。读马班传记，便欲歌欲哭，展云汉北风图，便乍冷乍热。循仲采此编，亦如幻身其间，晤言坐对，揭四十年之甘苦，历历相告。善哉善哉。继长洲之宏轨，弥艺林之阙憾矣。诗无注，其长君家骥，承学有文，将仿刘氏《论泉绝句》例，述藏书故实，使家骥注之，属余先叙其耑。余以藏书数诗为仲采十驾，意不能释也。桑海洊更孤，况无属行，当赓为《齐鲁藏书纪事诗》，用引其绪，借大雅之扶轮，为小山之承盖。异日有持一卷诗，中夜打门而饷君索叙者，其必是书也夫。二十六年十一月琅邪王献唐。

序

书契之作，尚矣。人文成化，积数千年而载道。纪事林林，然英华日新，繁缛纷纶，不可胜计。然自秦迄隋，历五厄，焚荡于黄巢，播迁于金狄，抑又甚焉。虽作者相继，代有篇章，劫后穷搜，犹存煨烬，而乱离瘼矣。捃摭綦难，非有好古敏求者，不能略窥学海之津涯，而为书籍主也。文安邢氏，世守儒业，传家初惟经史，故所藏仅一千五百卷。洎吾友仲采，幼禀异质，嗜读倍于常儿，偶趁村集，途拾《寿者传》一卷，且行且读，忽悟益入神智，不独坟典为然。于是既尽读家书，复立志旁求所未见者。少壮游学，客上都，友士多闻，询玩秘籍，遂博通众流百家之言。学成筮仕，得食官禄，节缩诸费，一以收书。南之闽粤，北走齐梁，马背船唇，皆与书共。日月积之，浸而夥颐。其间经历坎轲，悲欢失得，亦惟书。几以书徇者，数矣。俱幸辄全，尝自谓于书最有缘，非谰辞也。频年宦鲁，搜集不倦，簿最馀晷，惟文献是征。一书入手，则夜观晨诵，至忘寝馈。又精鉴别、勤校雠，喜问辨、事锓刻，护惜缥缃，修治补缀，如恐不及。尝自谓于书颇有功，非诞语也。邢子既悉心力、菲衣食以治书，垂三十年。先后所获，以卷帙计，近三十万轴，较诸邺侯之家且十倍焉。顾不以此自豪，间为小诗，自道其与书因缘离合之迹。适得百首，每于一诗，缀数语为小序，分述概略。其长公子家骥，录而存之，私为注记，而就质于予。予与邢子交久且挚，于其藏书始末知之甚确，读诗与小序，壹是皆事实也。因劝雕梓，邢子以为未可，曰："方吾之收书也，或见陵于豪强，或受欺于驵侩，或摧残于酷吏，或崩析于叛卒，此吾书之厄。譬之创巨痛深，未能无呻吟也，故诗亦未为之尽讳。今其人半在，吾惟聚书，敢聚怨乎？"予退而读诗中《失书》《讼书》《嫌书》《鬻书》《典书》诸作，信然。他日谓邢子曰："吾见君之苦心矣。虽然，竹帛之功，当图与世共之，世士好古，彝鼎之求甚于书籍，非有他也。未审所当贵、所当急者，尤在德衰经紊，文史扫地殆尽时也。独乐不如与众，独善不如与人，则诗可以兴，安用自秘为。盍姑去小序与注以有待，而先刊君诗为世士倡乎。且以志海桑之废兴，备艺林之掌故，则虽成于乱离之顷、荡析之会，较诸处围城中讲老子、缀诗馀者，固不可同年语矣。昔子鱼藏书，不患身危，亦曰知吾者惟友，秦非吾友吾何危哉。"邢子闻予言亦默，无以难也。窃幸其见譬，自忘暗陋与剞劂之役，刊成，为之序其始末于此。民国第一丁丑十一月望日照李肇禔。

五言代序一百六十韵

人生各有癖，孺子宁自知。字闻虞寄辨，书许窦威痴。（痴书）家传千百卷，世守如宗彝。斯文欣未丧，与俗忘相宜。（守书）忆昔方童丱，解读声哑咿。趁墟觏遗帙，展卷对晨曦。（拾书）总发就外傅，负笈走中逵。坊刊偶及赁，（赁书）院秘讵容窥。（窥书）斐然一簧儁，遍抚六经碑。仰面看东壁，光芒殊未衰。俶知志探讨，（探书）策府不胜披。（览书）誓将性命徇，那惜皇甫羸。（淫书）横流忽已集，抱愿恒怀怀。积尘满高栋，如封阁上丝。（悬书）颇思王仲任，难学裴诹之。借常求副本，（借书）还欲答双瓻。（还书）永和惟素产，安国无长赀。为山始平地，聊亦试蔂梩。（储书）汲古若为绠，蒸沙不作糜。得书胜得食，文史甘于饴。（购书）时哉适我愿，履信以为期。（赊书）所期有未逮，对之空朵颐。（涎书）中宵劳梦寐，使者曰元夷。宛委山可睹，遥指天一陲。（梦书）攘袂承金简，（抱书）连镳载绣褫。（驮书）腓囊逐轻楫，去去沙塘陂。会当凌沧海，远致日南葵。（囊书，航书）宦游温昨梦，倏忽岁星移。彭城真名士，谈笑骋奇姿。来从九天上，一战定雄雌。起予磨盾鼻，草檄何淋漓。先收秦图籍，复见汉官仪。（收书）分书及唐瑾，两车安足辞。(俘书)兵间易剖散，坟典以陵迟。玉弢徒半在，(失书)铁骑与穷追。(追书)海疆回亥步，书画算南资。(归书)金台权税驾，石室忽投鍉。(发书)生逢离乱世，复壁可藏岐。名山无窟穴，居处且涂茨。(壁书)我躬疾系遁，驱走缘调饥。量书或论秤，买纸忍为炊。(权书)陈编常载念，动受市儿欺。矢金初讼直，(讼书)珠米复生疑。(嫌书)物尤天固靳，命蹇数多奇。知交有投报，亟拜礼无訾。(受书)觍颜行强乞，(乞书)称意坐相贻财。(易书)不教长假借，生怕久参差。(索书)一朝被奇祸，侘傺为湘累。食苗贯硕鼠，毁室任枭鸱。舍书无可鬻，泣涕空涟洏。(鬻书)典钱看屡尽，回首咽馀悲。(典书)或误村中媪，或遭灶下厮。剪裁向扉屧，熸毁随庡庮。(翦书，烧书)哀哉丁此厄，神鬼难护持。伊余褦襶子，臭朽劫馀吹。身穷翻志逸，道大欲肩仔。习闻东海曲，迹未湮孔姬。人文昔所萃，风教今尚维。粪心耽素业，弭首就尘羁。公私多载籍，稍稍窥藩篱。思从千载下，奋起求厥遗。饩牵幸不竭，淹久逾五期。搜征虽蜷局，(征书)远道亦见贻。(邮书)山渊甚采伐，斟酌吐其醨。(别书)故家有衰落，异本人睢睢。泰书与瓠史，古拙皆神奇。光华生案几，心目共融怡。(赏书)爇檀可三瓣，下酒辄千卮。(觞书)玉原非鼠朴，纸合是陟釐。寻从常景访，(访书)更拟张华咨。(问书)勤勤不敢废，善善以为师。自兹频考校，所得遂倍蓰。(辨书)亦有出尘垢，拂拭不为疵。(振书)亦有脱篇简，鸠集终补治。(补书)亦有收片段，细缀如僧缁。(衲书)亦有合断烂，叶子相附丽。(褙书)亦有采新异，或益十朋龟。装潢重狎猎，缘饰纷陆离。(装书)识当濡玉印，遇欲系金柅。(钤书)部分第甲乙，轴带帙签垂。(签书)编题有班列，(次书)缄庋无倾欹。(庋书)摭华将食实，占毕意何居。文字每亲校，雠对呼家儿。(斠书，雠书)醰醰味隽永，涉笔朱黄摛。(圈书)微言助阐发，密字寄论思。刘精兼崔博，讵信我能为。(批书，注书)泳河溯原委，闻籁状畏佳。跋题诏来者，喜读当如台。(跋书)巾箱恣翻阅，铅素相追随。北堂期备用，遑恤右手胝。(钞书)油拳浑影宋，青纸乍摹隋。(影书)删繁归简要，(撷书)辑录定宏规。(辑书)分门拓印本，津逮岂小裨。(印书)穷儒无功泽，宿愿在劂剞。(锓书)吾庐不厌陋，小筑河之麋。积书纳楹柱，流香溢窔宧。(楹书)由来藏室史，胜似银台司。三十万馀卷，差足子孙诒。戒之以敬事，宝惜逾瑶琪。(惜书)罗罗正副贮，祓饰无纤疵。(理书)振尘旋向曝，秋阳方赫义。(曝书)染黄入缃缥，馨逸夺荃蘼。(药书)尽日看不足，盥诵露华滋。(观书，诵书)暂忘欲淬掌，细检故撚髭。(检书)纵横劳祭獭，辛苦爱探骊。(摊书)读书憙有得，至味浃心脾。老羌大酒渴，学士空肚皮。须浇垒块尽，意行化瑰琦。（浇书）三写帝成虎，一足蚿怜夔。齤然开笑口，此乐盍思惟。（思书）行年过四十，顾被寸禄縻。蓄书难竟读，暖暖日西驰。目耕焉可息，官舍即东菑。补闲出襟袖，宁避俗人嗤。（袖书）兴言效宁越，休卧犹孜孜。百家供枕藉，伏诵暗引锥。（枕书）忘年如孔祢，潜心渊与尼。馈贫万钟粟，献瑞九茎芝。善书乐奉奏，获益共偲偲。（献书，赍书）朋交此缟纻，（赠书）昏嫁此奁匜。（奁书）也随檀施便，从未津梁疲。（舍书）愿资沓错用，十驾并驽骐。我生若方枘，此物尤钝椎。蕞残虽满载，铩羽奈差池。何因持半照，胖合明不亏。（合书）何因脱残亵，依庇石仓罘。（托书）逸情同赌墅，酬据剧于棋。（赌书）矜奇且角胜，（较书）隐讳故谦㧑。（讳书）所悲妄作践，触目森创痍。（愍书）桐琴焦近尾，蝇粪点成玭。浙波望洋尽，劫火委灰弥。散亡天不管，无语垂涕洟。（悼书，哭书）礼乐久崩坏，家国重忧危。读书遗种子，遑问是何谁。图存争一发，洁诚亲祷祠。矢言永相保，记取文在兹。（盟书）岁时虔设祭，尊俎我能尸。士林良济济，儒服一委蛇。（祭书）纵观敞芸阁，排次接兰墀。（展书）善藏无镭钥，道不囿吾私。（公书）馀年晏然乐，长傍春台熙。书中疏世网，白首不逢罹。（德书）亦堪托衣食，蒲牒作生涯。（业书）朝夕专刊校，老死无荒嬉。远述丹书教，闲吟黄绢辞。小诗脱自口，旧事朗如眉。粗能道崖略，不复理文词。（咏书）阿舒故懒放，侍我读书帷。颇亦弄纸笔，不甚辨妍媸。近来忽解咏，癖好总随伊。谬云诗句好，属事类可推。排日觅诠证，赘缀如冠绥。间非一无取，吾意但施施。春婆自说梦，立论不嫌卑。前尘经众目，敢信无昏眵。知音存海内，息息针投磁。言筌吾已涉，汝勿侈骈枝。流星入昴后，赤虹化玉时。精神栖短卷，光景付长噫。刊诗如待序，序我五言诗。

藏书百咏

痴书：生小耽书喜问奇，因缘能说忆吾师。葑溪题字依稀是，十友东庄某在斯。

守书：一千五百卷遗书，门业相承辨鲁鱼。后梓前桥勤讲肄，墨庄世守此权舆。

拾书：村西趁哄侣群儿，挂角何人一帙遗。不是兔园新策子，颇疑天与寿书痴。

赁书：春明坊里僦居时，比舍青编未倦披。镇库也曾容我赁，不孤藜火与松枝。

窥书：残夜挑灯卧未舒，疾披怪牒道人居。何如身隶集贤院，六载长窥未见书。

探书：多藏愿得友桓谭，大隐还寻柱下聃。廿载交游纵迹惯，酉阳禹穴不胜探。

览书：清闷兰台昔未开，偶过洛肆重徘徊。而今懒挂看花眼，日向书林更几回。

淫书：几齿樗蒲几道棋，昔贤尽有未曾窥。眠餐常为淫书废，抛撇春光下董帷。

悬书：横流晚近欲襄陵，思挽狂澜力不胜。随分且宜高阁束，屋梁仰见裹鱼罾。

借书：万卷生尘尚海隅，风宵霜晓意踟蹰。载书不惜借人看，心折岐亭监酒胡。

还书：入手韦编慎护持，解怜意更重还瓻。衣裘共敝元无憾，后学津梁不可疲。

储书：典章扫荡欲无馀，故纸飘零死守愚。我较鄙儒愚更甚，节衣缩食独储书。

购书：清俸无多撙节馀，论车富俪惠施书。日增月益今充栋，也拟营堂号遂初。

赊书：谁信家无儋石储，古香四壁子云居。但赊未肯亏公粟，沈立当年不我如。

涎书：在官半为读书慵，秘阁何年直李邕。汗简香浮还胜曲，不应但羡酒泉封。

梦书：六候都缘积想因，宫亭授纸衍波新。梦中一卷吞丹篆，诘旦真来拊掌人。

抱书：恃书为命久因依，暇日长街抱负归。举此不嫌吾力薄，保残守缺傥无讥。

驮书：捆束归鞍信蹇蹄，相陪簦笈走燕齐。宦游笑比僧行脚，白马来从身毒西。

囊书：常伴牙琴卧锦囊，不烦他送越中装。赵家论语犹医国，经验吾儒肘后方。

航书：一夕霜欺幕府莲，鹭江骇浪拍舟舷。普慈筑阁身如梦，差幸琴书偶得全。

收书：收秦图籍有文终，录录偏成最盛功。往事思量增腹痛，闽中约略似关中。

俘书：宛委山南较猎雄，公私简素比豜豵。三家诗考今犹在，叹息萧条徐泗空。

失书：霞江战阵若屯云，暮倚书楼望楚氛。《金石录》成归叛卒，縢囊帷盖故将军。

追书：遗簪坠屦总关情，十日追胥得主名。阿堵中寻大手笔，朱铅题记最分明。

归书：渭南投老向书巢，五凤归飞聊解嘲。感到飘零收赎苦，不如深锢旧衡茅。

发书：软脚刚过零雨濛，惊探书窟暖床中。紫文金简随缘见，怪底共王欲广宫。

壁书：欣然故物谱遗山，一样藏书向壁间。侥幸终逃兵火劫，柴门绿绕水声闲。

权书：魏冢流传数十车，安阳斜日冷灵墟。尚堪如菜论斤卖，问岁知应胜煮书。

讼书：礼经聚讼笑诸生，雅物何嫌君子争。记向春申江上住，褊心曾作不平鸣。

嫌书：薄宦何尝愧素风，郁林石励陆龟蒙。图书以外无南物，薏苡明珠故不同。

受书：投分当如札与侨，区区缟纻胜琼瑶。西杨厚感仪之意，拜赐时还折此腰。

乞书：大呼欲堕据船舷，求取如斯怪米颠。耐可旁人嗤乞相，不成任达岂高贤。

易书：泽木山鱼通有无，美人换马事非诬。笙簧六籍怜同调，如愿将归不用呼。

索书：守器如何陋挈缻，三痴那复有常形。颍川士子知多少，无赖侵渔到九经。

鬻书：翕舌谁哀杼柚空，好歌刺暴极飘风。此时忍泪难为别，不似传书杜大峰。

典书：长物无多典到琴，质钱充食我何心。书生自饮燕丹恨，马角乌头感慨深。

翦书：鞋帮鞋样为谁裁，追忆前尘笑覆杯。一簏一炊千古恨，至今焦尾惜琴材。

烧书：东指玄枵星野分，非关谏草不须焚。六丁下取缘何事，帝所惊讹是禁文。

征书：起追百宋与千元，骏骨非无价可论。物色幽微心独苦，戋戋束帛贲邱园。

邮书：西风雁字数行斜，万里云罗路苦赊。盼到帛书初系足，可曾并寄密蒙华。

剔书：谁从同器别薰莸，璅语谰言类聚求。未肯饶人红勒帛，置身百尺读书楼。

赏书：洗杓焚芸意未阑，赏心倍惜得来难。欢然相对须眉古，宝剑瑶琴一例看。

觞书：醉诵酣吟隽味长，《汉书》下酒我非狂。也应筑室桃花坞，遮断喧阗日举觞。

访书：故家门巷屡经过，竹帛烟销感喟多。蛛网尘封谁管得，几番惆怅式微歌。

问书：纷纷赝鼎出良模，探路应求照乘珠。借问前头津逮者，烦君指点定圜觚。

辨书：煞费搜亡剔隐来，翻摹版本重疑猜。独精考校无疏略，始信云林是美才。

振书：避秦一例翳蓬蒿，断简生苔纸有毛。麈尾辟尘犀辟水，殷勤拂拭不辞劳。

补书：魏书黄笔讵虚誉，葱饼招邀共补书。不以丰凶废穮蓘，士安新借又盈车。

衲书：赵璧能完事偶然，秦埃吹散不成篇。零纨断素安排后，我欲裁衣学水田。

褙书：岁久旋风叶叶秋，鸡林小纸费绸缪。装池恰好粘蝴蝶，莫认存心忤魏收。

装书：南楼北史世相高，装缀金题与玉弢。夹漈八求初不易，手治良产付儿曹。

钤书：鸿爪留痕印雪泥，自家朱记隐端倪。美人黥面休腾讪，好觅皋桥旧日题。

签书：黄绢签条长短齐，区分甲乙细标题。离披异色连牙轴，嘱咐奚童慎取携。

次书：百千万种列如眉，辑略功成自国师。任是建章门户别，茂先不假按图知。

庋书：遮莫人讥不坦夷，归来堂上赵侯痴。庋藏我亦拘绳尺，负版搬姜只自疷。

斠书：秘省不来张正素，庆湖惟有贺方回。三馀亲手铅黄遍，开卷真成锦绣堆。

雠书：心力闲抛事汗青，问疑有子恰趋庭。不教轻改金根误，雏凤声清老凤听。

圈书：好语如珠字字圆，圣人先我落言诠。文章轨范师心处，随遣朱黄作态妍。

批书：大义微言邈莫闻，辰翁虚谷但评文。《阳秋》一部存皮里，豁眼萧疏五朵云。

注书：古人真意定何如，门户浑将汉宋除。纬史经经皆注脚，闲情聊亦疏虫鱼。

跋书：海内曾传佞宋人，源流本末道津津。心营目识吾何有，一跋权为书写真。

钞书：笔为锄耒纸为田，雪案风檐毒恼蠲。蚤暮白藤拎笈子，平添十幅雁头笺。

影书：单边肥细样轻描，太乙星精若可招。且欲化身千万亿，三旬宋椠出新雕。

撷书：千寻学海羡何休，摘艳熏香笔底收。料理六经为夏课，廿年一读或能周。

辑书：天禄琳琅万卷该，何曾梨枣怨徒灾。《华林》《编略》凭谁定，收合从残付后来。

印书：著书强半出穷愁，提椠怀铅孰为谋。但得长卿遗札在，空居足应所忠求。

锓书：积书积善两诒谋，雅事南皮寓远猷。奈是家钱贫不办，毋公宿愿未全酬。

榲书：竹帛安知身后名，几家举火待臣婴。纳书计欲通君赐，不为私亲凿此榲。

惜书：跋尾留题似杜暹，子孙珍重护缃缣。一般方册油拳纸，敬慎休教手汗沾。

理书：叠窗列架足家缘，三万牙签取次编。谁似青州旧从事，九天上有掌书仙。

曝书：晴秋曝脑辄因仍，独乐园今当羽陵。不学郝隆徒晒腹，便便经笥亦何曾。

药书：闲抽积帙自添芸，要策长恩翊赞勋。檗苦章香熏沐罢，仲能脉望漫纷纷。

观书：静夜鸣钟辄儆余，寸阴惜取日之馀。然蒿如爇光明烛，不用江南懒妇鱼。

诵书：晨兴盥露浥蔷薇，昨夜王通未解衣。刚日读经柔日史，迩来更喜簿书稀。

检书：书田元不废耕耘，汲古功深四体勤。插架未安烧烛短，寻常料简到宵分。

摊书：让他裴頠少知名，武库纵横萃五兵。鳞次案头供獭祭，瓣香敬为玉溪生。

浇书：书熟宜将卯酒温，古人糟魄亦和吞。冻醪备作浇红宴，愿与梅花策万言。

思书：日思误书亦一适，此言顾氏借名斋。卫人读史惊三豕，留与东方助口谐。

袖书：朝携袖底古香微，伏案光阴与愿违。偷得馀闲开卷益，衙参才罢吏人稀。

枕书：投闲纡体向衡门，枕藉经书夙好敦。摊饭冥思姬孔事，欣然微觉道犹存。

献书：下交不渎见虚襟，象齿元龟效献琛。独有千秋金鉴录，凭君斟取古人心。

赍书：小友只应呼李泌，圣童若个比张堪。吾书极愿遗来者，遥指庐山白石庵。

赠书：瑰姿玮质识人豪，不惜临分脱宝刀。书籍文章当尽与，应知眼较吕虔高。

奁书：咏絮清才胜道盐，布裙竹笥俭何嫌。父书四百馀篇在，便是中郎嫁女奁。

舍书：无尽灯然夜不冥，贝多百番写金经。琴泉瑟刹藏功德，化作莲华异样青。

合书：劫后书同败叶飞，豹班鼎脔意多违。会看神剑临津合，赶庙时光带笑归。

托书：震风淩雨遍天涯，觅得琅嬛福地遐。终向洞宫求芘藾，痴心何止一张华。

赌书：扇合齐纨簟五花，胜心未泯爱征瓜。闺房有过画眉事，笑指书堆赌饮茶。

较书：鼎彝图史古为徒，崇恺争豪有此无。竹简蝌文考工记，论长亦足敌珊瑚。

讳书：奇觚难餍势家求，矜物惊为阶祸由。莫怪《论衡》供秘玩，匹夫怀璧亦吾忧。

憨书：东涂西抹见童心，道是文人结习深。未忍佛头重着粪，几回掩卷起沉吟。

悼书：旧家溢箧复盈箱，散作云烟枉断肠。惆怅迟来看羽化，世间难觅返魂香。

哭书：花朝释菜祀文昌，一涕空山皋羽伤。东壁星昏投隔海，荆凡何暇问存亡。

盟书：息壤他年证此盟，子孙递守旧书城。得来辛苦应怜我，旦旦无忘香火情。

祭书：岁除亲展祭书图，似此仪文旷代无。劳我精神宜酒脯，浪仙嘉话起荛夫。

展书：云云籍籍总包罗，三十车书未算多。贵耳不应翻贱目，翱翔书圃借观摩。

公书：不当鸿宝一家私，要与穷儒疗渴饥。无执他时傥无失，犹龙此意殆堪师。

德书：清贫两字嗀消灾，不逐吴儿卖却呆。懒瓒门堪泥水闭，扁舟随处有春台。

业书：谁访南湖旧草堂，河山半壁慎行藏。老儒活计艰于蠹，率性来充书籍行。

咏书：半生事迹白篇诗，北彦家风薄海知。无忝建安真雅士，抗心上与古人期。藏

古籍编目随记

王国香

古籍编目，是一种藏书整理，即著录古籍的题名、卷数、著者、版本、分类、行款及数量等能够将一部书的基本信息揭示出来，是一份十分有意义的工作。目前国内尚有相当数量的线装书没有编目，从事这项工作，能够目验原书，面对那些纸白如玉、墨光似漆、朱印粲然的古书，的确赏心悦目，喜不自禁。最近两年，我有幸着手著录一些尚未整理著录过的古籍，时而有惊喜的发现，深感整理这些古籍，是非常难得的在实践中学习的大好机会，不仅能够增长知识、开阔眼界，其中更有一些有趣的发现。

最近著录的这批古籍，到目前为止完成的有 1000 余种，其中不乏明清时期的善本。如清康熙五十二年（1713）刻的《御选唐诗》，该书共三十二卷目录三卷，为清内府刻本，白棉纸，朱墨套印，刊印极为精美，原始六眼线装，包角。每当发现这样一些刊刻精良、纸张洁白如玉、装帧完美的古籍时，都有一种发现宝贝似的欣喜若狂。这份欣喜自不必多言，在这里姑且不论，更有甚者，这些书中还有一些有趣的发现。

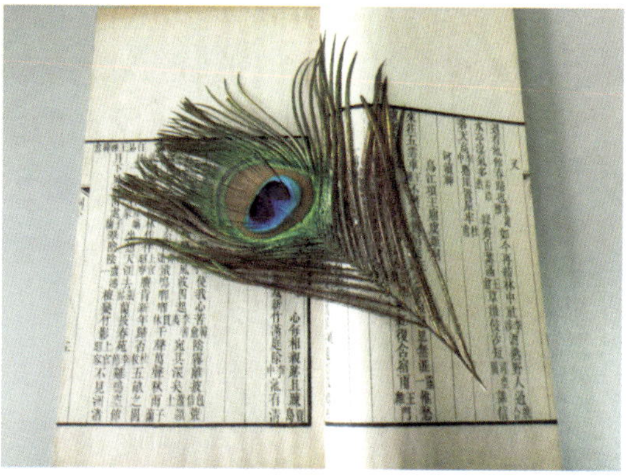

孔雀翎

近日，在整理《曝书亭词拾遗》一书时，发现书里夹有一支美丽的孔雀翎。《曝书亭词拾遗》三卷，清翁之润辑录，光绪二十二年（1896）刻本。该书为白棉纸刻印，书叶内有衬纸，天头较宽，包角，刊刻极为精良。而孔雀在传统文化中是“吉祥鸟”和“真善美”

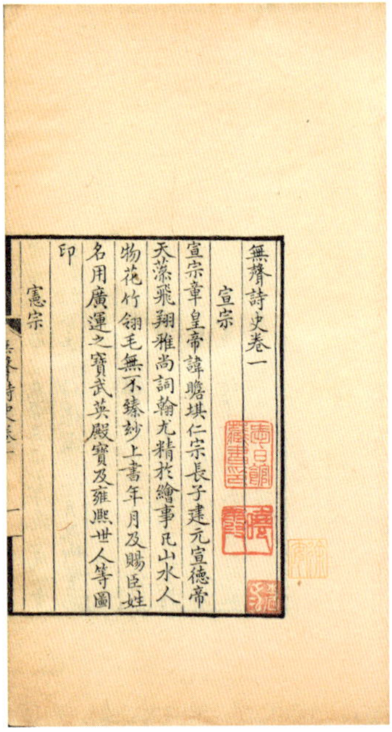

無聲詩史卷一

宣宗

宣宗章皇帝諱瞻基仁宗長子建元宣德常天藻飛翔雅尚詞翰尤精於繪事凡山水人物花竹翎毛無不臻妙上書年月及賜臣姓名用廣運之寶武英殿寶及雍熙世人等圖印

憲宗

《无声诗史》

的化身。它象征善良、美丽、华贵、吉祥、爱情。从古到今，孔雀在艺术、传说、文学和宗教上都久负盛名。凤凰生在凡间即为孔雀，俗语有“凤凰不落无宝之地”的说法，老百姓也常说孔雀落谁家、谁家就兴旺。当然，这些溢美之词只是表明大家对孔雀的喜爱。把如此美丽的孔雀翎夹在如此的一部古书里，可谓相得益彰、相映生辉，也足见书的主人对这部书的无比珍爱。

另有一部书《无声诗史》，为康熙五十九年（1720）观妙斋写刻本，封皮为蜡笺纸，收藏印有“徐钧印信”白文方印、“晓霞”朱文方印，而钤印“徐安”则为黄文方印。徐晓霞则近人藏书有名者，黄裳先生曾在《来燕榭读书记》之二百五十六中记载：“《黄叶村庄诗集》八卷，洲泉吴之振孟举氏著，康熙刻。……收藏有‘当湖徐氏无补斋藏书’（白长）、‘徐钧印信’（白方）、‘晓霞藏本（朱长）、‘徐安’（朱方）。”大概这两部书同为收藏家徐晓霞所收藏过。《无声诗史》这部书的珍贵程度自不必多说，有趣的是在卷一的卷端右下角版框之外，钤有的那枚鹅黄色的印章。我们都知道，一部精美的古书，钤有典雅的藏书印，通常都会说“朱印粲然”，也就说古书的钤印多为朱色，而印色为黄色实为罕见，或是藏家当时为了避免某种讳而为之。关于钤印印色的问题，徐邦达先生在《古书画鉴定概论》第40页中就曾说过：“印色基本上以大红为主，兼有深红带紫色的，或带黄色的。又有用墨色的，但极少。其它如黄、绿等色，亦偶然见到。后世人在丧服中，不用红色印泥；但唐、宋人用墨印未必一定是这个原因。”就是说，古书画钤印除了红色、黄色，也有极为少数的墨色、绿色。笔者在整理古籍时还有一个发现，天津图书馆《全唐诗话》（索书号P2746，清宣统三年上海三乐堂石印本）书名叶左下端钤有一花边圆形印，印文为“徐善伯”，此印为无色，仅有印痕，乃未用印泥而钤，是否同出于避某种讳而未用红色印泥，亦未可知。

《佩文广韵汇编》钤印

有部书也挺有意思的，《佩文广韵汇编》五卷，清同治十一年（1872）金陵书局刻本，二册，在这两册书的最后一个书叶上都钤有一枚百余字的印章，为朱文方印。刘尚恒老先生曾有篇文章《历史上最长的印文印章》（尚未发表），文中系统地论述了印章的起源、分类，印章的文字及印文数量。印章印文数量，有少至一二字者，也有三至十字者，其中以四至七字最为常见。刘老先生在文中说道，印文文字越多越稀见，至于能够见到印样的百余字长印，文中仅仅列举了清顾锡麟的 107 字长印。虽然历史上最长印文的印章是清代杨继振的藏章，印文长达 251 字，文中也提到 170 字的长印，但这些长印仅限于文献记载，却难见其真容。《佩文广韵汇编》所钤百余字印章，虽然有两个印样，遗憾的是实在模糊不清，难以完整辨认。

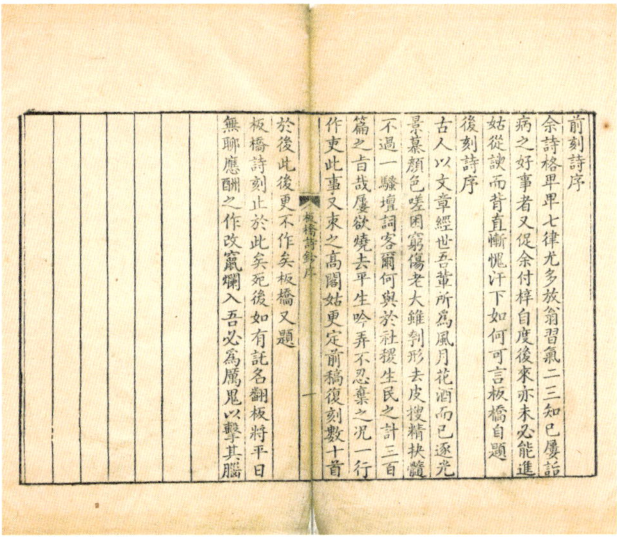
前刻詩序
余詩格卑卑七律尤多放翁習氣二三知己屢詬
病之好事者又促余付梓自度後來亦未必能進
姑從諛而背直慚愧汗下如何可言板橋自題
後刻詩序
古人以文章經世吾輩所爲風月花酒而已逐光
景慕顏色嗟困窮傷老大雖刳形去皮搜精抉髓
不過一騷壇詞客爾何與於社稷生民之計三百
篇之旨哉屢欲燒去平生吟弄不忍棄之況一行
作吏此事又束之高閣姑更定前稿復刻數十首
板橋詩鈔序 一
於後此後更不作矣板橋又題
板橋詩刻止於此矣死後如有託名翻板將平日
無聊應酬之作改竄爛入吾必爲厲鬼以擊其腦

《板桥集》

在这批古籍里，还有部清别集《板桥集》五种，即为“扬州八怪”之首的郑燮所著，乾隆间清晖书屋刻本。在《板桥诗抄序》里，这位郑大诗人写道：“板桥诗刻止于此矣。死后如有托名翻板，将平日无聊应酬之作，改窜烂入，吾必为厉鬼以击其脑。”诗人意在保护自己的知识产权，而其风趣幽默之处亦跃然于纸上，读后令人不禁捧腹。

说到这里，忽然想起前些日子在整理高熙曾先生手稿时也发现一件趣事。某部书里夹有一片早已风干的枫树叶，上面用朱笔题有一首七言绝句，诗曰：“儿时西陌爱秋游，折得枫红慰远眸。此日重寻肠断句，夕阳红褪剩离忧。”整首诗的意境高雅，由漂亮的小楷写就。比对高先生其他楷书墨迹，发现这首小诗乃由高先生所书。高熙曾（1921—1980）字荫甫，1921 年出生于北京一个书香门第世家，祖籍浙江绍兴。清咸丰年间，曾祖父高秀峰随其母从浙江

枫叶

绍兴山阴县进京，后拜翁同龢为师，任国子监助教，祖父高文彬任国子监典簿。高先生师从孙人和、顾随、赵万里等先生，在古典文学特别是唐诗、宋词、元曲和版本学、目录学等方面均有较深的研究，著有《柳永遗事考》《杜甫给南宋爱国诗人的影响》《论写刻》《汉宫秋杂剧校记》等。他酷爱书法，在学术研究中留下了大量的小楷墨迹，并且独树一帜。此首小诗大概写于高先生折得一枚红透了的枫叶，见景生情，从而想起小时候在山西运城西陌生活的情景，而如今身在异乡，就剩下对故土的离别忧思。可惜由于时代久远，此枚枫叶发现时已经干枯，变得脆弱不堪，很难继续保存下去。

昔日整理韩宝林先生所收藏《三字经》，亦是大开眼界，颇为有趣。韩宝林为天津私人藏书家，其所藏《三字经》数目之多、种类之丰在国内可谓首屈一指。韩先生如今已近耄耋之年，自1993年始，迄今收藏有1949年以前的《三字经》161种，民国以后的《三字经》103种，近现代的300多种，无书有图片的300多种，无书无图片仅知书名的三四百种，共计1170余种，包括有传统《三字经》及在传统基础上衍生出来的《三字经》。内容涉及天文、地理、历史、宗教、医学等各个方面。有《蒙学三字经》《地理三字经》《坤舆三字经》《历史三字经》《妇女三字经》《医学三字经》《宗教三字经》，还有《革命三字经》、和刻《三字经》等。如其中《坤舆三字经》，起句为“考泰西，地理志；名以球，判两极”。“坤”即“地”，“舆”即“疆域”，内容主要是中外地理形势，是仿照传统《三字经》形式编写的地理教科书，是《三字经》衍生本中的一种。《医学三字经》，清陈念祖撰，起句为“医之始，本岐黄；《灵枢》作，《素问》详”。“黄”，黄帝也，“岐”，岐伯也，《灵枢》与《素问》合称《内经》，意思是经络、脏腑、运气，治疗之源，所以为医学之祖。卷一和卷二以三字句式介绍医学源流及二十四种病症治疗方法，卷三、卷四则收录各种药方192种。还有一种《择选杂字同音三字经》，在传统《三字经》基础上，其字全由同音字代替，内有相当数量的字属“自造字”。《三字经》以简练的文字、高度的概括性及句句成韵，让人读起来朗朗上口，便于记诵，其对文化的传播和影响，在国内外都起了不容忽视的作用。

整理著录这些古籍时，由于经年积尘，时常弄得十指发黑，鼻炎咽炎也因为灰尘的刺激常常发作，经常咳嗽，但仍愿能够日日扎进这样故纸堆，甘之若饴，乐在其中，也希望能够终生与书为伍，做古老字纸的守望者。藏

百川汇海　聚书成山
——四川大学图书馆古籍资源纪略

丁　伟

2016年，四川大学建校120周年。在过去的一个多世纪里，从尊经书院到四川高等学堂，从存古学堂到四川国学院，从国立成都大学、公立四川大学到国立四川大学，从华西协合大学到四川医学院，从四川大学、成都科技大学、华西医科大学三校并立到经过战略合并的崭新的四川大学，百川成海，涵乾纳坤，岁月的沧桑凝聚了深厚的历史底蕴，博大的胸怀铸就川大的百年辉煌。如果说图书馆是一所大学的心脏，那么四川大学图书馆自建校伊始就与学校同呼吸共命运。如今图书馆中收藏古籍线装书近30万册，民国期间出版的报刊杂志也颇具规模，原国立四川大学、华西协合大学的毕业生论文则是本馆另一重要特色资源。海纳百川，有容乃大，古籍特藏资源既是前贤遗留下的宝贵遗产，也是百年川大风雨历程的见证。本文通过史料钩沉，试图从古籍汇聚的角度，再现四川大学图书馆的百年历程。

从书院藏书到国立四川大学图书馆

考察国立四川大学的藏书史，首先进入我们视野的是两所书院——锦江书院和尊经书院。锦江书院是四川历代书院中层次最高、持续时间最长、办学最典型的书院。书院设立于清初康熙年间，自开办之初即设有藏书之室。《锦江书院纪略》记载，咸丰八年（1858）监院李承熙对书院藏书进行统计：原有藏书仅有24种197册。此后地方官员多有捐置，嘉庆十年（1805）四川布政使董教增捐发改定书籍7种159册，嘉庆十八年（1813）荆州知府洛昂捐置书籍法帖26种1293册，嘉庆十九年（1814）四川布政使陈若霖捐《钦定学政全书》2套，嘉庆二十四年（1819）盐茶道奇成额捐发13种670册。光绪二十八年（1902），锦江书院被裁撤，藏书一并进入四川高等学堂。只是锦江书院的藏

国立四川大学校门（选自《国立四川大学一览》）

书几乎没有印记，分散在四川大学图书馆古籍书库中，很难被辨认出来。

锦江书院发展到后期，弊端丛生，积重难返，于是尊经书院应运而生，主其事者即为晚清四大重臣之一的张之洞。张之洞（1837—1909），字孝达，号香涛，同治二年（1863）进士，授翰林院编修，同治十二年（1873）六月，担任四川乡试副考官，同年十月任四川学政，光绪元年（1875），协同四川总督吴棠创办尊经书院，培育蜀中英才。因为川省地处偏远，购书不易，张之洞率先垂范，捐俸从外地购书二百余部数千卷，存于书院尊经阁中。因为张之洞祖籍直隶南皮，故其所捐赠书籍均钤“提督四川学政南皮张之洞捐俸所置书”朱印。张氏所置书，经史子集，四部俱备，如《皇朝祭器乐舞录》《四库全书总目提要》《揅经室集》等，均为切实有用之书，符合张之洞“通经致用”的一贯育人主张。应该读什么书，应该怎样做学问，如何修行个人品德，当时学子大多心存疑惑，有感于此，张之洞亲自撰写《輶轩语》《书目答问》，为书院诸生答疑解惑。即便在今天，这两种学术著作仍然具有重要的现实意义。此后，尊经书院历任山长如王闿运、伍肇龄、刘岳云、宋育仁等均十分重视藏书。光绪二十三年（1897），宋育仁出任尊经书院山长，与廖平、吴之英倡导维新思潮，尊经书院成为四川变法维新运动的中心。宋育仁曾一次性购书103种，1040册，舆图3部18张。值得注意的是这批书籍大部分是介绍西方政治、历史、经济、科技的著作，尊经书院藏书格局从单一的国学旧籍逐渐走向多元化，院中诸生眼界日趋开阔。光绪二十八年（1902），四川总督岑春煊下令裁撤尊经书院、锦江书院，书院时代走向了终点。次年五月，原尊经书院监院薛华墀、教谕罗彤将这一批书籍清点造册，移交给新成立的四川高等学堂。宋育仁当年采购书籍的清单，今天仍然完整地保存在四川大学档案馆中。

宣统元年（1909），清政府要求将设立存古学堂作为各省“筹备立宪”的一项内容，四川总督赵尔巽邀请51岁的清流名士赵启霖入川主持四川存古学堂筹办事务。赵启霖（1859—1935），字芷荪，号瀞园，湖南湘潭人，光绪十八年（1892）进士，曾任监察御史，因弹劾段芝贵与庆亲王父子一案颇具声望。赵启霖于宣统元年（1909）旧历四月十三日抵川，上任之始即着手整顿学务，并上《请奏设四川存古学堂折》。得到批复后，赵启霖拟定存古学堂章程，同时聘请谢无量任学堂监督，华阳徐炯（子休）、名山吴之英（伯朅）为教员，学堂各项筹备工作稳步推进。因为“学务多束于部章，鲜有实济，又因先母年近八旬，思归心切”，宣统二年（1910）赵启霖即请辞去提学使职务，并于同年二月获准。离川之前，赵启霖自捐400元，购置图书，供存古学堂诸生研读。这批古籍首页均钤“提学使赵捐置”朱印，具体数量尚待统计。张之洞之创办尊经书院，赵启霖之筹设存古学堂，前后两任提学使在蜀学发展史上留下浓重的一笔。前贤已逝，他们捐置的书籍，却传之久远，嘉惠后学。辛亥革命后，存古学堂更名为四川国学馆，后并入四川国学院。四川国学院以整理四川文献、搜集国史文献、编辑光复史为主要任务，因此大批购置国学典籍。此一阶段的藏书，《国立四川大学图书馆藏书概况》一文略有涉及，“明板《册府元龟》《六朝诗纪》《补续全蜀艺文志》等系谢无量在国学馆时购置，明板经学及《东医宝鉴》等则廖季平先生所置”。国学院、国学馆的书籍均钤有“四川国学院（馆）所藏金石图书之印”，在四川大学图书馆的古籍收藏中占据很大比例。

尊经书院、锦江书院并入四川中西学堂，后来演变为国立成都大学，存古学堂则并入四川国学院，逐渐演变为公立四川大学中国文学院。1931年，国立成都大学、国立成都师范大学、公立四川大学再次合并，组建国立四川大学。至此，锦江书院、尊经书院、存古学堂、四川国学院所藏书籍以及刻书板片实现合流，全部进入国立四川大学图书馆。

国立四川大学时期，学者推荐购买也是图书馆文献建设的重要途径。此类书籍，内封叶均有铅笔小字一行，“某某介绍”。如文院蒙文通介绍之《印度札记》，文院赵少咸介绍之《集韵声类表》《魏书校勘记》《淮南旧注校理》，文院周癸叔介绍之《梅村诗集笺注》《问字堂集》《后汉纪》，文院丁山介绍之《集韵考证》，均是此例。抚摩遗编，心生感慨，先辈学人在书籍上留下的雪泥鸿爪令我们如闻其声如见其面，顿觉大学之大，不在广厦，而在于大师，在于底蕴。此外，民国期间国立成都大学图书馆、国立四川大学图书馆排印或者石印出版的教材，也构成了图书馆古籍线装书的一部分，因为流传不广，存世稀少，因此弥足珍贵。

稳步发展的华西协合大学图书馆

四川大学图书馆古籍收藏的另一重要源头是华西协合大学图书馆。与国立四川大学的发展脉络不同，华西协合大学自建立之初就比较稳定，图书馆收藏的图书来源相对比较简单。华西协合大学图书馆成立于民国三年（1914），初期收藏不甚丰富，且多以西文书籍为主。为充实馆藏，图书馆中文部主任程芝轩曾向罗氏好一斋商借25000册中文古籍寄存馆内，以满足教学科研的需求。民国二十年（1931），华西协合大学得到哈佛燕京学会的30万美元用以发展本校东方文化研究事业，校方在息金中划拨专项经费，用作购置图书及设备。《华西协合大学校刊》记载，1938年暑假，图书馆中文部在北平各大书局一次性采购中文古籍120多种，到馆书籍均采用杜威十进制分类法并参考王云五中外图书统一分类法进行分类编目。据统计，截至1945年，馆内收藏中文图书137199册，就收藏数量而言，以四川方志为最多，次则为钞本及名人手迹，

原华西协合大学图书馆

如顾印愚、李榕（申夫）、宾㻞（兰泉）等人遗墨均赫赫有名。[1] 以版本而论，馆藏元代刻本 2 种，明刻本 30 多种。1949 年，图书馆又一次大规模收购中西文古籍，数量不下千种，最值得注意的是唐人写本《敦煌般若经卷》，这是今天四川大学图书馆收藏的唯一一部敦煌写经。1951—1952 年间，图书馆又接收唐棣之、曾彦适等人所捐线装古籍一万多册，馆藏资源得到进一步扩充。

百年积聚　殊途同归

1952 年，政府大规模调整了全国高等学校的院系设置，把民国时期仿效英美而构建的高校体系改造为仿效苏联的高校模式，大力发展独立建制的工科院校，综合性院校明显减少，私立高校退出历史舞台，教会大学拆分、合并至其他院校。经过调整，四川省内只保留了一所综合性大学——四川大学，文理医并重的华西大学（华西协合大学中华人民共和国成立后易名为华西大学）变成医药卫生类专业院校四川医学院。原华西协合大学的博物馆划给四川大学，中文类图书（尤其是古籍线装书）亦随之并入，奠定了今天四川大学图书馆的古籍收藏的基本格局，形成了古籍善本、古籍丛书、方志、民国报刊杂志、民国时期毕业论文为主要特色的几大专题收藏。1990 年出版的《四川大学图书馆古籍善本书目》收录古籍善本 1147 种，其中 48 种古籍入选了国家珍贵古籍名录。其中以乾隆年间董邦达主持绘制的《四川全图》、《正统道藏》、黄延熙钞本《聊斋志异》、王闿运批岭南版《二十四史》名头最响，为外界所熟知。

书板忆旧　故物情深

雕版印刷，是中国传统书籍的主要生产、制作方式。四川曾经是我国古代重要的刻书重镇，与浙江、福建鼎足而三，并称全国三大刻书中心，历史上第一部大藏经《开宝藏》即刊刻于成都，南宋时期《册府元龟》、《太平御览》、“眉山七史”等大型书籍的刊刻，续写了蜀中刻书事业的辉煌。然而历经蒙古铁骑南侵和明末张献忠的报复性屠戮，曾经富庶的天府之国社会经济遭到重创，传统的刻书事业亦随之陷入低潮期，这种情况一直延续到清代中后期才有所改观。乾隆年间，成都地区已经产生很多刻书铺，其中江西人开办的店铺名气较大。嘉、道以后，成都地区的刻书事业日渐繁荣，刻书店铺不胜枚举，这里仅就与四川大学图书馆藏书密切相关的成都官书局、锦江书院、尊经书局以及四川存古学堂略作稽考。

成都官书局成立于同治年间，曾经刊刻《相台五经》、《御纂七经》、《经

书库照片

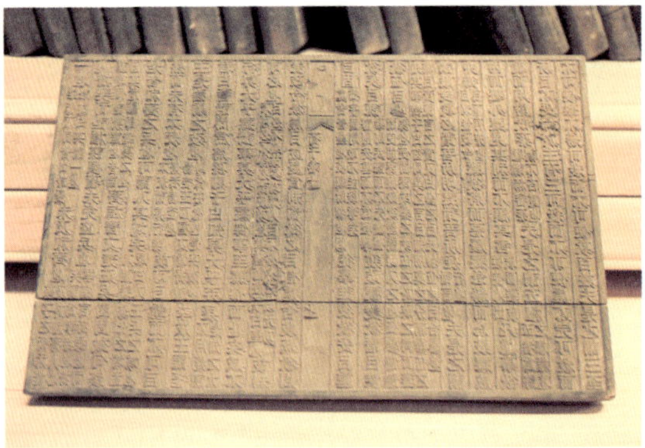

刻书板片

典释文》、殿本“前四史”、《新五代史》等一大批经史典籍，字大板朗，刊刻精细，可称之为上品，成为当时士人学子争相购买的对象。成都官书局结束的具体时间不可详考，但是其刻书板片的下落有迹可寻。同治十三年（1874），曾任礼部左侍郎的四川兴文人薛焕联合全省15名颇具声望的官员学者上书四川总督吴棠、提学使者张之洞，倡议建立书院，培养蜀地人才。光绪元年（1875）春，尊经书院成立，张之洞为此撰写《四川省城尊经书院记》，拟定尊经书院章程十八条，第十七条为“惜书”，其中提到，“局刻书板藏于院者，印售时视纸料定价三等”。其“局刻书板藏于院者”当指成都官书局所刻书板。

尊经书院成立之初，诸事草创，百废待举，并没有成立统一的组织机构来主持书籍刊印工作。为了满足教学需求，书院零星刊刻一些经史小学类著作。比如刊刻于光绪元年的《经典释文》，是由薛焕提供底本、吴棠筹资刊刻，是尊经书院早期刻书的代表。这一时期尊经书院的刻书经费来源不稳定，刻书难成规模，但为日后的刻书事业提供了人员储备与技术积累。光绪四年（1878），经学大师王闿运应邀来川尊经书院山长。次年六月，王闿运与孙任谋划设立尊经书局，指定斋长负责书局的日常刻书事务，经费从省府库中划拨。从此以后，尊经书院的刻书进入全盛时期。尊经书院刻、印书籍有目可查的，据黄海明在《概述尊经书院的刻书》一文中统计，大约99种（含丛书2部，若将子目视为单种计，为119种），1912卷，22703块书板[2]。尊经书院刻书多以经史词章为主，也有少数科技类书籍和反映维新变法新思想的进步书籍，由于品种丰富，校勘精审，质量上乘，深受士人学子追捧。尊经书院所刻之书，内封或者刻“尊经书局新刻”，或刻“尊经书院藏板”，或于卷末刻书院学子校勘姓名，或于序跋中有所揭示，这些特征是我们今天辨认尊经书院刻书、印书的重要依据。

锦江书院也有刻书活动，不过不及尊经书院的刻书规模大影响深。咸丰年间，监院李承熙对书院所存刻书板片进行清点，并作详细纪录：道光十四年（1834），四川总督鄂山捐发书籍板片 5 种，分别为《新刻日知录》，计板片连同封面共 522 块，《新刻日知录之余》，计板片连封面共 54 块，《新刻菰中随笔》，计版片连封面共 32 块，《新刻困学纪闻》，计板片连封面共 405 块，《新刻小学》，计板片连封面共 106 块，板存藏书之室；道光十六年（1836），锦江书院监院朱公澧存家藏书籍《希有录》板片连封面共 224 块，咸丰六年监院李承熙补刊，存藏书之室；道光十九年（1839），四川总督苏廷玉镌刻《御纂八经》，计板片连封面共 7961 块，木架 14 架，存文翁祠。[3] 而《锦江书院纪略》一书刻于咸丰八年（1858），书板也存于书院藏书之室。

存古学堂设立之后，接收原锦江、尊经书院 300 余种著作的雕版五六万片，在卧龙桥设存古书局，修补原有板片，刊刻新书，廖平著作《六译馆丛书》即为存古书局所刻。国立四川大学成立以后，存古书局的书板移交给国立四川大学图书馆，成为校产的一部分。《国立四川大学图书馆概况》一文中介绍：“本校所存木刻书板，共有 40155 块，由书板管理委员会负责管理。其中有 29 种 14800 多块存在图

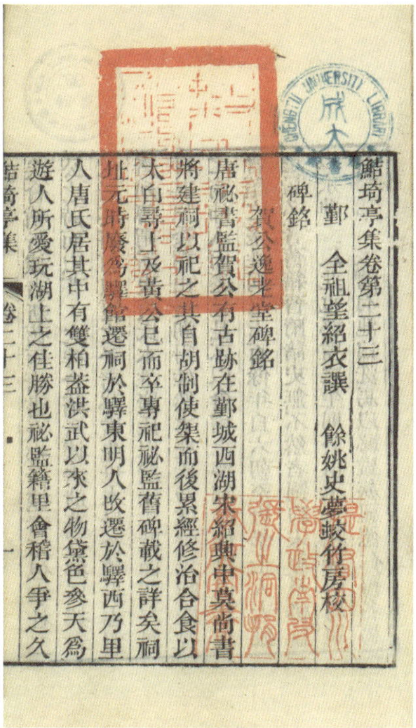

鲒埼亭集卷第二十三
鄞 全祖望紹衣譔 餘姚史夢蛟竹房校
碑銘
賀公逸老堂碑銘
唐祕書監賀公有古跡在鄞城西湖宋紹興中莫尚書
將建祠以祀之其自胡制使榘而後累經修治合食以
太白壽山及黃公已而卒專祀祕監舊碑載之詳矣祠
址元時廢爲驛館遷祠於驛東明人改遷於驛西乃里
人唐氏居其中有雙柏葢洪武以來之物黛色參天爲
遊人所愛玩湖上之佳勝也祕監籍里會稽人爭之久
鲒埼亭集 卷二十三 一

张之洞捐俸置书的钤印

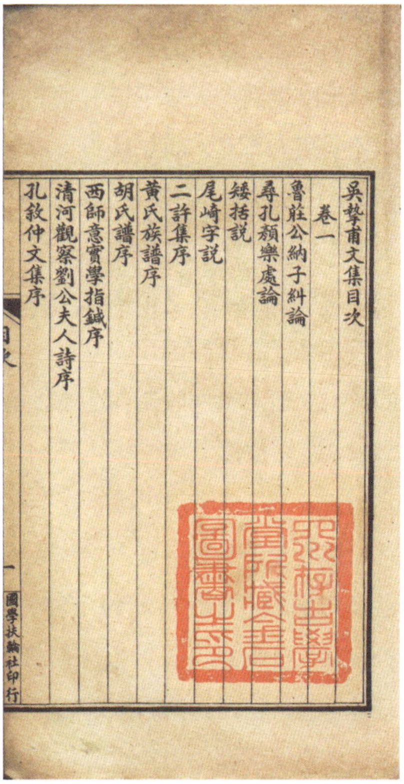

吳摯甫文集目次
卷一
魯莊公納子糾論
尋孔顏樂處論
矮括說
尾崎字說
二許集序
黃氏族譜序
胡氏譜序
西師意實學指鍼序
清河觀察劉公夫人詩序
孔敘仲文集序
國學扶輪社印行

四川存古学堂所藏金石图书之印

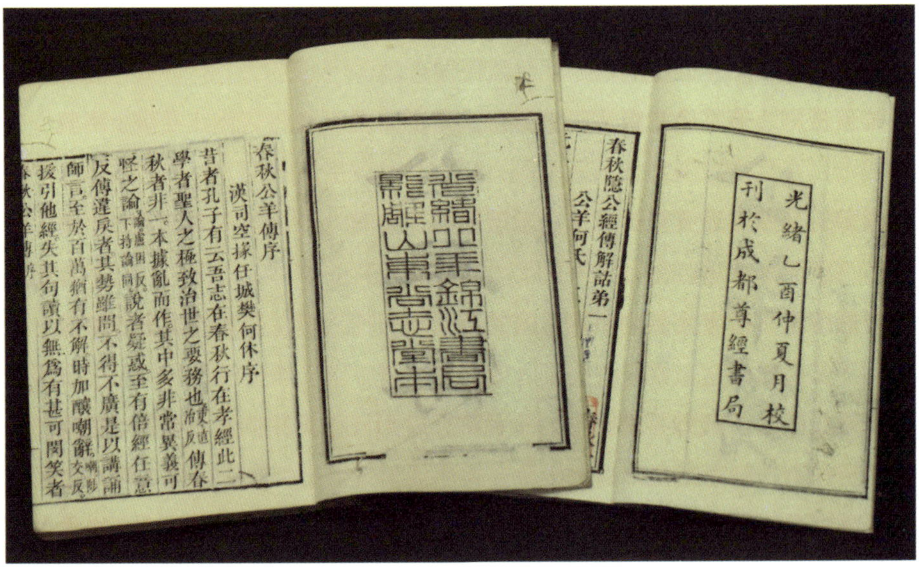

尊经书院和锦江书院刻书

书馆楼下，另外25000多块则因限于经费，存在旧皇城洞中。”

抗日战争爆发后，中国几千公里的海岸线遭到封锁，西方科学类书籍进入中国的渠道被切断。东南地区大片国土沦丧，各省的官书局和印书业也遭到毁灭性的打击，传统的国学类书籍也十分匮乏。时任国立四川大学校长的程天放敏感地察觉到广大学子读书难的问题，向中央政府申请修补书板经费十万元，印刷费用六万元，将馆藏板片择要印刷，第一期印书25种，每种印37部，共计7881册，其中就包括“前四史”“相台五经”等传世经典。所印之书，除满足本校教学研究需求外，还分送中央各部，远销省外。古老的书板又一次焕发了青春，为学术之传承、文脉之延续作出了不朽的贡献。中华人民共和国成立后，由于各种原因，四川大学所藏的四万块书板难逃毁灭的命运，保存下来的仅有二百多块，收藏在图书馆善本室内。

岷峨毓秀　方志四川

地方志是记载一地自然与人文现象之专书，是研究地方政治、经济、文化以及历史的重要材料。1932年，时任国立四川大学校长王兆荣曾向全省各县府发函，征集地方志，以补馆藏之缺。经过近十年的努力，到1943年止，馆藏地方志数量已达四百余部，其中包括数十种手抄本各县乡土志，实为孤本。华西协合大学图书馆也十分重视地方史志资料的收集。图书馆成立之初，方叔轩、程芝轩二先生即将地方志征集作为收藏重点，二十多年的时间里，林名钧、岳清澄二先生极力搜访，得三百多种，累计四百多部，涵盖四川一百四十多县。其中《嘉靖四川总志》抄于北京图书馆，《营山县志》抄自宁波天一阁，《天启成都府志》在美国国会图书馆拍摄，《康熙成都府志》抄自东方文化事业委员会。文献征集不易，值得后人珍视。1991 年，图书馆对馆藏地方志进行系统清理，编纂《四川大学图书馆馆藏地方志目录》，共收录 1949 年以前编纂的地方志 1213 种 1413 部。进入新世纪后，四川大学图书馆将馆藏稀见方志影印出版，昔日难得之文献，今朝化身千百，孤本不孤，嘉惠学林，实为值得庆幸之举。

一脉相传　斯文永续

古籍资源既是不可再生的宝贵财富，也是百年川大历史底蕴的见证。对于以科研教学为主要目标的高校来说，古籍一方面要在教学科研中充分发挥作用，一方面也要得到妥善的保护。作为这 30 万册古籍线装书的守护者，我们不仅要通过各种编目详尽揭示古籍的信息，为读者利用提供便利，同时也要尽各种可能给古籍提供一个安全、舒适的家。近年来，四川大学不断加大古籍保护的力度，制定严格的古籍管理制度，建设标准化古籍库房，通过对温湿度的精密控制来延缓古籍的衰老速度。此外，图书馆专门设立 200 平方米的古籍修复实验室，在这里，传统手段与现代科学技术手段相互融合，只为达到为古籍延息续命的目的，让流传了百余年的前贤心血传之久远。斯文不坠，经典长存。

注释：

1. 邓广禄：《华西协合大学图书馆概况》，《中华图书馆协会会报》1945 年 19 卷 4—6 期。

2. 按：黄海明的统计数据，准确而言当为尊经书院所印之书，其木刻板片，有尊经书院自刻，有继承成都书局之板，有锦江书院所藏之板，有私人寄存书院之板。

3.（清）李承熙编：《锦江书院纪略》，清咸丰八年（1858）锦江书院刻本。藏

图书在版编目（CIP）数据

藏书家．第 22 辑／咎亮主编．—济南：齐鲁书社，2018.1

ISBN 978－7－5333－3857－2

Ⅰ．①藏…　Ⅱ．①咎…　Ⅲ．①藏书—文集　Ⅳ．①G253－53

中国版本图书馆 CIP 数据核字（2017）第 282799 号

封面题签　顾廷龙
责任编辑　武良成
装帧设计　郭　靚

藏书家　**第 22 辑**

咎亮　主编

主管单位　山东出版传媒股份有限公司
出版发行　齊魯書社
社　　址　济南市英雄山路 189 号
邮　　编　250002
网　　址　www.qlss.com.cn
电子邮箱　qilupress@126.com
营销中心　（0531）82098521　82098519
印　　刷　山东德州新华印务有限责任公司
开　　本　787mm × 1092mm　1/16
印　　张　12
字　　数　221 千
版　　次　2018 年 1 月第 1 版
印　　次　2018 年 1 月第 1 次印刷
印　　数　1–2400
标准书号　ISBN 978－7－5333－3857－2
定　　价　**28.00 元**